国家社科基金一般项目（15BKS124）成果

全国重点马克思主义学院建设项目

江苏省委宣传部与南京师范大学共建马克思主义学院建设项目

江苏省优势学科“马克思主义理论”四期建设项目

南京师范大学“马克思主义理论”一流学科建设项目

思想政治教育现代转型与超越研究

邢晓红　等著

人民出版社

序

问题是时代的声音。党的十八大以来，中国特色社会主义进入新时代，新时代为思想政治教育理论、学科、学术创新擘画了宏大的时代图景，赋予新的使命与要求，成为推动思想政治教育发展创新的强大动力。意识形态是社会发展的风向标。作为开展主流意识形态教育的政治实践活动，思想政治教育必须关照社会现实，破解空间变化中的思想困惑。思想政治教育从传统到现代的历史跃迁是社会转型的产物。“两个大局”交织、中国式现代化实践、现代性的复杂多向、“时代新人”的培育使命都是思想政治教育现代化发展中的“社会之镜”。

新时代思想政治教育新格局的开创需要“自镜”式的学科发展自觉。学科自觉来自于学科自信、学术自信。以人的思想行为作为起点范畴的思想政治教育是坚定价值观自信，进而推动文化自信自强、实现民族自信的重要途径。因此，思想政治教育研究要以高度的理论自觉、创新的学术思维、融合的学术视野、强烈的责任担当对学术生长点问题做出前瞻性、能动性、探索性地回应，推进思想政治教育科学化、学科化、现代化之路。总之，对时代问题的聚焦、对社会现实的关切、对学科发展的自觉构成本书写作的重要背景。

《思想政治教育现代转型与超越研究》是作者承担的国家社科基金项目的最终研究成果，结项后历经三年的沉淀打磨完善得以出版。该书以后现代性的分析维度，对思想政治教育系统的整体现代性问题进行深入的理论研究与实践探索，内容架构由绪论、六章、结语共计八部分组成，遵循“哲学厘定—剖析影响——反思隐忧—批判矛盾—系统转型—实现超越”

的逻辑理路层层递进展开学理分析。作者以思想政治教育的现代“转型论”与“超越论”作为两个研究重点，探索中国式现代化进程中思想政治教育创新发展新的研究范式，体现出敏锐的问题意识、较强的学术勇气。该书选题时代性强、理论创新难度大，既有深刻的理论分析与建构，也有洞察入微的现实观察与剖析，拓宽和深化了思想政治教育理论研究，为学科的现代转型提供新思维、体现新动力、增加新元素；是消解思想政治教育现代性矛盾的有效途径；对于思想政治教育结构功能的重构提供优化方案。党的二十大强调：“完善思想政治工作体系，推进大中小学思想政治教育一体化建设。”思想政治教育是集理论、学科、工作于一体的系统工程，研究“思想政治教育转型与超越”论域对于推动学科建设、理论建构和实践活动都具有重大理论意义和现实价值。

纵览本书，我认为具有以下学术创新与特色：

一是找准了后现代性与思想政治教育之间的结合点，研究视角具有独特性。本书立足宏大的历史与现实交融维度，从后现代性对于现代性的批判与再造入手，运用马克思主义唯物辩证法哲学厘定后现代性，辩证剖析其正负效应，有针对性、分层面阐述了思想政治教育与后现代性之间的互动机理，阐述两者系统内各元素、以及系统间的内化和互动，开拓了思想政治教育与后现代性合题研究的崭新研究空间。

二是构建了思想政治教育现代转型与超越的逻辑框架，研究范式具有前沿性。本书坚持系统思维和学科跨界融合视野，构建了反思、批判、转型、超越“四维深度犁耕”的精细化研究逻辑，系统阐述现代思想政治教育创新发展问题。针对思想政治教育现代性隐忧，提出在反思中转型，消解“合法性危机”的有效路径；针对思想政治教育现代性矛盾，提出在批判中超越，克服“合理性危机”的有效路径。以转型与超越的“双维”路径拓宽与深化思想政治教育现代转型理论研究，从而最终达成人的全面发展与思想政治教育现代化的价值旨归。为思想政治教育系统整体现代化提供了一种研究范式。

三是提出了获得思想政治教育现代性的一系列学术观点，分析论证具有学理性。本书针对研究选题开展了全方位、多学科的文献挖掘，对学界研究进行概观性描绘与全程动态追踪，并绘制了清晰的研究思路，探索学术研究新进展。廓清现代思想政治教育发展过程遭遇的三大“现代性隐忧”：主体性审思、工具理性偏差、普遍主义张力；阐明思想政治教育发展中存在的四大“现代性矛盾”：主导性与多样性、价值理性与工具理性、内容与方式、个性化与社会化的矛盾；提出“双维”解困方案。构建由环境转换、目标转换、结构转型、功能转型以及范式转换在内的“五大系统转型路径”；提炼出思想政治教育现代性重建的思路：坚持人性取向、主体间性、交往理性、生活原则，实现思想政治教育在基本理念、主客体关系、研究视角与发展模式方面的现代性超越，完善了思想政治教育学科知识体系。

当然，考察“思想政治教育现代转型与超越”问题是个复杂的系统工程，涉及面广，论及学科多，在当代中国处于传统、现代、后现代性共时存在的“高时空压缩”的特殊情境中要想全面把握是比较困难的。虽然作者尝试以主动创新的理论自觉、广博的多学科知识、较强的逻辑分析能力取得了一定开拓性的成果，但对于“构建思想政治教育现代性”这一极富挑战性的研究工作仍然只是开端，尚存在一些不足。总体来看，本书未能穷尽思想政治教育系统全部要素的现代转型，还需深化和拓展。现代性与后现代性是个引起广泛学术争鸣的研究热点，具体到后现代性对于处于现代化进程中的思想政治教育目的、任务、载体、关系的影响，以及带来的思想政治教育实践场域和发展模式的变化还需进一步丰富与完善，以便体现出应用推广价值。再有，对于新时代思想政治教育如何转型、如何创新的问题也需要进行实证研究。

中国式现代化的伟大实践，为学术理论研究提供了广阔空间。我认为研究新时代思想政治教育创新，要把握好变与不变、理论与实践、守正与创新、转型与超越等几对关系，积极寻求恰切的学术生长点。邢晓红是我指导的博士后，一直深耕于马克思主义理论学科的相关领域，致力于在学科交叉视野中探索思想政治教育现代性与现代化问题，并在参与我主持的有关社会主义意识形态建设重大课题的研究过程中，以敏锐的学术创新意识始终追寻意识形态与思想政治教育研究的结合点。期待本书的出版能为新时代思想政治教育学术研究带来新的启示，为思想政治教育现代化过程提供理论指导。祝愿作者在今后的学术探索中取得长足进步！

是为序！

王永贵

2023 年 5 月 8 日于南京师范大学仙林校区

目　录

前言

党的二十大报告指出："教育、科技、人才是全面建设社会主义现代化国家的基础性、战略性支撑。"①"十四五"时期，中国将坚持优先发展教育事业，"坚守为党育人、为国育才，努力办好人民满意的教育，在加快推进教育现代化的新征程中培养担当民族复兴大任的时代新人。"②育人的根本在于育德，新时代思想政治教育肩负着立德树人的根本任务，致力于培养德智体美劳全面发展的社会主义建设者和接班人。为实现这一根本使命任务，思想政治教育也必须与时俱进，深化理论创新，持续增强实效性，在社会现代化的进程中获得现代性的增长，通过现代转型与超越实现思想政治教育现代化，进而促进人的现代化。

时代是思想之母，实践是理论之源。作为社会子系统的思想政治教育也发生现代转型，从传统走向现代获得现代性的本质创新，为社会现代化凝聚价值共识，提供强大精神支撑。党的十八大以来，中国特色社会主义进入新时代，思想政治教育在丰富的现代化实践进路中被赋予新使命。适应超越规律是思想政治教育发展的本质规律，在新时代新征程以中国式现代化全面推进中华民族伟大复兴的宏阔时代背景中，思想政治教育迈向内生性超越之路。因其复杂性现实境遇，思想政治教育现代转型与超越的课题研究是一个需要多学科思维、系统分析的具有前沿性、前瞻性、整体

① 习近平：《高举中国特色社会主义伟大旗帜　为全面建设社会主义现代化国家而团结奋斗——在中国共产党第二十次全国代表大会上的报告》，人民出版社2022年版，第33页。

② 《习近平谈治国理政》第四卷，外文出版社2022年版，第339页。

性、开放性的显性课题。选取该课题进行研究，是前期研究基础的积淀，也是对思想政治教育现代化问题的持续关注与深化探索。作为一名高校思想政治理论课教师，笔者长期从事思想政治教育学科科研和大学生思想政治理论课教学工作，因身处教学一线，了解大学生思想现状；同时十分关注学科前沿动态，对现代性与后现代性理论有清晰理解，在思想政治教育现代性系统环境变化、要素、结构、功能等方面积累了很多文献资料，近年来所做科研项目和发表的科研成果均围绕“思想政治教育现代性”研究展开。本课题是对2010年度教育部人文社科青年基金项目“构建与超越：思想政治教育现代性研究”的后续研究，是前一个项目的姊妹篇，是在新视域下的系统阐述。

理论研究必须立足于现实，才能“顶天立地”。当前中国正处于以实现“全面建成社会主义现代化强国”为目标的现代社会，在高度“时空压缩”的转型社会，虽然现代性仍为主导，但是后现代思潮已然强势登陆。后现代性以其广泛的争议性、旺盛的生命力、不可辩驳的影响力成为学界时髦话语。后现代性断裂、碎片、无中心、多元差异、不确定的社会图景次第展现，网络文化、娱乐文化、消费文化、佛系文化汹涌而来，深刻影响着人们的思维、生产、生活、交往方式。后现代性语境下，思想政治教育也出现一系列问题。

本书以后现代性语境为分析视域，遵循“反思隐忧——批判矛盾——系统转型——实现超越”的逻辑理路展开。运用马克思现代性批判理论、马克思主义人性论、后现代性理论作为理论基础，立足系统思维，采用哲学思辨方法，研究后现代性与思想政治教育系统内各元素以及系统间的内化和互动，重点在探索破解思想政治教育现代性矛盾的有效路径，即在后现代性反思、解构、超越等维度下分析思想政治教育发展的转型及现代性超越问题，而不是后现代性与思想政治教育的分项研究或者简单嫁接。后现代性对思想政治教育发展的双重影响是本书研究的哲学起点，思想政治教育现代性的矛盾是本书研究的逻辑缘由，因此构成研究的两个重点。本书从反思、批判、转型、超越四个层面系统阐述现代思想政治教育发展问题。针对思想政治教育现代性隐忧，提出在反思中转型；针对思想政治教育现代性矛盾，提出在批判中超越。借此转型与超越的“双维”路径拓宽与深化思想政治教育现代转型理论研究，并为思想政治教育工作实践提供了体系指导，以增强当代思想政治教育实效性。为思想政治教育系统整体现代化提供了一种研究范式。

问题是时代的声音，理论是行动的先导。以后现代性视角解读、剖析、解决现代性矛盾实现思想政治教育现代性的重建，是现代思想政治教育学科发展的理论主题。不是为了追逐时尚而标新立异，而是因为现代化社会提出的后现代性语境让我们无法回避；作为一个思想政治教育学人，最盼望的事无非是思想政治教育理论、学科与学术研究能够蓬勃发展，更好地发挥塑造现代人格，促进社会发展，提供精神动力与规范指导的功能。同时，理论要想成为指导群众的“思想武器”，必须紧扣时代脉搏，追踪学术前沿。因此，研究学科理论前沿，从问题出发、分析实质、提出方案，是新时代思想政治教育学者的历史使命。思想政治教育实践没有止境，立足于实践基础之上的思想政治教育理论创新也永无止境，希望本课题的研究能尽微薄之力，引起更多学者关注并研究“思想政治教育现代性”论域，那么或许我们能够距离思想政治教育现代化的终极目标再近一些，更近一些！

绪　论

一、问题缘起：思想政治教育现代转型的社会镜像

本书的研究是个前沿论域，既是通过“社会之镜”透视现代思想政治教育发展问题的现实追问，也是立足“哲学之维”促进思想政治教育学科发展的理论诉求。考察“思想政治教育现代转型与超越”问题具有重要的理论意义与实践价值。

（一）研究背景与目的

在世界百年未有之大变局和中华民族伟大复兴的战略全局相互交织、彼此影响、融合交汇的复杂情势下，思想政治教育现代化进程也遭遇诸多挑战。社会之镜下，这是一个急剧变革的“加速度”时代，也是一个碎片化的“读图”时代。有数据显示：截至2022年12月，我国网民规模达10.67亿，网民使用手机上网的比例达99.8%，[①] 各类手机应用的用户规模不断上升。思想政治教育是做人的工作的，人在哪里，思想政治工作重心就在哪里。新媒体的发展加剧了人的“数字化生存”状况，当前社会出现一些关涉“人”的现代性难题：诸如部分当代青年持“佛系”、“躺平”的人生态度，“无直播不传播”的新媒体乱象，历史虚无

① 中国互联网络信息中心（CNNIC）：第51次《中国互联网络发展状况统计报告》，第1页。

主义的滥觞等现象。“最好的防御就是进攻”，思想政治教育坚持“立德树人”的根本任务，通过发挥思想引领、凝聚共识、行为规范等功能，围绕人、关照人、服务人，从而成为化解这些关涉“人”的难题的有力武器。所以，当新时代的大幕拉开，社会和个体比以往任何时候都更需要思想政治教育。

新的历史方位下，思想政治教育的使命和责任是什么？面对“数字化生存”的现代人，新时代的思想政治教育该当如何呢？生命力何在？后现代性语境下，思想政治教育呈现领域分离、主体性危机、工具理性危机、普遍主义引致的内在张力等一系列现代性问题。如何维护思想政治教育的“合法性”，克服“合理性危机”，发扬“生命线”的传统政治优势，更好地承担起“举旗帜”、“育新人”的根本使命任务是思想政治教育学术共同体共同关心的前沿论域。因此，一方面，面对复杂多向的社会镜像，亟须针对思想政治教育工作中的现实难题进行顶层设计。另一方面，思想政治教育学科可持续发展需要以前瞻性、开放性态度辩证剖析后现代性的“双刃剑”效应，汲取其合理内核促进思想政治教育现代化目标的实现。借此“思想政治教育现代转型与超越研究”研究从反思、批判、转型、超越四个层面努力探寻思想政治教育现代化的实现路径。如果说反思中的转型是对思想政治教育现代性重建的合法性确认，那么批判中的超越则是思想政治教育现代性重建的合理性证成。转型与超越共同构成实现思想政治教育现代化目标的“双维路径”。为思想政治教育现代化过程提供理论指导，也为社会的现代化提供思想指引和精神动力。

问题是时代的声音，问题也是理论研究的出发点。综合来看，思想政治教育所处的社会背景、传播环境、主体、客体、效果的巨大变化归根结底都是来自时代的变化与发展。对时代问题的聚焦最终将我们的研究引入思想政治教育现代转型问题的理论求索上来。对现代性的反思和对现代性病症治愈之路的探寻与思想政治教育自身发展矛盾交织的复杂性构成本书研究的背景。

（二）研究意义与价值

思想政治教育包括理论、学科、工作三个系统。探讨思想政治教育现代转型与超越，对于学科建设、理论建构和实践活动都具有重大意义。

探索的理论意义在于：当前中国正处于“现代性”主导的现代化社会，并且具有其独特性，即传统性、现代性、后现代性历时空叠加、并存共生的现实状况。现代性张力、碎片化风险、文化新常态下的多元价值冲突都亟须针对现实问题的顶层设计，后现代性语境给我们提供了一种解困的视角。一方面，后现代性已经并正在深刻影响着思想政治教育这一社会子系统，致使思想政治教育在发展中面临一系列现代性矛盾：主导性与多样性、价值理性与工具理性、内容与形式、个性化与社会化之间的矛盾。我们应辩证剖析后现代性的双重影响，消解其负面效应，汲取其合理内核以指导思想政治教育实践，从而促进思想政治教育现代化目标的实现。另一方面，思想政治教育学科可持续发展需要以前瞻性、开放性态度应对思想政治教育合理性、创新性问题。研究后现代性语境下思想政治教育的转型与超越问题，拓宽和深化了思想政治教育理论研究，对于思想政治教育系统结构与功能的重构具有重大意义。

探索的应用价值在于：运用马克思主义唯物辩证法，从反思、批判、转型与超越四个层面作为分析框架进行研究，为思想政治教育系统整体现代化提供了一种研究范式；反思后现代性语境中思想政治教育的本质、对象、结构以及范式等问题，对于促进思想政治教育学科的科学化发展具有重要的现实价值；本书的研究为当前思想政治教育的发展创新提供了一种新的分析视角和可供借鉴的解决思路；提出了破解思想政治教育合法性与合理性危机的“双维路径”——“反思中转型”与“批判中超越”的方案，有助于思想政治教育实效性的提升；为思想政治教育工作实践提供了体系指导和实现现代化的评估标准；为开展虚拟时空场域中的思想政治教育提供了有益的借鉴。

二、现状概观：国内外相关研究现状述评

（一）后现代性理论研究综述

1. 现代性与后现代性的比较研究

相较于现代性而言，后现代性虽然是一个稍晚近才出现的概念。但是，离开“现代性”就无法谈论“后现代性”。其一是因为两者总是纠葛在一起，无法割裂；其二是因为对“后现代性”的研究正是始自对“现代性”的反思与批判。因此，关于后现代性理论的研究总是不可避免地在其与现代性的比较中展开。

国外对于后现代性的研究热潮流行于20世纪60年代。许多思想家、哲学家、社会学家、文学家乃至艺术家都针对现代性的矛盾和危机展开激烈的批判，并寻找到自己的话语空间。梳理西方后现代性思潮的发展历史，研究“后现代性”的先驱有尼采、海德格尔、哈贝马斯、吉登斯、詹姆逊、利奥塔尔、福柯、德里达、德勒兹等。

尼采这位后现代主义的先行者，抓住“现代人”与“现代精神”本身对现代性展开了犀利的批判。尼采在《权力意志》中最为关注的是作为“现代灵魂”的人的精神与意识。他指出：“意志力才是生命的根本”，“缺乏意志的‘善良的人’不过是‘衰退的象征’”，① 并归结为一种对现代性悲观的态度“现代精神已无可救药了”②。

海德格尔的思想也是后现代主义的一个重要来源。他从人的“存在”问题出发对现代性进行批判。他认为现代性的本质是“世界图像的时代”，技术的“座架”对人的生存产生了威胁。海德格尔指出：“无家可归状态是忘在的标志。”③ 并认为现代世界的命运就是“无家可归”。为此，他借

① ［德］尼采：《权力意志》，张念东等译，商务印书馆1991年版，第201页。
② ［德］尼采：《权力意志》，张念东等译，商务印书馆1991年版，第229页。
③ 孙周兴选编：《海德格尔选集》，上海三联书店1996年版，第382页。

用“人诗意地栖居”的诗句来描绘美好的生存状态。

哈贝马斯是现代性自觉的辩护者，他借鉴马克思的思想，强调通过交往理性能够重建现代性的理性基础，捍卫启蒙的现代性立场。虽然现代性仍然是时代进步主义政治和解放乌托邦的思想来源，但古典的现代性概念需要批判。哈贝马斯从文化批判的角度，分析后现代主义的实质，并系统批判了现代性反话语，同时也系统清理了批判理论传统本身反启蒙和非理性的倾向。哈贝马斯尝试建立一种“生活世界的运行原则”，以协调个体与社会的矛盾。

吉登斯从社会学角度阐释了现代性的性质与动力机制。他否认“后现代社会”的到来，认为后现代性仅仅是“高度现代性”或者“晚期现代性”而已。他认为现代性在本质上属于“制度性的转变”，表现为与传统的断裂。吉登斯认为时空延伸、脱域机制和反思性是现代性的动力来源。同时，吉登斯将现代性视为“风险社会”，列举出一系列风险景象，他认为后现代性是一种更高的秩序，“是‘超越’现代性的各种制度的一系列内在转变”。①

詹姆逊是最早将后现代学说介绍到中国的学者。他对“后现代社会”的存在持明确肯定的态度，并将之对应为“晚期资本主义”阶段，指出“空间化”、“平面感”、“断裂感”、“零散化”是后现代主义文化逻辑特征。②詹姆逊将后现代理论与后现代社会形态联系起来，认为后现代主义文化是晚期资本主义的“主导文化”，文化大众化、视像化和商品化、“无深度感”、“取消历史意识”、“情感的消逝”③特征突出。詹姆逊尊崇总体性方法，肯定马克思的经济基础与上层建筑规律学说的作用。

利奥塔尔把后现代性理解为“不相信元叙事”④，主张用小叙事或琐碎

① ［英］吉登斯：《现代性与自我认同》，赵旭东等译，三联书店 1998 年版，第 46 页。

② 陈嘉明：《现代性与后现代性十五讲》，北京大学出版社 2006 年版，第 261 页。

③ ［美］詹明信：《晚期资本主义的文化逻辑》，张旭东编，陈清侨等译，三联书店 1997 年版，第 291 页。

④ ［法］让-弗朗索瓦·利奥塔尔：《后现代状态：关于知识的报告》，车槿山译，三联书店 1997 年版，第 2 页。

叙事取代大叙事、元叙事，主张差异性思维，号召“向总体性开战”，也就是向坚持大全理性的现代性开战。他使“合法性”问题成为现代性与后现代性争议的核心，他关注的是知识在后现代资本主义社会中的状况，是对传统哲学的颠覆和现代性中科学的霸主地位的解构。利奥塔尔后现代理论具有反对整体、消解主体、寻求差异、倡导多元等特点，提出“悖谬逻辑”表达后现代思维，质疑性、多元性和阶级性是利奥塔尔后现代理论的本质特性。

福柯的后现代主义理论的研究主线是主体问题研究，福柯采用了否定、解构和怀疑的方式对主体地位和认识能力问题进行讨论。认为主体在不同的真相游戏中建构自身不同的地位，现代社会中的主体是被权力“塑形”的主体。相对于马克思的主体解放之路，福柯的主体研究仍具有浪漫主义的色彩。① 福柯着重于对合理性问题、现代社会的“规训”性质进行研究，他认为现代性的合理性“未崩溃”，突出合理性与权力的关系，并指出权力造就主体。

德里达采用解构主义方法，力图消解现代性所依托的西方形而上学传统所制造的各种各样的二元对立。德里达强烈反对普遍性、同一性思维，提出“延异”思想，突出后现代在语言观、知识观上的“差异性”认识。德里达后来转向他者的伦理学，关注在绝境中的解构，强调没有宗教的宗教性，期待弥赛亚的到来。这些都表明，他对后现代时代的一种新的人文价值关怀。②

德勒兹指出怨恨、内疚、禁欲主义构成了西方文明的思想范畴，他把资本主义的危机归为精神分裂的制止。德勒兹反转了价值与评价之间本末倒置的绝对主义价值观，认为价值源于人类的生存经验，价值才是真理的基础，进而批判传统形而上学预设的奴隶价值观。德勒兹关于价值内在性

① 陈四海：《从理性主体到伦理主体——福柯的后现代主义主体思想研究》，《渤海大学学报》（哲学社会科学版）2019 年第 4 期。

② 陈晓明：《重论德里达的后现代意义及其转向》，《学术月刊》2007 年第 12 期。

的构想展现了多元主义的价值观念。①

通过对上述主要的后现代性哲学代表人物的经典理论进行阐述、分析、梳理，我们不难发现，虽然他们的思想观点有差异，对待现代性的态度或激进、或温和、或赞同乃至对立，但是，他们至少在一个问题上的观点具有惊人的绝对一致，即凡谈到后现代性的思维、观点、理论必然将其置于与现代性的比较关系中去阐述、评判。这也说明现代性与后现代性的盘根交错性，无法决然将两者割裂，也因此，几乎所有的后现代主义者言必称现代性，甚至有的后现代主义哲学家根本不承认自己是后现代主义的代表。

2. 后现代性基本观点的研究

虽然后现代主义者们观察问题的角度、采用的分析方法、基本主张、思想理论具有差异性，思想渊源各异，分属不同的后现代性思想流派，但是在思想实质上却具有统一性。也即他们都对现代性展开反思与批判，他们都拒斥主客二分的形而上学"本体论"、反理性、反基础、反本质，宣扬并崇尚非理性、不确定性、碎片化、差异性、相对主义。

概言之，关于后现代性基本观点的研究主要集中在两个方面：一个是后现代主义思想家在论述后现代性理论时对现代性所持的态度，另一个是后现代性有哪些基本观点与特征。

第一，对待现代性的态度。作为一种思想风格，后现代性在发展过程中呈现出否定性（解构性）、建设性（建构性）、虚假（迪斯尼式）的三种后现代理论思潮，表现为两种鲜明的态度：一种是以哈贝马斯为代表的后现代主义者对现代性持肯定态度，认为现代性是"一项未完成的构想"，从而在诊断现代性病理中提出"重建现代性"。吉登斯通过"反思"寻求驾驭现代性"猛兽"面相的良策；哈贝马斯则提出"交往行动理论"，从主体间性、交往理性视角阐释破解"现代性困境"的方案。另一种是以利

① 崔增宝：《从价值的外在性到内在性的后现代转向——以德勒兹的思想为例》，《学术研究》2016 年第 9 期。

奥塔尔为代表的后现代主义者，德里达、福柯、德勒兹则对现代性持怀疑态度，主张“重写”现代性，极力倡导差异哲学，拒斥普遍理性，消解理性中心论。但是无论后现代主义者对现代性持何种态度，都要坚持“反思”性思维，因为不管是“重建现代性”的蓝图还是“重写现代性”的现实批判，都必须通过反思现代性才能达到。

第二，后现代性的基本观点。后现代思潮涌流形成为全球时尚的过程中，后现代主义者们纷纷著书立说，在自己的著作、论文以及学术交流中阐明后现代性的基本观点。例如，德国学者尼采的《权力意志》，哈贝马斯撰写的《合法化危机》、《尼采：后现代性的开端》、《现代性的哲学话语》等多部著作阐述后现代性观点。英国学者吉登斯撰写的《现代性的后果》、《现代性与自我认同》，齐格蒙特·鲍曼的《现代性与矛盾性》、《后现代伦理学》，也从不同的角度、视域阐述了后现代性与现代性的渊源、观点、理论、特征。美国学者多迈尔的《主体性的黄昏》，格里芬的《后现代精神》，詹姆逊的《晚期资本主义的文化逻辑》，道格拉斯·凯尔纳与斯蒂文·贝斯特著有《后现代性理论：批判性的质疑》，斯蒂芬·贝斯特和道格拉斯·凯尔纳的著作《后现代转向》，罗斯诺的《后现代主义与社会科学》，均从自己的分析框架对后现代基本特征进行描述与阐释。法国学者鲍德里亚著有《消费社会》，福柯著有《规训与惩罚》、《结构主义与后结构主义》，利奥塔尔的著作《后现代状况——关于知识的报告》、《后现代道德》、《后现代性与公正游戏》，都集中阐释了后现代性理论及其观点。概言之，后现代性理论发源于西方学术界并形成了著述丰富、观点鲜明、风格各异、自成一派的研究格局。虽然学者们的研究角度、侧重点不同，但是多元性、非理性和相对主义被确认为后现代性最本质的特征。其他后现代性观点与特征还包括但不限于解构、去中心、反传统、碎片化、零散化、偶然性、非理性、无意义、含混不清、异己化、不确定、差异性、流动性等。

后现代性思潮自 20 世纪 90 年代登陆中国以来，经由后现代主义学者讲学交流、中国学者翻译引介、学术界热议研讨、重点作家总结评述等阶段，形成了相对固定的对后现代性基本观点与特征的认知并不断发展创新。北京大学哲学系赵光武教授主编的《后现代主义哲学述评》(2000年）一书系统阐述了后现代主义哲学产生的历史条件、理论来源、主要流派、主要观点以及研究方法论的比较。其中，将后现代主义哲学的主要观点概括为反本体论、反理性主义、反本质主义以及反基础主义，[①] 并作出评价。厦门大学哲学系教授陈嘉明撰写著作《现代性与后现代性十五讲》(2006年)，详尽地分析阐述了尼采、海德格尔、福柯、利奥塔尔、吉登斯、詹姆逊、哈贝马斯、鲍德里亚等后现代主义代表人物的后现代性观点与理论，其中，特别分析了不同的后现代性哲学家们针对现代性展开批判的不同侧重点。南京大学艺术学院教授周宪撰写著作《审美现代性批判》(2005年)，从文化、美学角度展开了后现代性基本特征的研究。复旦大学哲学系教授汪行福撰写著作《走出时代的困境：哈贝马斯对现代性的反思》(2000年)，以后现代性哲学家哈贝马斯的理论观点为研究视角分析了后现代性的基本主张。此外，宋伟（2006年）撰写博士论文，孙颖东(2006年)、刘鹏(2007年)、李静(2008年)、何芳(2009年)、吴如意(2010年)、彭慧（2012年）等撰写硕士论文阐述并梳理了后现代性的基本观点和理论主张。

综上，国内外关于后现代性基本观点的研究不仅涉及对待现代性的态度，还包括对于后现代性观点及其基本特征的阐述、分析与探究。综合来说，关于后现代性的基本观点的认知体现在以下特征：非理性（或者反理性主义)、不确定性、复杂多元性、相对主义以及崇尚差异性。后现代主义对现代性的批判反思的哲学基调是非理性主义、多元主义和相对主义。

3. 后现代性理论的研究理路

分析相关文献资料，关于后现代性理论的研究理路主要体现为形态各异的研究流派、各有千秋的研究风格以及不同类型的逻辑理路。

第一，研究流派。在后现代思潮中，后结构主义、新解释学、新实用

---

① 赵光武主编：《后现代主义哲学述评》，西苑出版社2000年版，第2—3页。

主义、建设性后现代主义构成了后现代性哲学的主要研究流派，其中，后结构主义哲学是在结构主义基础上发展而来，代表人物是福柯与德里达以及利奥塔尔，主张以取消、解构“结构”的方式摧毁现代性哲学的基础，因此，又被称为“解构主义”，它对逻各斯中心主义、语音中心主义展开激烈地批判，认为必须破除本质、本源、同一，根本不存在所谓形而上学的终极目的。在解构本源和中心的基础上，德里达提出“文字学”的新理论，认为“写”比“说”更有优越性，“写”更能反映语言的差异性。新解释学将“存在意义”作为研究目标，代表人物是海德格尔与伽达默尔，实质上是关于“存在——本体论”的解释体系。新解释学主张“对话”“视界融合”“协同性”等概念，对客观性持否定态度，并提出用语言游戏、语言本体化去代替客观的思维过程，关注“历史”在理解中的意义。新实用主义主要产生于美国，其重要代表人物是奎因和罗蒂。奎因坚持分析哲学，从而打破了逻辑实证主义的前提。罗蒂以相对主义的真理观为基础坚决反对近代西方哲学中的“基础主义”，否认真理的客观性，最终与马克思主义的真理观背道而驰，走向主观唯心主义。建设性后现代主义主张超越现代主义，而不是彻底摧毁现代性，其代表人物主要有格里芬、科布等，主张注重历史的连续性与同一性，强调内在关系、有机主义。① 若要从性质上做个区分，上述后现代性哲学流派中，只有建设性后现代主义是肯定性的，相信可以通过反思性批判实现对现代性的超越，而非彻底推翻，因此，建设性后现代主义又被称为“建构性后现代主义”。其他诸如解构主义、新实用主义以及新解释学等后现代性流派在实质上都是“否定性”的理论思潮，只是态度的坚决程度略有不同罢了。正因如此，学界有研究者指出，存在所谓的“温和的”后现代主义流派。

第二，研究风格。后现代性哲学流派在发展过程中，也体现出不同的思想风格，或者说兼具不同的研究风格。就后现代性理论研究的风格而言，主要有侧重研究思想观念的后现代转向、文化内涵和形式的后现代转

① 参见赵光武主编：《后现代主义哲学述评》，西苑出版社 2000 年版，第 35—39 页。

向、思维方法的后现代转向等类型，也有从文学、建筑学、美学、社会学、伦理学、哲学等不同学科领域展开后现代性理论研究，从而形成不同研究风格的。

就思想观念的后现代转向这一研究类型来看，主要体现在后现代主义哲学在对待人与自然的关系上，破除了现代性所主张的主体性观念和“人类中心主义”思想，坚持“共生共存”的理念，这与马克思主义人性论的观点具有一致性。马克思指出，人与自然应是和谐共生的关系。马克思从人的生存视域出发考察资本主义现代性，通过实践这一核心原则确立了新的科学的世界观，从而在历史边界上澄清现代性的本质，真正完成了对现代性的“超越”。在对待科学、真理、理性的态度上，后现代性指出科学技术发展带来了人的“异化”以及科技伦理问题，反对决定主义真理，否认先验的，本质的、普遍主义思想。

就文化层面的后现代转向这一研究类型来看，主要体现在后现代文化反对现代性对于文化形式所蕴含的意义的崇尚，它突出文化的流变性、生成性、多元性等内涵；后现代文化摒弃了文化的深层意义，它倡导通俗性、简洁性以及个性化。后现代主义文化兴起于20世纪五六十年代的美国，随后迅即风靡整个西方发达工业社会，并形成了一种迅速向世界其他地区渗透的国际性思潮。

就最为核心的思维方法的后现代转型而言，主要体现为解构方法、语言游戏方法以及反思、体验与对话沟通等方法的流行。例如，哈贝马斯就是基于对话的方法提出主体际的“交往理性”理论，而利奥塔尔则运用语言游戏的方法认识与分析各种社会关系，并提出指示性、规定性以及评价性的三种语言陈述规则。

就不同学科领域内的后现代性理论而言，因其学科性、专业性、基础理论渊源的差异性而呈现出各自鲜明的品质与风格特色。例如，后现代文学彻底的反传统，摒弃所谓的“终极价值”，出现所谓无厘头、诡诞、黑色幽默等文学形式；后现代建筑学在詹克斯的眼里也具有了“新范式”，即后现代理论中的“复杂科学”概念诸如混沌、跃迁、突变等科学前沿术语组成了现代建筑风格独特的建筑背景、多元化的建筑语言、“形而上”的建筑意义，构成了詹克斯生态美学的基本框架。① 后现代美学在发展中也独具风格。鲍德里亚从符号与现实的关系入手，深刻地分析后现代的“价值的结构革命”，并通过对“仿相”、“超现实”、“超导体”的分析，无情地揭示后现代符号战胜现实的惊人事实。他的理论抓住了当代资本主义社会向拟像和超现实转变的特征，对于分析当代社会文化的趋势具有相当的启发。② 后现代伦理学指出了现代社会三大祛除伦理的社会机制，作为其指导思想的恰恰是现代伦理学中公认的理性、主体性和世俗性。并从伦理现实和伦理学理论两个层面进行批判，预示着未来伦理学发展的方法或方向。③

第三，研究理路。通过梳理现有文献资料可知，国内外学者主要是针对后现代主义思想家的著述展开研究的。一般有两种研究类型：一是选取后现代性思想家作为研究对象；二是研究某个时期内后现代性思想家的某一个观点或者理论。

自后现代性话语在中国学界登陆，就掀起了广泛的议论和研究热潮。概言之，主要有两种研究理路：一种是直接翻译西方后现代性著作；一种是对后现代主义学者的观点间接解读或者借用其理论阐述某个理论或者现实问题。在学者们的研究过程中，对待后现代主义的态度经历了很大的转变，形成了一个从盲从到争论再到辩证地批判和运用的研究变迁过程。代表性译著，如：马季方译，大卫·格里芬编著的《后现代科学——科学魅力的再现》（中央编译出版社 1995 年版）。90 年代中期以后，国内学者也纷纷著书立说深度阐述后现代性理论，后现代性研究涉及哲学、文学、艺术学、教育学、社会学等多学科领域，对于现代性的合理性、合法性等理

---

① 李玲：《詹克斯后现代建筑理论中的生态美学意蕴探微》，《河北学刊》2020 年第 5 期。

② 周青、胡健：《论鲍德里亚的后现代美学思想》，《渤海大学学报》（哲学社会科学版）2014 年第 1 期。

③ 王鹏飞：《后现代伦理学及其启示》，《哈尔滨工业大学学报》（社会科学版）2006 年第 4 期。

论问题的反思探究越来越多。其中，曹天予在《科学和哲学中的后现代性》（《哲学研究》2000年第2期）一文中指出，就后现代性的实质方面而论，它是不可接受的，当它作为现代性精致的扩展时它才有意义。陈嘉明在《现代性与后现代性十五讲》（北京大学出版社2006年版）一书中详尽阐述了现代性风险，后现代性的概念、起因、性质，并指出尼采、海德格尔与后期维特根斯坦的哲学构成后现代性的三大思想渊源。其他还有许多著述不一而足，不再列举。应该说随着研究的深入，学者们的研究思路越发清晰，研究层次也日益深入，讨论的问题渐成体系。

（二）后现代性与思想政治教育研究综述

后现代性话语、理论、思想引入中国并形成学界时尚前沿论域以来，对中国社会形成广泛而深刻的影响，作为社会思想上层建筑的思想政治教育也不例外，饱受后现代性的冲击。为此，学界也展开了初步的研究，从现有研究文献来看，直接相关性研究可谓“凤毛麟角”，截至2022年12月，在中国知网可以精确检索到的文献以个位数计，仅有5篇，检索路径为“全文”的情况下，也只有453篇。当然，不排除有课题、专著等其他研究成果，但数量也十分稀少。由此可见，这的确是一个学术前沿话题，尚需继续关注并进行深入的研究。结合现有文献资料来看，学者们将研究的主题聚焦在以下一些方面。

1. 后现代主义对思想政治教育的影响及对策研究

针对这一研究主题，学者们的研究视角主要有三类：

第一类是研究后现代主义对思想政治教育主导性、主体、客体、目标、内容、方法等系统要素的具体影响和应对之策。董杰在《论后现代主义教育思潮下思想政治教育者的主导性》（2010年）一文中指出：“后现代主义教育思潮的教育目的观、立场观、教师地位观及其师生观等对当今的教育思想领域产生了巨大影响。”① 因此，必须加强主导性路径的研究。杜

① 董杰：《论后现代主义教育思潮下思想政治教育者的主导性》，《探索》2010年第2期。

朝举、毕红梅在《后现代主义视域下思想政治教育主体困境及对策》(2016年）一文中指出，后现代主义“合理价值主张对思想政治教育主体具有积极影响，其消极价值观念也使思想政治教育主体面临困境。”并提出对策路径“夯实思想政治教育理论基础，实现理论彻底性；增强思想政治教育主体的主体性，实现主体自我规范；以主流价值观引领，实现主体价值自觉。”① 季春红在《后现代语境下高校思想政治教育主体间性解读》(2016年）一文中阐述：“后现代主义语境中的多元化和去权威性使得传统思想政治教育主客体二分法遭到拒斥和质疑……思想政治教育主客体的界限有所模糊，更强调主客体之间的相互作用，形成主体间多向互动的教育新模式。运用后现代主义……有助于促进高校思想政治教育的主体间性转向与生成，增强教育针对性实效性。”②

第二类研究视角是将后现代性作为一种视域、语境、背景、分析框架从整体上研究高校、大学生等领域、群体的思想政治教育工作，并提出反思与路径。王学俭、张哲在《“后现代阅读”背景下的大学生思想政治教育工作研究》(2011年）一文中提出：“新媒体技术的发展使阅读进入了‘后现代阅读’时代，新时期的大学生获取信息的途径更加快捷、获取信息的内容更加丰富，进而影响着当代大学生的思维方式……整合并利用各类媒体，把握趋众性，注意发挥‘意见领袖’的影响力，认真解决‘浅阅读’、‘网瘾’等问题。”③ 邓春玉在《后现代主义视域下当前大学生思想政治教育工作反思》(2014年）一文中阐明：“后现代主义要求大学生思想政治教育在工作目标上主张培养个性差异、全面发展人的目标；在工作主体上提倡去中心、强调师生平等互助交流；在工作对象上主张个体差异及全面发展；在工作内容上要求及时更新、与时俱进；在工作方法上主张多

---

① 杜朝举、毕红梅：《后现代主义视域下思想政治教育主体困境及对策》，《山东青年政治学院学报》2016年第5期。

② 季春红：《后现代语境下高校思想政治教育主体间性解读》，《南京政治学院学报》2016年第3期。

③ 王学俭、张哲：《“后现代阅读”背景下的大学生思想政治教育工作研究》，《高等教育研究》2011年第4期。

样化、启发式；在工作评价上主张评价标准的多样性、自主性。”[①]高小艳、张利花在《后现代主义视域下当前大学生思想政治教育工作反思》（2016年）一文中强调：“对于后现代主义对大学生的影响，应该采用取其精华、去其糟粕的态度，正确引导当代大学生。”[②]洪雁、刘支皇在《后现代管理视域下的高校学生思想政治教育工作》（2010年）一文中从管理学视域探究了高校学生思想政治教育工作的目标问题。[③]于世明、刘聪在《后现代语境下高校思想政治教育工作研究》（2010年）中探讨了“在后现代语境下面对知识真理性逐渐被消除的困境、思想政治教育工作的权威性将受到威胁等挑战，意识到其对教育者与教育对象双方面的消极影响，进而积极探讨思想政治教育教学工作的改革与创新”问题。[④]

第三类研究视角是侧重于从后现代性的积极与消极影响两个层面分析对于大学生、青年等特殊主体思想政治教育的影响、作用以及可以采取的具体对策研究。郑方方撰文指出：“后现代主义思潮表现出反理性主义、消解主体性及提倡差异与多元的特征，既影响了传统思想政治教育的有效性，又为构建平等民主的思想政治育人新模式带来新的机遇与反思。既有利于大学生批判能力、自我意识与多元思维的培养，也容易使大学生陷入价值观念模糊与多元的误区……要建构基于主体间性的新型思想政治教育主客体关系。”[⑤]陶达、董晓欢（2016年）撰文指出：“后现代主义思潮在我国90后大学生中盛行，主要以非中心主义、非理性主义、解构主义、多元主义为主要表现形式，在解放思想、张扬个性、重构人际关系方

① 邓春玉：《后现代主义视域下当前大学生思想政治教育工作反思》，《科学咨询》（科技·管理）2014年第1期。

② 高小艳、张利花：《后现代主义视域下当前大学生思想政治教育工作反思》，《亚太教育》2016年第2期。

③ 洪雁、刘支皇：《后现代管理视域下的高校学生思想政治教育工作》，《吉林广播电视大学学报》2010年第8期。

④ 于世明、刘聪：《后现代语境下高校思想政治教育工作研究》，《辽宁教育行政学院学报》2010年第7期。

⑤ 郑方方：《后现代主义思潮对大学生思想政治教育的影响及对策》，《科教导刊》（下旬）2016年第4期。

面为大学生提供了积极的思维方式。但是过度强调多元性、个性自由、不确定性等观点，容易导致走向价值相对主义、极端个人主义甚至道德虚无主义。”① 还有许多学者重点提出了化解后现代性消极效应的途径与方案。如：石杰、张德才（2015 年）提出：“要以社会主义核心价值体系为指引，通过重视学生生命的整体，提高多元化的教育评价标准，丰富网络教育平台的创建等方式，来完善大学生思想政治的教育理念，促进高校思想政治教育工作的全面发展。”② 张玲、杜朝举（2013 年）提出：“建构教育主体，加强主体性教育；创新教育方法，提高抵御能力；遵循教育原则，明确实践育人要求”③ 的对策；邱晓云（2015 年）提出：“应该引导大学生理性认识与合理对待后现代主义。对大学生进行思想政治教育时，要强调‘主体间性’、教育内容要丰富、注重与学生的对话和交流，正确引导和教育当代大学生”等具体对策。

此外，针对这个主题还有研究者从后现代性对思想政治教育的价值、功能、传播、作用等个别性特殊视角展开思想政治教育的实效性、有效性问题的探索的。如：杜启达与段惠琼（2010 年）、黄艺羡（2011 年）、苏焕杰（2013 年）、杨章文与吴金花（2016 年）、徐玉祺（2016 年）等学者都对这些问题展开剖析并提出路径措施。此外，马星还研究了后现代主义思潮对军队思想政治教育的影响及对策，指出要“始终坚持马克思主义的‘一元统领’地位；创新教育方法，不断增强教育的实效性；优化教育内容，建构凸显系统性和针对性的课程；建强施教队伍，在提高政工干部政治理论素养和组织施教能力上下功夫”。④

---

① 陶达、董晓欢：《后现代主义思潮对“90 后”大学生思想政治教育的影响及应对策略》，《教育现代化》2016 年第 4 期。

② 石杰、张德才：《后现代主义对大学生思想政治教育的不利影响及解决方案》，《牡丹江医学院学报》2015 年第 4 期。

③ 张玲、杜朝举：《后现代主义思潮对大学生思想政治教育的影响及对策研究综述》，《江西教育学院学报》2013 年第 5 期。

④ 马星：《后现代主义思潮对我军思想政治教育的影响及对策研究》，《海军工程大学学报》（综合版）2014 年第 4 期。

2. 后现代性语境下思想政治教育转型研究

随着中国社会转型的深入，关于思想政治教育现代转型问题的研究也逐渐进入学者们的研究视野，从学科前沿走入大众视线。虽然出了一批精品研究成果，如：河海大学孙其昂教授等撰写的著作《思想政治教育现代转型研究》（2014 年）成功入选国家哲学社会科学成果文库。该著作系统研究了思想政治教育现代转型的基础，思维方式、目标结构、职能定位、工作者、工作对象、内容、活动方式、话语、体制等系统结构要素的转型，并提出思想政治教育现代转型的路径以及思想政治教育现代性建构的系列设想。但是，总体来说，学界目前关于这个主题的研究文献数量还十分有限，经过十多年的发展，对中国知网截至 2022 年 12 月收录的文献进行检索，可以精确匹配的学术论文也只有 44 篇，全文检索路径下 488 篇。更遑论关于“后现代性语境下思想政治教育转型研究”这一主题，如果排除间接相关性议题，可供参考的文献几乎为零。当然，这里还有一种情况必须指出的是，在各级各类课题申报中、学术交流报告中、著作中关于“思想政治教育现代转型”的研究成果并未计入统计，因其受众范围受限，也并未引起足够的重视，这是比较遗憾的。然而，也从另一个层面指出这一研究主题的前沿性、前瞻性、紧迫性以及重要性。

另外，还必须强调的是，思想政治教育现代转型与超越的研究是个系统工程，关涉的议题非常广泛，如：思想政治教育现代化问题、思想政治教育现代性问题、思想政治教育主体研究、思想政治教育价值论、思想政治教育系统要素、结构、功能转型、思想政治教育现代转型的动力机制、思想政治教育现代性矛盾、危机研究，思想政治教育现代性向度等议题都属于这个主题研究的范畴，只是相关性程度不同。但是，无论是直接与本选题相关还是间接性相关，毫无疑问的是，都对本课题的研究提供了丰富的理论资源和参考借鉴以及进一步深入研究的动力支持。下面对学者们的研究文献做个概括梳理并进行分析综合，主要聚焦在三类选题问题上：第一类关于思想政治教育现代转型研究。这类研究集中在主体转型、话语转型、目标转型、转型的动力等系统结构要素的转型上做微观子项性的细化研究。齐宪涛（2010年）撰文指出："实现主体间性思想政治教育转向需要树立民主平等意识、增强相互主体意识，需要尊重对象的个体差异，并施行开放、合理的教育模式。"① 张太权与胡艺凡在《主体间性思想政治教育转向的原则及路径探析》（2018年）一文中指出："传统思想政治教育的单一主体模式过分强调以教师、课程与课堂为本位，却忽视了本应作为教育主体的受教育者拥有的自发能动特性，最终导致教育效果不甚理想……为此深入探析主体间性转向的原则及路径。"② 郎娇（2018年）撰文指出："主体间性思想政治教育的转向有其必然性和可能性。借助于网络育人平台，立足于现实生活世界，构建新型交往互动关系，深化新时期以人为本的教育理念"③ 是基本路径；孙雯雯（2014年）、余靖（2015年）均撰文指出自媒体环境下主体间性思想政治教育的转向路径；而张义（2020年）撰文指出微文化背景下思想政治教育话语转型的必要性和策略；朱雅（2019年）发表论文认为要实现"思想政治工具理性和交往理性的统一，回归生活世界中融入与引领的统一，主体性与主导性的统一，现实场域与虚拟空间的统一"等思想政治教育话语转型的"四个统一"。李霏（2017年）撰文指出，对于"互联网+"视阈下的青年要从话语包含的语境、模式、传播、内容等方面转型。胡晶晶（2013年）发表论文指出："思想政治教育目标转型的现状、发展趋势"问题。④ 邢晓红（2016年）发表论文指出思想政治教育现代转型动力是个多类型、多层次的动力系统；陈宗章（2014年）撰文指出思想政治教育现代转型的动力述评以及社会场域中的动力探析问题。

第二类关于思想政治教育现代性与现代化研究。孙其昂在《思想政治

① 齐宪涛：《论主体间性理论视阈下的思想政治教育转向》，《天水行政学院学报》2010年第4期。

② 张太权、胡艺凡：《主体间性思想政治教育转向的原则及路径探析》，《学理论》2018年第8期。

③ 郎娇：《主体间性思想政治教育转向的三维探析》，《山西青年职业学院学报》2018年第2期。

④ 胡晶晶：《思想政治教育目标转型研究：背景、现状与发展趋势》，《思想政治教育研究》2013年第5期。

教育现代性的三个维度》（2016 年）一文中指出："思想政治教育前提的现代性、构成的现代性和活动方式的现代性"三个整体性研究维度；他在《思想政治教育现代性及其转型》（2012 年）一文中提出："思想政治教育现代性是思想政治教育现代化过程中无法回避的课题……解困的基本方法是实现思想政治教育现代转型。"① 闫立超在《思想政治教育现代性批判论纲》（2015 年）一文中指出："思想政治教育的现代性建构需要坚持、发展马克思的现代性批判理论，坚持资本批判、形而上学批判和意识形态批判的统一。"此外，针对思想政治教育现代性问题，李源泉（2020 年）做了研究综述，马超（2019 年）指出："思想政治教育现代性，意指思想政治教育的现代精神特质与运行方式。"② 徐志萍（2017 年）发文指出："建构体系化的思想政治教育现代性理论，并形成思想政治教育现代性的学科意识和思维方式。"③ 针对思想政治教育面临的现代性困境，周的玲、刘兴璀（2016 年），赵静怡（2015 年）分别撰文予以阐述。

针对思想政治教育现代化问题的研究，南京师范大学孙迎光教授在《马克思主义认识论与思想政治教育现代化建构》（2019 年）一文中指出："新时代思想政治教育沿着马克思主义认识论方向前行，需要掌握其现代化建构的运行机制，探寻其本质，在构建人类命运共同体中深化思想政治教育目标。"④ 河海大学戴锐教授在《思想政治教育现代化研究：现状与趋向》（2014 年）一文中指出："思想政治教育现代化是思想政治教育发展的过程特性，也是其方向和目标的综合表达。"⑤ 罗红杰（2019 年）撰文指出大数据驱动是思想政治教育现代化的引擎，并指出思想政治教育现代化着

① 孙其昂：《思想政治教育现代性及其转型》，《安徽师范大学学报》（人文社会科学版）2012 年第 3 期。

② 马超：《改革开放以来思想政治教育现代性建构论析》，《西北师大学报》（社会科学版）2019 年第 4 期。

③ 徐志萍：《思想政治教育现代性研究论析》，《教育导刊》2017 年第 5 期。

④ 孙迎光：《马克思主义认识论与思想政治教育现代化建构》，《南京师大学报》（社会科学版）2019 年第 5 期。

⑤ 戴锐：《思想政治教育现代化研究：现状与趋向》，《思想理论教育》2014 年第 12 期。

力点问题。[①] 张建晓（2019 年）从分析框架指出思想政治教育现代化发展的路向问题。[②] 任丽涛（2016 年）做了新时期我国思想政治教育现代化研究综述。[③] 杨改红（2016 年）从公共性转型角度指出思想政治教育现代化的合理走向。王志远与黄小军（2014 年）发文探索了思想政治教育现代化的必要性及其意义。[④]

第三类关于后现代性与思想政治教育的结合性研究。这一类研究属于直接相关性研究，数量较少，代表性成果不多，结合性的研究起步较晚、研究参差不齐，主要集中在以下视角：后现代主义思潮概观，后现代性、后现代主义思潮等对思想政治教育的影响，后现代性语境下思想政治教育面临的机遇与挑战，后现代主义对思想政治教育思维、方法论、主客体关系、有效性的影响，后现代性对高校、大学生思想政治教育的影响及对策等。王新举在《后现代背景下的高校思想政治教育》（知识产权出版社 2016 年版）一书中阐述了后现代对思想政治教育的影响、后现代教学观、课程观的启示以及思想政治教育的应对原则及对策。王岳川在《后现代后殖民主义在中国》（首都师范大学出版社 2011 年版）一书厘定了后现代哲学与文化研究的问题。张夫伟编著的《道德选择与道德教育的现代性危机》（中国社会科学出版社 2014 年版）一书从教育哲学的视角，以道德选择来反思道德教育现代性危机的表现、症结及出路。李辽宁的《后现代语境下思想政治教育面临的挑战及其对策》（《思想教育研究》2008 年第 5 期）一文指出后现代主义对于思想政治教育来说是一把“双刃剑”，需要采取积极开放的态度，与时俱进地改革和创新思想政治教育。[⑤] 高蕾、陆

---

① 罗红杰：《话语 · 图像 · 数据：思想政治教育现代化的着力点》，《湖北社会科学》2019 年第 10 期。

② 张建晓：《认同与变革：思想政治教育现代化发展的分析框架》，《湖北社会科学》2019 年第 1 期。

③ 任丽涛：《新时期我国思想政治教育现代化研究综述》，《社会科学战线》2016 年第 12 期。

④ 王志远、黄小军：《思想政治教育现代化问题研究》，《学术探索》2014 年第 2 期。

⑤ 李辽宁：《后现代语境下思想政治教育面临的挑战及其对策》，《思想教育研究》2008 年第 5 期。

岩的《后现代主义对大学生影响的研究》（《思想政治教育研究》2005年第6期）一文指出，后现代主义思潮对当代大学生精神结构和思想行为方式的影响。① 黄艺馨的《后现代主义思潮对思想政治教育有效性的影响及对策》（《思想政治教育研究》2011年第6期）一文则针对后现代主义思潮的影响提出几项对策，指出亟须以社会主义核心价值观为指导，在教育者主体、方式、内容、目的上分别用“主体间性”弥补“主体性”；用“对话”弥补“灌输”；用“开放性”弥补“单一性”；用“重叠共识”弥补“同一性”。② 张晓坚在《后现代性对高校思想政治教育的双重影响》（《江苏高教》2013年第5期）一文中指出，需要克服后现代性特征的消极影响，借鉴其积极意义以改进高校思想政治教育。③

3. 后现代性语境下思想政治教育超越研究

因后现代性的研究尚且是个新鲜而前沿的话题，因而相应研究还不是很深入，研究的视角主要集中在针对思想政治教育现代性困境、难题的批判，针对思想政治教育对象、高校思想政治教育的超越问题。刁益虎的《道德教育的现代性困境及其超越》（《内蒙古社会科学》2020年第11期）一文，闫小磊的《我国思想政治教育的现代性困境及超越》（《学理论》2010年第7期）一文，魏延秋、薛艳丽的《思想政治教育超越现代性困境刍论》（《长春师范大学学报》2015年第7期）一文都集中从思想政治教育的现代性困境视角来研究其超越问题；郝芮的《思想政治教育对象的现代性困境及超越》（吉林大学硕士论文，2020年），田鹏颖的《现代性视野中高校思想政治教育难题与超越》（《思想政治教育研究》2020年第3期）则针对对象要素及高校领域谈思想政治教育的超越问题；王能的《构建与超越——马克思现代性批判的路径转向及其核心要义》（《理论界》2020年第1期）一文，

① 高蕾、陆岩：《后现代主义对大学生影响的研究》，《思想政治教育研究》2005年第6期。

② 黄艺馨：《后现代主义思潮对思想政治教育有效性的影响及对策》，《思想政治教育研究》2011年第6期。

③ 张晓坚：《后现代性对高校思想政治教育的双重影响》，《江苏高教》2013年第5期。

丁富强的《试论马克思对现代性的批判与超越》(《理论研究》2019 年第 5 期）一文重点关注马克思现代性批判思想，指出对现代性的超越问题。将后现代性语境下的思想政治教育转型与超越问题融合研究的文献目前仅检索到 1 篇，仝泽矿的《后现代性语境下思想政治教育的转型与超越》(《吉林广播电视大学学报》2016 年第 7 期）一文指出：“后现代主义的核心在于对‘去中心化’的强调，并以此为核心推崇价值的多元性发展，颠覆了传统时期长期以来的理性思想束缚，主张在情境性环境当中实现平等的对话。传统时期的思想政治教育理念与实践均已形成了特定的体制，然而后现代语境环境的生成却对思想政治教育提出了全新的要求，只有结合新形势全面明晰思想政治教育的目的、任务、载体、关系等等，才能有效推动思想政治教育实效性的提升。”① 并在此基础上，提出思想政治教育现代性超越的三条具体路径：“夯实主流意识形态根基……贯彻思想政治教育的人性化管理……平衡科学性与意识形态关系。”②

（三）后现代性语境下思想政治教育转型与超越研究动态评析

学界针对后现代性语境问题，目前的研究多是从教育学、文学、哲学、美学、建筑学、文艺学等学科探讨的，专门从思想政治教育学科角度研究的文章有限，且侧重于后现代性对于高校、大学生思想政治教育的影响、对策、有效性、路径等方面。其中，关于后现代性语境下思想政治教育发展的直接相关性研究不多，关于思想政治教育转型、现代性、现代化、动力等间接相关性的研究较多。

从研究范式取向上来看，当前学界存在着“微观子项性研究”与“宏观性研究”两种研究范式。第一种“微观子项性”研究范式，即关注思想政治教育过程环节要素等的现代转型问题。但在研究中存在“缺项”、“少

① 仝泽矿：《后现代性语境下思想政治教育的转型与超越》，《吉林广播电视大学学报》2016 年第 7 期。

② 仝泽矿：《后现代性语境下思想政治教育的转型与超越》，《吉林广播电视大学学报》2016 年第 7 期。

项”情况，如对后现代性与思想政治教育价值、载体、传播、功能、作用、方法等要素转型的结合式研究尚存在“真空地带”。第二种“宏观性”研究范式，即关注思想政治教育整体体系完善等问题。虽然取得了一定的研究成果，但是主要局限于大学生、青年、军队等特殊群体和高校等特殊领域，现有成果鲜少从其他多元化社会群体或者领域展开整体研究。今后，运用系统论思维，转向学术系统研究范式和行动系统的思维方式是学界研究的一大动态。

通过对现有文献的分析，学者们的研究主要聚焦于后现代性内涵、基本特征、后现代思潮对思想政治教育的挑战、思想政治教育现代性困境、现代转型、后现代性对大学生思想政治教育目标、对象、思维、方法、效果的影响等多样化主题。未来，对于思想政治教育现代性构建、主体性超越、人性化超越、交往思想政治教育、大数据思想政治教育等主题的研究将会形成热点。今后“思想政治教育的转型与超越”研究应由经验性的研究向理论生成性研究转变，从要素局部型的主题研究向体系化的整体研究不断推进，最终构建一个基本的理论分析框架。遵循历史与逻辑相统一的分析方法、建立系统理论分析框架，进行总体性研究是未来研究的趋向。

三、逻辑架构：研究内容思路及方法

（一）研究内容

本书以深陷现代性隐忧与矛盾中的“现代思想政治教育”为研究对象，采用后现代性哲学思维、方法、语境为分析视域，从反思、批判、转型、超越四个层面系统阐述现代思想政治教育的发展问题。尝试借由后现代“反思”与“批判”的双重维度，提出破解思想政治教育“合法性”与“合理性”危机的“双维路径”——“反思中转型”路径与“批判中超越”路径的双重联动。从而最终达成人的全面发展与思想政治教育现代化的价值旨归。

具体来说，主要包括七个部分内容，基本框架如下：

绪论部分主要阐述研究缘起，进行国内外研究现状概观及述评，阐明课题的逻辑架构与理论基点。说明思想政治教育现代转型的社会镜像及拟采取的研究思路及方法。

第一章“唯物辩证法对后现代性的哲学厘定”。追溯后现代性的起源，分析后现代性的基本特征，以此为基础对后现代性进行哲学厘定，运用马克思主义唯物辩证法对于后现代性的正负效应进行辩证剖析，概观课题研究视角。

第二章“思想政治教育现代化进程中的后现代性影响”。从互相联系、互相进入、互相作用三个层面阐述两者的互动机理，历史审视后现代性对于思想政治教育发展的“双刃剑”效应，理性思考后现代性在思想政治教育现代化进程中的消极影响，逻辑分析后现代性对现代思想政治教育发展有哪些有益启示，阐明后现代性与思想政治教育合题研究的意义与价值。

第三章“思想政治教育的现代性隐忧”。廓清现代思想政治教育发展过程遭遇的主体性危机、理性危机、普遍主义引致的内在张力等现代性的“三大”隐忧。从后现代性“反思”维度阐明思想政治教育发展的时代困境并提出现代转型路径的可行性。

第四章“思想政治教育现代性的矛盾”。剖析后现代性语境下思想政治教育发展中存在的主导性与多样性的矛盾、价值理性与工具理性的矛盾、内容与方式的矛盾、个性化与社会化的矛盾四大“现代性矛盾”。从后现代性“批判”维度阐明现代思想政治教育发展中面临的现实挑战。

第五章“转型论：思想政治教育的现代转型”。从社会形态、研究形态两种解释学维度来阐释后现代性语境下思想政治教育系统现代转型的可行性。以社会基础、价值旨归、内容建构、功能拓展、模式趋向五个层面的深化研究，构建由环境转换、目标转换、结构转型、功能转型以及范式转换内构的“五大转型路径”，从而为化解思想政治教育现代性危机提出“反思中转型”的解困方案。

第六章“超越论：思想政治教育现代性的重建”。借鉴后现代性的有益启示，针对四大现代性矛盾，从“超越”维度提出破解思想政治教育现代性矛盾，化解“合理性”危机，“重建”思想政治教育现代性的重要分析框架。即：(1) 人性取向：包括人的思维、本质、需求与人的活动在内的思想政治教育基本理念的现代性超越；(2) 主体间性：由三位一体、主导性重构、间性关系型构，得以实现的思想政治教育主体性超越；(3) 交往理性：思想政治教育研究视角层面对工具理性神话、“理性吊诡”、“合理性模式”的现代性超越；(4) 生活原则：基于生命之真、生存之域、生活之美的思想政治教育现代性模式的重建。从后现代性“超越”维度阐明思想政治教育现代性矛盾的破解路径。

结束语“转型与超越：思想政治教育的现代化之路”部分采用历史与逻辑相统一的研究方法，分析传统性——现代性——后现代性的发展脉络，总结思想政治教育走向现代化之路中的转型与超越之维。

后现代性对思想政治教育发展的双重影响是本课题提出的哲学起点，后现代性语境下思想政治教育现代性的矛盾是本课题研究的逻辑缘由，因此构成研究的两个重点。研究难点在于：一是选题是学科前沿，涉及学科交叉，可供借鉴的参考文献资料十分有限；二是由于体系的构架是个复杂的过程，从后现代性哲学理论，特别是从反思性批判、建构性超越的分析维度进行研究是个难点，颇具挑战。

从研究角度来看，后现代性只是一个分析维度，一种思维方式，不仅仅是研究两者的关系，更为重要的是研究后现代性语境下思想政治教育系统的整体现代性问题。

（二）研究思路

本课题以思想政治教育理论、马克思现代性批判理论和马克思主义人性论作为研究的三大理论支撑，遵循“剖析影响——反思危机——批判矛盾——探寻转型——实现超越”的逻辑理路展开研究。具体研究框架思路示意图如下：

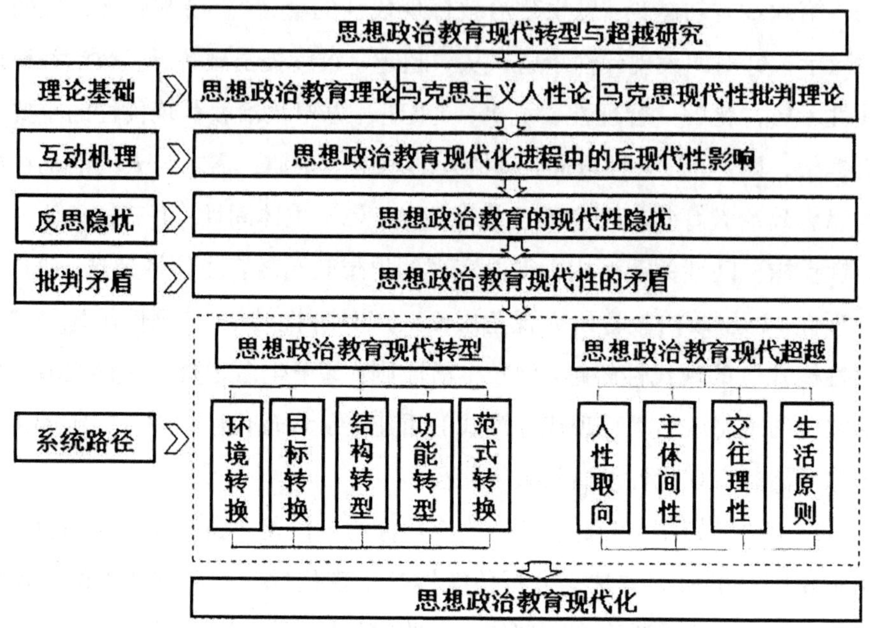

1. 学术思想特色

本书研究的理论价值在于其前沿性，有针对性、分层面阐述了后现代性与思想政治教育之间的互动关系，指出后现代性是思想政治教育现代化过程中绕不开的前沿论域，从结合点上，本书立足系统思维，采用哲学思辨方法，研究的是后现代性与思想政治教育系统内各元素，以及系统间的内化和互动，重点着力于破解思想政治教育现代性矛盾的有效路径，即在后现代性反思、解构、超越等维度下分析思想政治教育发展的转型及现代性超越问题，而不是后现代性与思想政治教育的分项研究或者简单嫁接。希望借此为思想政治教育工作实践提供体系指导，增强当代思想政治教育实效性。

2. 学术观点

（1）当前中国处于传统性、现代性、后现代性“三性叠加”、并存共生、高度时空压缩的社会转型期。

（2）后现代性已经并正在深刻影响中国社会，思想政治教育作为社会子系统出现教育对象的逆反，价值认同的碎片化、理论与实践脱节、感召性差、解题低效等一系列时代困境。

(3) 坚持历史与逻辑分析统一、理性思考与实证分析并行的原则，辩证剖析后现代性的双重影响，汲取其合理内核指导思想政治教育实践。

(4) 在后现代性语境中，抓住并化解现代性矛盾成为当代思想政治教育的理论主题，从反思、批判、转型、超越四大维度分析思想政治教育现代化发展的合理路径是个研究新视角和有益尝试。

(5) 尊重个性、认同差异、倡导多元、注重人文关怀是后现代性的核心精神，为思想政治教育学科的现代转型提供新思维、体现新动力、增加新元素，是对思想政治教育现代性的一种创新。

（三）研究方法

一是采用归纳与演绎结合、分析与综合统一、历史与逻辑统一的方法进行文献综述，对研究主题做概观性描绘与研究动态追踪。

二是运用马克思主义唯物辩证法哲学厘定“后现代性”的双重效应，解读剖析后现代性与思想政治教育两者之间的互动机理，为合题研究提供“对立统一”的思维方法论支持。

三是通过多学科方法跨界借鉴，交叉协同。拟采取调查研究的实证方法，借鉴哲学、德育、政治学、社会学等学科的后现代性理论，考察思想政治教育现代性的矛盾。树立自主的学科意识和学科自觉，采取多学科的思维方法和交叉学科的研究范式进行研究，把学术研究与现实观照有机结合。

第一章　唯物辩证法对后现代性的哲学厘定

> 哲学家们只是用不同的方式解释世界，而问题在于改变世界。①
>
> ——马克思

后现代主义思潮虽然孕育于西方，却以其强势影响力和广泛的争议性在全世界得以广泛传播。受后现代主义思潮的影响，整个社会系统都产生了深刻变化，特别是人们的思维方式，生产、生活方式，交往、行为方式等，都发生了急遽而彻底的变革。后现代性语境正是在后现代主义思潮直接或者间接作用于现代社会政治、经济、文化甚至现代人的思想、意识、观念、行为的过程中形塑的一种文化氛围和叙事环境。无论人们承认与否、接受与否，甚至是诘难批判，后现代性语境都以无可辩驳的事实有意或无意、外显抑或内隐地成为当代中国必须直面的时代背景。而内生于后现代性语境的一系列后现代性问题已然成为当代中国学界的一个前沿时尚论题，并成为越来越多的学者们进行理论创新与学术求索的一种言说、叙事、交流、思考的研究范式。“后现代主义”作为思想流派产生于20世纪60年代，但是对于“后现代性”定义的追寻从时间上而言却更为久远，它发端于绘画领域，并逐渐蔓延到建筑、文学、经济、政治乃至社会学领域，形成强大的辐射效应。因其牵涉领域甚广，且自身具有复杂性，迄今为止，虽然关于后现代性的定义有很多种，却没有一个比较确定性的被广泛认同的

① 《马克思恩格斯选集》第1卷，人民出版社2012年版，第140页。

定义。

哲学是关于认识世界、改造世界、探索实现主客观世界一致性的最一般的方法理论，对一切其他具体科学具有普遍的指导意义。科学的哲学方法论，是认识客观世界、改造现实的武器，因此，要找到后现代性的本质还要基于哲学自明性的特征去探寻。从哲学视域厘定后现代性的内涵及其基本特征并进一步揭示后现代性与现代性的关系，才能更好地剖析后现代性效应并获得有益启示。思想与行为是思想政治教育形成和发展的历史起点。① 后现代性对思想政治教育的影响也首先表现为对人的思想与行为的“入侵”。而人类的思想行为也是极具复杂性的存在，需要哲学透视，只有对后现代性进行了清晰的哲学厘定，才能以后现代性语境为分析框架更好地研究思想政治教育现代转型与超越这个前沿课题。

一、后现代性的溯源、内涵与特征

“后现代性”自产生以来直至今天仍然是个纷争的论域。如前所述，虽然很多的思想家、社会学家、文学家、哲学家、心理学家等大家名流、学界翘楚从各个领域、各个维度或著书立说、或争锋辩论、或交流商榷对“后现代性”展开了多样性的研究，但是因为“后现代性”是个具有复杂性、歧义性甚至“正在进行中”的事物，我们很难通过某一位学者、某一本论著、某一个争论就全面清晰地把握其精髓和本质。历史是一面镜子，或许只有进行历史溯源，才能够有助于我们追寻其根本，看清重重迷雾后的后现代性本质。

（一）后现代思潮的涌流

回溯历史，研究“后现代性”议题的有尼采、海德格尔、维特根斯坦、

---

① 张耀灿等：《现代思想政治教育学》，人民出版社 2006 年版，第 19 页。

福柯、德里达、利奥塔尔、吉登斯、詹姆逊、哈贝马斯等，在现有文献资料中，与“后现代性”概念密切相关的核心词汇有“现代性”、“后现代”、“后现代主义”、“后现代话语”、“后现代化”、“后现代思维”、“后现代运动”等，可谓是歧义丛生。它们共同汇集成为一股描绘人们对“后现代转向”的认知程度的转变的社会思想文化热潮，我们可称为“后现代思潮”。正是研究后现代性的著名人物与经典文献及其影响力共同促成了“后现代思潮”的涌流，并成为当代无法回避、必须直面的时代话题，并以直击“现代性病症”的“后现代现象”的形式出现在我们的社会生活中。

从时间上来追溯，“后现代思潮”是始自20世纪六七十年代，产生于西方国家并逐渐得以广泛流行的。这个时间考证是就其成为一种有影响力的社会思潮而言。若从“后现代思潮”的孕育之初，从最早出现的相关词汇而言，早在19世纪下半叶这个词就出现了，1870年，英国画家查普曼（J.W.Chapman）就用“后现代”一词来表示“超越当时的前卫画派，即法国印象派的一种批判和创造精神”。[①]1917年，在著作《欧洲文化的危机》中德国作家鲁道夫·潘诺维兹以“后现代”来“描绘当时欧洲文化的虚无主义和价值崩溃”[②]。西班牙诗人费德利哥·德奥尼斯(Federico de Oniz）在《美洲西班牙语系西班牙人诗人文集》（1934年）中使用“后现代主义”一词，指称从1905年到1914年所出现的欧洲文化。[③]无独有偶，1942年，在《当代拉美诗选》一书中达德莱·费兹也使用了这个词。20世纪50年代以来，黑山派鼻祖、美国诗人查尔斯·奥尔森（Charles Olson)、美国文学批评家欧文·豪（Irving Howe)、美国文学家哈利·勒文(Harry Levin）等都曾经使用过“后现代主义”这个术语。在《历史研究》（1947年）一书中，来自英国的历史学家阿诺德·汤因比明确使用“后现

① Higgins, D.:A Dialectic of the a Centuries:Note toward a Theory of the New Art, New York: Printed Edtions, 1978, p.7.

② ［美］道格拉斯·凯尔纳、斯蒂文·贝斯特：《后现代性理论：批判性的质疑》，张志斌译，中央编译出版社2004年版，第7页。

③ 高宣扬：《后现代：思想与艺术的悖论》，北京大学出版社2013年版，第38页。

代”一词，指认1875年以来的那个具有战争、骚动和革命继现代之后的历史时期。[①] 接着，1957年，经济学家德鲁克与美国文化史学家罗森伯格（Bernard Rosenberg）分别在各自的著作《明天的界标：关于新后现代世界的报告》以及《大众文化》中提到“后现代”；同样，社会学家米尔斯在著作《社会学的想象力》（1959年）中，《当代史学导论》（1964年）一书的作者、英国历史学家巴克劳（Geoffrey Barraclough）均提到“后现代”一词，并作为一个新的历史时期使用。[②] 这些时间上的考证说明，在“后现代”作为一种社会思潮流行起来之前经历了漫长的“萌发”时期。而“后现代”这个词真正流行起来肇始于20世纪六七十年代文学艺术领域的广泛运用，这不得不提到美国的文学批评家伊哈布·哈桑（Ihab Hassan），他发表了一系列文章深入描述分析“后现代主义”现象，使其迅速在知识学界扩散开来，由最初的绘画、诗歌、小说等艺术文学领域逐渐扩散到建筑、哲学、社会科学甚至自然科学领域中流行开来。20世纪70年代后期，查尔斯·詹克斯在《后现代建筑的语言》一书中，首次将“后现代主义”一词用在建筑学领域，用来指称一种新的建筑风格。它与法国后现代思想家利奥塔尔1979年出版的《后现代状态：关于知识的报告》、新实用主义哲学代表人物理查德·罗蒂（Richard Rorty）1979年出版的《哲学和自然之镜》一起被视为西方学术界将“后现代主义”归结为一种运动的三本著作。从此，“后现代思潮”开始作为一个时髦的话语出现在人们的学术和社会生活之中。

1980年，德国哲学家尤尔根·哈贝马斯（Jürgen Habermas）在阿多诺奖的获奖演讲中使用了“后现代性”一词，意指美学或文化上的“后现代性”。虽然我们对“后现代思潮”中出现的相近概念做了时间上的追溯，但是直到20世纪90年代初之前，“后现代”、“后现代主义”、“后现代性”等词在很大程度上都是作为同义词相互替代使用的。20世纪90年代之

① 谢立中：《“后现代性”及其相关概念辨析》，《社会科学研究》2001年第5期。

② 谢立中：《“后现代性”及其相关概念辨析》，《社会科学研究》2001年第5期。

后，关于“后现代思潮”的相关词汇开始明确出现分化。迈克·费瑟斯通（Mike Featherstone）在《消费文化和后现代主义》（1991年）、大卫·莱恩（David Lyon）在《后现代性》（1994年）、罗伯特·顿（Robert G.Dunn）在《认同危机：对后现代性的一个批判》（1998年）、米歇尔·迪尔（Michael J.Dear）在《后现代城市状况》（2000年）等著作中都在不同程度上对“后现代”、“后现代主义”和“后现代性”乃至“后现代化”等概念做了区分。正是这些不同领域的代表人物和其著述、观点共同造就了“后现代思潮”的涌流，并形成大流行的社会现象。

从内容上来看，后现代主义哲学是“后现代思潮”的理论基础。后现代的核心主张是基于对现代性的批判，非理性、多元性、相对主义构成其最本质的哲学基调。在这三个本质内容基础上主张多向度、差异性思维、抛弃宏大叙事、反对形而上的方法，随之衍生出碎片化、去中心化、反本质主义、不确定性、非连续性、偶然性、矛盾性等特征。同时，在反思、批判、解构现代性基本理念的同时，后现代性又探寻合理化、合法化的思维、理念和方法，彰显其存在的价值意义。虽然研究后现代性、称得上后现代主义者的哲学家人数众多、名家云集，但是若论开启了后现代话语思想渊源的哲学家，则必须提到尼采、海德格尔以及维特根斯坦。这三位哲学家关于后现代的哲学思想思考的主要问题不尽相同：尼采侧重于对现代性虚无主义的批判，并由此展开了对理性和知识观的猛烈批判，主张“权力意志”的张扬和“重估一切价值”，因此，尼采的哲学被誉为“后现代性的开端”。① 海德格尔从人的“存在”问题出发，展开对现代性的批判，主张通过追问“存在”的本质和意义来克服虚无主义的现代性病症，他反对“主体性形而上学”，认为“人是存在的看护者”，因此，海德格尔被看作是“后现代的先驱”。作为分析哲学的代表人物，维特根斯坦主张哲学的本质就是语言。他推崇语言游戏，提出游戏主体论、语用论和语境

① ［德］哈贝马斯·尼采：《后现代性的开端》，载汪民安等主编：《后现代性的哲学话语》，浙江人民出版社2001年版，第346页。

论。以语言游戏论为基础，维特根斯坦对传统的知识论、真理观、意义观进行了大胆质疑，并对其进行了反本质主义、反基础主义、反表征主义的批判，这也为后现代解释学在本体论、认识论以及方法论的转向上发挥了积极的促进作用。因此，维特根斯坦的哲学极富原创性，被看作后现代话语的思想源泉之一。“尼采、海德格尔与维特根斯坦三者的哲学虽然思考的问题不同，但却有一些共同之处，这表现在它们都反对西方传统的形而上学，反对理性主义哲学，反对先验的思考方式。此外，关注人的生命与生存意义，否定‘理性’为人的本质，把认识视为一种‘诠释’，强调认识视角与意义的多样性，这些都开辟了后现代思想的先河。”① 随后，在后现代话语的产生与后现代的登场下，又涌现出许多后现代思想家，形成了后结构主义、新解释学、新实用主义、建设性后现代主义等后现代哲学流派，其中，最为典型的被学术界公认为后现代主义的理论典范的主要有利奥塔尔、福柯、德里达及鲍德里亚等哲学家。

从影响力来看，在“后现代思潮”产生后的50多年里，其影响范围波及全世界，涉及文学、艺术（包括建筑的风格等）、语言、历史、哲学、社会文化和意识形态等众多领域和学科。因此，毫不夸张地说，“后现代”一词蔚然成风，“‘人人皆话语，个个谈文本，解构不离手、颠覆不离口’成为西方后现代文化的一大景观。”② 不宁唯是，后现代的影响力不局限于其影响范围和领域，还体现在其作为一种时代精神对人们思想、观念、行为、举止的改变效能。后现代性的影响力主要通过非权力性的知识、情感、品格、才能等因素来实现，表现为借由说服力、渗透力甚至强化影响给人们以深刻鲜明的印象。

从历史溯源来看，“后现代思潮”源于当时的文化与社会背景，从其“萌发”到“潮涌”的发展过程可以透视出它是关涉许多方面、波及文化、艺术、哲学、社会等领域的一个影响力非凡的社会思潮。且其影响力不仅

① 陈嘉明：《现代性与后现代性十五讲》，北京大学出版社2006年版，第129页。

② 赵光武主编：《后现代主义哲学述评》，西苑出版社2000年版，第1页。

停留在学术界、理论界，而且通过西方社会的社会实践得以广泛传播，特别是进入信息社会、知识社会以及消费社会，后现代思潮在现实中找到了传播的土壤，彻底而全面地作用于现代社会与文化形态，并且如影随形地影响着现代人的思想、观念形态进而改变着人们的生产、生活乃至行为方式。也正是在这个意义上，福柯将后现代性理解为一种社会的精神气质，从而对整个社会产生广泛的影响。

综上所述，就时间、内容、影响力溯源几个层面的状况而言，“后现代思潮”俨然已经成为当代社会一种广泛流行的社会文化思潮与思想流派。因此，无怪乎无论是学者、媒体，还是普通民众都不由自主的言必称“后现代”、“后现代主义”、“后现代性”及其现象。当然，也因为使用的广泛性，我们有必要对这些概念做一个相对明确的界定与辨别。

（二）后现代、后现代主义与后现代性

作为话语的“后现代”，虽然诞生已经逾一个世纪之久，却始终是个众说纷纭、争议不休的事物，至今尚未形成一个明确的定义，这是因为后现代思潮从产生伊始就与复杂性、多样性结下了不解之缘。但可以确定的一点是，后现代、后现代主义与后现代性三个相关的概念意指不同，内涵不同，产生的时期也不尽相同。下面我们就其作为哲学的范畴对这些概念做一个梳理，便于我们后面的讨论。

诚然，“后现代话语”或者说“后现代问题”呈现出一派混沌的状态，因此厘清概念之间的区别显得尤为必要。但是造成这种“混乱情况”的原因，一个是因为“后现代”话语、问题也好，还是思潮也罢，都是一个新生事物，学者、哲学家们在诠释的过程中对此认识、理解不同从而产生争论；另一个现实原因是人们在“后现代”、“后现代主义”、“后现代性”认识上的模糊性导致在言说、讨论、阐释、交流、传播等实际使用过程中出现概念的互相替代、漂移、不加区别甚至混同使用的情况，这更加深了歧义性、复杂性与迷惑性。概括起来，哲学家们对这些概念的论争主要集中在以下几个方面：一是“后现代”是一个历史分期吗？如果是，从什么时

间起始？与前一时期划分依据是什么？如果不是，后现代究竟是什么？二是“后现代主义”是艺术形式还是社会形态呢？是否存在不同的类型？是虚无想象的还是确切存在的？三是“后现代”是个发展进程吗？后现代社会已经开始了吗？“现代化”终结了吗？四是“后现代性”是个动态的过程还是一个静态的结果呢？“现代性”走向灭亡了吗？“后现代性”是一种思维认识？甚或只是一种行为方式呢？抑或是精神气度？还是一种态度？五是“现代性”的后期阶段与状态就是所谓“后现代性”吗？是否存在与“后现代性”对应的“后现代化”运动？如果有，两者又是什么关系？

汤因比从历史学的角度指出“后现代”就是一个历史时期，并确切地指出是从1875年以后接续“现代”之后的历史时期。詹姆逊“明确肯定‘后现代社会’、‘后现代时期’的存在，将后现代视为晚期资本主义阶段”①。实质上是将“后现代”看作时间性、历史性的。在詹姆逊眼中，“后现代”是一个与第二次世界大战前的“旧社会彻底断裂”的“新型的社会”②。所以，它的时间起点大约是第二次世界大战后，并与之后出现的“后工业社会”、“跨国资本主义”、“媒体社会”因时间上的重合被加以互相指代。与此相左的是，吉登斯从社会学的角度出发厘定当今社会是“高度现代性”或“晚期现代性”的一个状态，并全然否定作为社会形态的“后现代社会”已然到来。主张现代性并未终结的另一个著名人物是德国后现代哲学家哈贝马斯，他认为现代性是“一项未完成的构想”。因此，他将“后现代”视为一种理论话语，并认为虽然“现代话语概念系统”已经过时，应该抛弃，但仍然试图通过“话语重建”对现代性进行积极的批判性辩护。福柯通过反对“前现代”、“现代”、“后现代”的划分，表明了他不承认当今社会已经处于“后现代”时期。“利奥塔尔坚决反对用时间历史连续性的角度来区分现代和后现代。”③“后现代主义”强调时间上的非线性，本质上是反传统历

① 陈嘉明：《现代性与后现代性十五讲》，北京大学出版社2006年版，第260页。

② [美]詹明信：《晚期资本主义的文化逻辑》，张旭东编，陈清侨等译，三联书店1997年版，第418页。

③ 高宣扬：《后现代：思想与艺术的悖论》，北京大学出版社2013年版，第33页。

史观的社会文化思潮，并以其自身在文学、建筑、审美、艺术、文化领域的逐渐涌现、存在以及发展向传统社会文化“开战”，通过“不确定性”、“无规则”、“差异化”等核心话语不断质疑、批判、吞噬现代思想文化以实现“自我证成”。因此，“后现代主义”并不是虚无的镜像，而是早就以艺术、思想、建筑、文化等“载体”形式体现在现实生活中，并出现了很多具有“后现代倾向”的文学家、思想家、艺术家、建筑家，为后来“后现代主义者”的涌现和后现代理论的发展奠定了基础。利奥塔尔围绕“崇高”问题展开后现代主义艺术的讨论使“后现代主义”真正流行；福柯是后结构主义思想的主要代表人物，他以“语言”为思考的中心，解构西方社会的社会制度、文化思想性质；德里达是著名的解构主义思想家，在哲学、文学、艺术领域不断批判和抗争传统文化及其基本原则，他提出“延异”的概念解构西方传统文化的“语音中心主义”和“逻辑中心主义”；鲍德里亚是著名的当代消费文化批判思想家，被法国媒体誉为“后现代的教父”，他明确强调：“我们处在‘消费’控制着整个生活的境地。”[①] 并提出后现代的“模拟世界说”，基于消费逻辑的分析展开对西方现代社会的激进批判。安德森则认为“后现代主义是一个十分复杂的概念，它有四层不同的含义，即作为词源的、作为艺术形式的、作为历史现象的、作为思想观念的后现代主义。”[②] 毫无疑问已经成为一种流行的文化思潮的“后现代主义”一时之间风光无限。但是，因不同的后现代主义者具有不同的思想倾向与理论主张，“后现代主义”又被区分为不同的类型，如：极端的、温和的、肯定的、否定的、积极的、消极的、对抗的、游戏的后现代主义形式。诸如后现代、后现代性与后现代主义这些相近词在相关的文献资料中被关注，得到真正区分的时期大概是20世纪90年代。在麦克·费瑟斯通眼里，“后现代”被认为是出现在人文社会科学及艺术领域的各种变迁；而后现代性则注重与现代社会

---

① [法] 让·波德里亚：《消费社会》，刘成富、全志刚译，南京大学出版社2000年版，第5页。

② 杨生平：《后现代主义：晚期资本主义的文化主导——佩里·安德森〈后现代性的起源〉评析》，《马克思主义研究》2009年第9期。

性质上的区别，表现为人类生存状况方面的一种激进断裂。[①]

总之，虽然对这三个概念存在着不同的理解乃至争论，但是它们之间在概念种属上的确存在着明显的差别。概括起来，可以区分为三个类别：一是历史分期；二是文化艺术表现形式；三是思想观念行为方式。依据种属关系，我们可以对应区分三对概念，如："'时代'概念的'现代'与'后现代'；文艺意义的'现代主义'与'后现代主义'；时代精神含义的'现代性'与'后现代性'"[②]从这种区分也可以看出这三个概念有彼此对应的范畴，虽然因多样性的理解存在着缠绕纠葛，但是若找到对应的概念参照系则表现出显而易见的不同，从而破除表面上话语言说层面出现的"混乱状况"。"围绕'后现代'的语义群主要有三对：现代与后现代、现代性与后现代性、现代主义与后现代主义。"[③]铺陈开来分析，"后现代"对应的概念应是"传统"、"现代"。今天我们谈论"后现代"并不是全然否定社会中存在"传统"或者"现代"的因素和现象，而是相对于社会发展所处的"传统"、"现代"等历史时期来看，新的历史分期"后现代"已经来临且不容忽视。事实上，从社会发展的历史形态而言，不同的历史分期并不总是那么泾渭分明，在不同的历史分期中总是存在着复杂的相互融合的过渡阶段。无论是西方社会还是中国社会，正处于实现现代化目标的"现代"社会之中，不代表已经全面进入"后现代"社会。而与"后现代主义"处于一个平行分析层次的恰恰就是"现代主义"，这对概念主要描述的是社会的审美倾向、文化艺术表现的形式以及随之蔓延而生的社会文化思潮。正是这个侧重点的区别，我们常常谈到的"后现代思潮"更为准确的称呼应该是构成其内核的"后现代主义"思潮。"后现代性"的提出则从一开始就针对的是"现代性"的病症和矛盾，并在此基础上形成不同的理解和主张，学者及其哲学家们也因对待"现代性"的态度不同而区分为不同的"后现代性"类型。一言以蔽之，后现代、后现代主义与后现代性不仅指认的意涵不同、所属

① 王新举：《后现代背景下的高校思想政治教育》，知识产权出版社 2016 年版，第 9 页。
② 陈嘉明：《现代性与后现代性十五讲》，北京大学出版社 2006 年版，第 130 页。
③ 杜智芳：《詹姆逊批评理论中的形式问题研究》，人民出版社 2006 年版，第 226 页。

逻辑范畴不同、由此也衍生出不同的思想内涵，差异化的基本特征。

（三）后现代性的内涵与基本特征

通过对后现代性进行历史溯源，会发现一个普遍而有趣的现象：后现代性一词总是与后现代、后现代主义、后现代话语等术语纠缠在一起，有时候甚至互相替代，作为同义词使用。我们尝试从纷杂多样的后现代性定义中找到其内涵与基本特征，进而剖析后现代性的本质。

理解后现代性语境、思潮、现象，首要的前提是界定后现代性的基本内涵。因为后现代性的复杂性，致使其至今仍是一个不确定性的、歧义丛生的概念。不同的学者以不同的视角、不同的领域、不同的侧重点对“后现代性”概念进行了多维度的定义。英国社会理论家吉登斯从社会学角度阐述了现代性社会的高风险，并指出并不存在一个所谓的“后现代性社会”。他认为后现代性是“晚期现代性”，只是隶属于现代性的一个阶段，意味着一个更高的社会秩序，并可以在已经出现的新的社会方式、社会组织形式中得到体认。吉登斯将后现代性的社会秩序描绘为“超越匮乏型体系、技术的人道化、多层次的民主参与以及非军事化”；福柯从哲学的态度与精神气质层面界定后现代性；詹姆逊从后现代性与现代化的关系角度将后现代性界定为“一种倾向于更完善的现代化的境遇中获得的东西”①；哈贝马斯着重从哲学规范基础的角度提出“交往理论”界定后现代性；鲍德里亚从消费社会的视角定义后现代性的“消费逻辑”、“拟像世界”以及“游戏碎片”；利奥塔尔认为不应该从时间上定义后现代性，而是从“状态”维度将后现代性界定为“不相信元叙事”②……其他后现代主义者还从许多角度对后现代性进行定义，不一而足，这里不再赘述。但是，却足见“后现代性”概念的复杂性、多维性以及不确定性。

① 王逢振主编：《詹姆逊文集（第4卷）：现代性、后现代性和全球化》，中国人民大学出版社2004年版，第10页。

② ［法］让-弗朗索瓦·利奥塔尔：《后现代状态：关于知识的报告》，车槿山译，三联书店1997年版，第2页。

作为一个与现代性相对应的概念，现代性的多义性也决定了后现代性的多义性。若要理解后现代性的全部内涵，还是要回到现代性的内涵中去比较、去挖掘。有比较才能有鉴别、有挖掘才能有深入。虽然比较、鉴别、深挖的过程中我们仍然很难给出一个确定性的“后现代性”定义，但是这种基于哲学自明性的方法探索至少让这个概念相对明朗一些也是有积极意义的。

综合来看，关于“现代性”概念的内涵主要包括四个层面：第一，现代性是个具有时间指向性的规范性范畴；第二，现代性是一个总体性的、连续不断的、创新性的“动态”概念；第三，现代性标示一种现代理性精神；第四，现代性根本上是一个内蕴思维、行为、价值等方式与原则体系的哲学范畴。① 因此，我们可以尝试借鉴“现代性”的内涵的界定维度来定义“后现代性”的基本要义。诚然，令这种借鉴显得不盲目的最主要的原因还在于“现代性”与“后现代性”本就是紧密联系、难舍难分的“两生花”。

基于以上的概括与分析，“后现代性”概念不是一个简单的、明确的、唯一性“单义型”概念，我们要秉承多层次、结合式、复合式、综合性的原则去理解它、界定它。我们可从以下几个层面描绘总结“后现代性”内涵的基本要义：

第一，后现代性首先是一种思维方式与行动原则。后现代性从发轫到流行，从被人们质疑、否定、拒斥到不得不接受的态度转变，根本原因还在于对人们思维、观念、意识的影响，进而通过对人们的思想的影响，深刻改变了人们的生产方式、生活方式乃至交际方式。例如：差异性、随意性、碎片化、非理性、不确定性等后现代性思维甚至已经渗透转换为现代人的碎片化阅读、佛系生活、游戏人生、差异性行为等，并成为其最好的思维与行动注脚。

第二，后现代性昭示着一种精神气度。后现代性意涵的核心与灵魂就

① 邢晓红：《构建与超越：思想政治教育现代性研究》，中国社会科学出版社 2014 年版，第 30—31 页。

是“后现代性精神”。所谓精神气度，福柯指出标志着某种时代精神，具体体现为思想和感觉的方式、行为和举止方式。这也正是为什么无论是在文学作品、艺术品、建筑还是美学中我们看到了作品，仿佛看到了其中折射的精神，即将其定性为“后现代主义”的原因。

第三，后现代性还是一个动态性的连续不断的过程。后现代性是一种社会运动，或者说是后现代的社会秩序。这是从社会学领域对后现代性内涵的解读。

后现代性的特征有很多，其中，非理性、不确定性、复杂多元性、相对主义以及崇尚差异性等特征，因其从本源上、主要性层面描绘了后现代性的根本，且获得了后现代主义者的高度认同，所以成为标识后现代性的基本特征。

1. 非理性（或者反理性主义）

就认识方法上而言，后现代性对现代性的理性原则进行批判，倡导非理性(反理性)。后现代主义者从“知识论”走向“解释学”，重新阐述理性，反对理性的先验性与绝对性，但却夸大了非理性因素的作用，非理性主义正确地强调直觉、情感和意志在认识中的作用，但又错误地将这些非理性因素绝对化。后现代主义者否认认识的客观性，否认价值的普遍性，否定历史规律的进步性，最终滑入唯心主义的泥潭。反理性的本质是对真理的放逐、价值的失落以及无历史感的碎裂。理性与非理性、思维与存在的矛盾在非理性思维方式中仍然没有解决。非理性主义以否定性摧毁传统思维方式，但一味坚持否定性，导致滑向虚无主义、怀疑主义的深渊。

2. 不确定性

后现代性世界观认为，世界在本质上是由无限种类的秩序模式构成。我们的时代是一个强烈地感受到道德模糊性的时代，断言人在本质上是善或恶都是错误的。流动的现代性具有轻快、不确定性和网格状的特点，它是当今时段的现代性。① 鲍曼用流动的现代性来描述当代社会，认为当代

① 朱永良：《鲍曼的后现代性及其向流动的现代性之嬗变》，《理论探讨》2015 年第 6 期。

社会的消费主义、全球化和个体化造就了不确定性、不安全性和不可靠性的社会特征。后现代性的不确定性特征导致人们生活在焦虑和恐惧中。

3. 复杂多元性

在思维方式上，后现代性突出多元性思维，主张世界是复杂、多样、矛盾的。矛盾性正是鲍曼提出的“流动的现代性”的核心，要解决流动性带来的问题，鲍曼认为主要是重建“公共空间”，而解决“基本收入”是寻找政治的前提，一种新的共和主义制度是鲍曼的探求。鲍曼通过分析流动的现代社会，解释流动的现代性的涵义，为我们分析当代社会提供了一种新的尝试。后现代主义思想家认同“平等”和“多元”概念，极力推崇“对话”，厌恶一切“单一”、“统一”、“同一”的东西，并极力赞扬“多样性”、“多元性”、“多视角”。后现代主义思想家们非常关心边缘化的东西，想把它们从中心主义中解放出来。

4. 相对主义

反科学思潮作为对科学主义的反思，是当代西方流行的后现代主义中的一种极具代表性的思潮，反科学思潮的产生和发展对于世界各国的巨大影响和人们思想的急速转变毋庸置疑。相对主义的流行和科学的意识形态化这两方面是反科学思潮的特征。① 作为后现代思潮的反基础主义是一种相对主义，倡导的是相对主义的多元论，这样做的结果是取消了真理，混淆了是与非、善与恶，最终陷入虚无主义。

5. 崇尚差异性

利奥塔尔把后现代性理解为对元叙事的质疑，主张用小叙事或琐碎叙事取代大叙事、元叙事，主张差异，号召向整体性开战，也就是向坚持大全理性的现代性开战。后现代主义哲学家关注的是知识在后现代资本主义社会中的状况，是对传统哲学的颠覆和现代性中科学的霸主地位的解构。这也是现代西方哲学对科学异化和科学迷信批判的一种继续。利奥塔尔后现代理论具有反对整体、消解主体、寻求差异、倡导多元等特点，而质疑

① 刘小琳：《论反科学思潮的后现代性》，《边疆经济与文化》2011 年第 9 期。

性、多元性和阶级性是利奥塔尔后现代理论的本质特性。

概言之，后现代性在思维方式上主张差异性、非中心化、零散化、不确定性，在文化内涵形式上突出建构性、流动性、生成性，在文化表现上倡导复杂、矛盾、多元。所有这些特征都是其反本体论倾向、反理性取向、反本质主义观点和反基础主义理论这些基本特征的具体反映。

二、哲学厘定后的现代性效应

以“后现代性”作为一种维度和分析框架试图探究“思想政治教育现代转型与超越”的问题，不仅要历史溯源，界定后现代性的内涵、特征与本质，而且要辩证剖析，厘清“后现代性”与“现代性”这对“双生花”之间的关系，透视后现代性的哲学效应，以期更好地阐释后现代性语境对思想政治教育现代性的影响。

（一）后现代性与现代性的关系

后现代性蕴含在现代性中。现代性具有自反性。正如利奥塔尔强调，后现代性并不是对现代性的终结，而是对现代性的反思和超越。对于现代性与后现代性的关系，学术界有“断裂说”、“延续说”、“融合说”等。

“断裂说”顾名思义是指将现代性与后现代性人为割裂开来，认为两者之间是完全冲突对立的关系，代表人物就是美国的詹姆逊。他将后现代性视为“晚期资本主义”的代名词，并指出“断裂感”、“零散化”、“空间化”是这一时期文化逻辑的特征。从“断裂”入手，詹姆逊提出现代性的第一个基本准则就是“断代无法避免”①。詹姆逊所谓的“断代”是指现代性思想语境中，诸如思想史、文化史等历史时期的“断裂”。“断裂说”的

① 王逢振主编：《詹姆逊文集（第4卷）：现代性、后现代性和全球化》，中国人民大学出版社2004年版，第23页。

观点有一定的片面性，完全没有看到后现代性孕育于现代性母胎的血脉联系，这种“血缘关系”是无法否认和割裂的。

“继承说”强调现代性与后现代性在时间上的前后相继性，指出两者难以割裂的本质。持此观点的代表人物有丹尼尔·贝尔、吉登斯、哈贝马斯等。但是他们论述两者关系的角度也不尽相同。丹尼尔·贝尔认为后现代是现代主义的继续发展；吉登斯则认为后现代性是对现代性的超越；哈贝马斯则将后现代性视为一项现代性未竟的事业。因此，他们主张现代性并未终结，而是需要重振或者说重建。

“融合说”主张两者之间的依存关系，指出后现代性与现代性是并存的关系，并不能认为存在前后相继的历史时期或者过程。这一学说的代表人物是利奥塔尔。他承认两者之间的区别，但是并不认为区别就是对立，而是主张两者的共生性，认为两者是相互交织融合在一起的。

事实上，上述三种对后现代性与现代性关系的理解都有失偏颇，存在着争议。对待两者的关系还是要坚持马克思主义唯物辩证法的分析方法。首先两者不能相互替代，因为两者产生的时间不同，意涵不同而且具有不同的作用场域。正确理解两者的关系还要坚持哲学的自明性特征。“后现代性对于现代性的意义不仅体现在观照、审视与反省等镜式功能，更体现在定向、阐释与治疗等参与性功能上。”① 因此，那种把两者完全割裂、完全等同的观点都是错误的。

（二）后现代性效应的辩证剖析

马克思主义哲学主张的矛盾分析方法是人们认识世界和改造世界的根本哲学方法。运用辩证思维对后现代性的作用、价值、功能进行剖析，分析矛盾、解决矛盾，才能抓住关键、找准重点、洞察后现代性的本质。从辩证法的角度来看，后现代性萌发之初就见证着现代性母胎的纠结“病症”，自带悖论，一面是天使，一面是魔鬼，是技术进步与社会风险的共

---

① 邹诗鹏：《理解后现代性与现代性》，《吉林大学社会科学学报》1995 年第 2 期。

存体，是一把“双刃剑”。

首先，从马克思主义哲学视阈分析后现代性的影响。后现代性产生于现代人的需要，体现为现代社会生产与生活的需要，还通过对人类学习、工作、消费、交往方式等的影响推动了社会的进步。从作用层面分析，后现代性是机遇与风险的并存，关键在于如何正确认识和运用。

其次，运用马克思主义哲学唯物辩证法探究后现代性的价值。价值是标志主客体之间相互关系的范畴，反映的是人与外物的关系范畴，内含着人对事物、现象的判断和态度。自后现代性产生，对其影响及价值的争论就从未停止。

从马克思主义唯物辩证法的角度看，后现代性既是工具又是世界，影响不仅仅是浮于表面的本体存在价值，其更为深刻的价值要从显现为媒介化的世界图景中去挖掘。也即后现代性价值在于它深刻地反映了人与自然、人与人、人与社会之间的关系。特别是在此种社会关系下个体对世界的看法、态度和感知方式；后现代性“侵入”人类社会、人的思维之后，对于人生价值选择的决定；后现代性呈现的这种深刻的价值按照性质划分，可以分为正向价值、零价值和负面价值三类。正向价值是对主体的正当需要有肯定作用的价值。体现为后现代性满足主体生产、生活、消费、交际等需要；负向价值是指因为后现代性妨碍甚至破坏了主体目标的达成，体现并被异化为阶级斗争、颜色革命、意识形态侵略的工具，从而对国家主权的消解，对国家安全、社会稳定的挑战。马克思主义哲学的价值范畴是客观性、主体性、实践性和历史性的辩证统一。①

因此，我们需要做的是克服后现代性的消极、负向价值与效应，汲取其合理内涵、积极效应和肯定价值，为思想政治教育的转型与超越研究服务，以后现代性有益启示最终促进人的现代化与思想政治教育现代化的双重现代化目标。

① 张耀灿等：《现代思想政治教育学》，人民出版社 2006 年版，第 162 页。

概观本书研究视角，追溯后现代性的起源，虽然后现代思潮的涌流是后现代性产生的社会文化背景，但是绝不能局限于后现代思潮去理解后现代性。若要理解后现代性的底蕴和本质，还需要基于哲学自明性的特征去探寻。

以“后现代性”作为一种维度和分析框架试图探究“思想政治教育现代转型与超越”的问题，不仅要历史溯源，界定后现代性的内涵、特征与本质，而且要辩证剖析，厘清“后现代性”与“现代性”之间的关系，辩证剖析后现代性的正负效应。人类的思想行为是极具复杂性的存在，需要哲学透视，才能更好地剖析后现代性效应并获得有益性启示，才能以后现代性语境为分析框架更好地研究“思想政治教育现代转型与超越”这个前沿课题。

后现代性语境正是在后现代主义思潮直接或者间接作用于现代社会政治、经济、文化甚至现代人的思想、意识、观念、行为的过程中形塑的一种文化氛围和叙事环境。内生于后现代性语境的一系列后现代性问题成为越来越多的学者们进行理论创新与学术求索的一种言说、叙事、交流、思考的研究范式。因其牵涉领域甚广，且自身具有复杂性，迄今为止没有一个比较确定性的被广泛认同的定义。

历史是一面镜子，或许只有进行历史溯源，才能够有助于我们追寻其根本，看清重重迷雾后的后现代性本质。对于两者的关系，“断裂说”强调批判，“继承说”强调继承性，“融合说”强调依赖性。但学界认为，后现代性与现代性之间有着紧密的联系，两者是不可分割的，这一点是共识。就后现代性的实质内容方面，它拒斥理性、知识、意义、真理、客观性、同一性、稳定性和因果性。对于现代性与后现代性，我们应该辩证地看待两者的关系，探讨两者对于思想政治教育的启示意义。后现代性蕴含在现代性之中。现代性具有自反性。正如利奥塔尔强调，后现代性并不是对现代性的终结，而是对现代性的反思和超越。“不论是现代性还是后现代性，总之都标志着某种时代精神，具体表现为思想和感觉的方式、行为和举止的方式，按照这样的理解，现代性与后现代性的不同，就在于两者的思想方式与行为方式的不同。”①

① 陈嘉明：《现代性与后现代性十五讲》，北京大学出版社 2006 年版，第 136—137 页。

第二章　思想政治教育现代化进程中的后现代性影响

当我们通过思维来考察自然界或人类历史或我们自己的精神活动的时候，首先呈现在我们眼前的，是一幅由种种联系和相互作用无穷无尽地交织起来的画面。①

——恩格斯

1923年，英国人类学家B.Malinowski提出来“语境”概念并将其区分为“情景语境”与“文化语境”。我们讨论思想政治教育的发展自然也离不开一定的语境。当前中国处于传统、现代性、后现代性交错并存与历时共生的复杂社会图景之中，其中现代性处于主导地位。后现代性孕育于现代性的母胎中，正如后现代性始终是与现代性交织、缠绕、同行、并生的，思想政治教育现代性的生成中也纠缠着后现代性的影响，这同样是无法回避的事情。事实上，现代性与后现代性论域已然构成当代哲学的一种言说、提问、思考方式。即便“后现代性”作为一种思潮并未被广泛认可为一种主流话语，但是蕴含、反映、体现碎片化、差异性、多元化等后现代核心观点的“后现代现象”却已经非常广泛地影响着社会和人们的生活。同样，也对思想政治教育产生深刻的影响。在此，我们将后现代性语境作为一种言说、阐释的中介与框架。后现代性语境对于思想政治教育发展的双重影响是本论题提出的哲学起点。从研究角度来看，后现代性只是一个

① 《马克思恩格斯文集》第3卷，人民出版社2009年版，第538页。

分析维度、一种思维方式，不是要推翻思想政治教育现代性，而是为了探寻“现代性悖论”的化解之道。因此，有关思想政治教育的“后现代性议题”，并非是“思想政治教育”与“后现代性”的简单嫁接，更不是分别研究这两个问题。它不仅仅研究两者的关系，而且重点研究的是：后现代性论域下思想政治教育系统的整体现代性。本章通过深刻剖析两者的互动机理，历史审视后现代性对于思想政治教育发展的“双刃剑”效应，理性思考后现代性在思想政治教育现代化进程中的消极影响，逻辑分析后现代性对现代思想政治教育发展的有益启示，阐明后现代性与思想政治教育合题研究的意义与价值。

一、后现代性与思想政治教育的互动机理

虽然后现代性到目前为止都具有歧义，但是它所具有的影响力巨大却是不争的事实。作为相互独立的有着本质区别的两个系统，后现代性与思想政治教育之间蕴藏着相互联系、相互进入、相互作用的互动机理（如下图）。辩证解读两者的互动机理是从本质上透视两者存在的颇为紧密的内

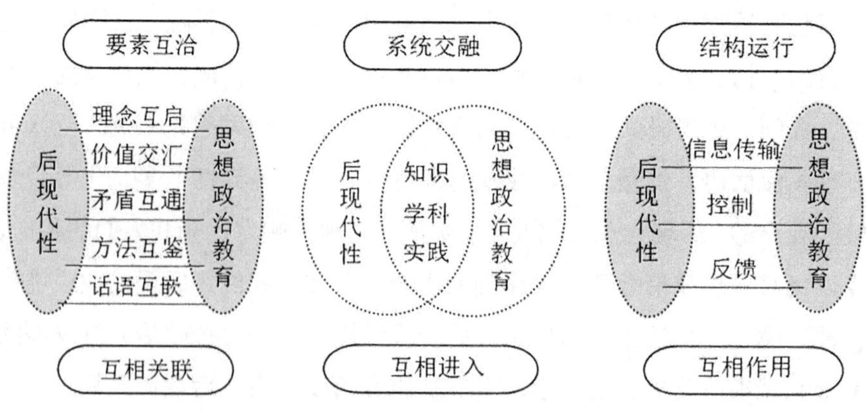

后现代性与思想政治教育的互动机理

在关系的首要前提，也是本章的重点问题与理论难点所在。

（一）互相关联：后现代性与思想政治教育的要素互洽

后现代性与思想政治教育的互动机理首先体现在两者之间的互相关联上，即两者之间的牵连与影响，最为直观的就是两者结构要素之间的互洽。所谓互洽即关系上的契合程度，是在包容基础上的并存、共生的演进状态，也体现在要素之间的互相内嵌上。具体而言，后现代性思维、价值、矛盾、方法、话语等要素与思想政治教育理念、价值、矛盾、方法、内容等过程要素发生互动，彼此对应，紧密结合，实现了逻辑互洽。

1. 后现代性思维与思想政治教育理念的互启

恩格斯曾说："思维是地球上最美丽的花朵。"思维也是后现代哲学的重要范畴。后现代性思维是后现代性哲学在核心理念与根本主张上的反映。思想政治教育的出发点和归宿点都是"人"，思想政治教育正是作用于人的思想实现道德内化与实践外化的。而思想、理论背后深层次的力量正是思维。"不仅哲学需要生活实践的营养和依托，生活实践更需要哲学特有的反思视域。"[①] 哲学的精神、态度、思维方式赋予思想政治教育理念以生成动力。思想政治教育的理论、研究、学科、实践等都是在一定的思维理念指导下实现并发展的。一方面，后现代性思维启发思想政治教育思维的变革与转向、促进思想解放与观念更新。具体而言，后现代性的多元性、多样性、差异性、流动性、生成性、包容性，强调人性经验等思维启示思想政治教育管理理念、学科发展理念以及实践理念发生变化。如：新时代新形势下的思想政治教育管理关注差异化的个人需求，提出"以人为本"、"柔性管理"等思维观念。"现代思想政治教育学走向现代化、全球化、特色化以及社会化的学科发展趋势。"[②] 在实践思维层次，工作形态的思想政治教育活动则关注并树立了时代性、草根性、大众化、生活化、情境化

① 金林南：《思想政治教育学科范式的哲学沉思》，江苏人民出版社 2013 年版，第 49 页。

② 参见张耀灿等：《现代思想政治教育学》，人民出版社 2006 年版，第 457—463 页。

等理念。另一方面，思想政治教育理念作为一种专业化、特殊化的思维也在一定程度上“反哺”后现代性哲学思维。如：思想政治教育反对后现代性零散化、碎片化、混沌、杂乱、无序的思维，反对全然否定理性和解构中心，主张在多元差异中寻求“同质”，实现政治稳定、社会和谐与思想引领，达成人的现代化与社会现代化的统一。这是对后现代性消极思维的启迪、反思与修正。

2. 后现代性价值与思想政治教育价值的交汇

价值是哲学为世界立法的规范。价值范畴是一个普遍性的逻辑起点，有助于从哲学领域研究思想政治教育的价值问题。“‘价值’这个普遍的概念是从人们对待满足他们需要的外界物的关系中产生的。”① 思想政治教育价值也正是在主客体的关系范畴中体现出来的。后现代性带来多元价值交汇、交织、交锋的局面，形成多元化、差异性盛行的价值场域，并进一步引发了新一轮的价值困惑、价值冲突与价值选择。一方面，“思想政治教育价值根植于社会价值体系。”② 后现代关注人的思想解放、主张差异性价值需求、重视个人价值、强调对话、诗意栖居对于思想政治教育价值体系的确立产生积极的社会影响与哲学启示，这对于克服传统思想政治教育中“单向灌输”、偏重社会价值、主客体的领域分离等有积极的价值；另一方面，后现代性“反传统”、“反理性”、去“中心化”、解构“意义”，建立了一个虚拟的“拟象化世界”，从而得出“意识形态终结”的价值判断，并作出倡导消费主义、个人主义、享乐主义的价值选择从而最终走向价值虚无主义。而主张价值虚无使后现代性本身走向末路，非但没有超越现代性的危机，并且也无法自圆其说，这对于思想政治教育价值产生了负面的消极影响。马克思主义意识形态理论认为不存在所谓的价值中立和价值虚无主义。思想政治教育本身具有价值引领、精神引导、凝聚思想、维护统治的意识形态功能。弘扬和践行社会主义核心价值观是思想政治教育过程

① 《马克思恩格斯全集》第 19 卷，人民出版社 1963 年版，第 406 页。

② 郗波：《思想政治教育现代转型的基本逻辑》，陕西师范大学博士学位论文，2016 年，第 90 页。

中贯穿始终的精髓和主线。现代思想政治教育遵循“真善美”统一规律，主张工具价值与道德价值的统一、个体价值与社会价值的统一，在价值本质上是合目的性、合规律性、合必然性的统一。这对于过分强调非意识形态性、宣称“主体的死亡”、“理性的死亡”，甚至“人的死亡”，走向虚无的后现代性价值是一种启发与纠偏。概言之，后现代性语境下，社会转型期，后现代性价值与思想政治教育价值在交会中争鸣。

3. 后现代性矛盾与思想政治教育矛盾的互通

马克思主义哲学认为矛盾无处不在，无时不在。矛盾本质上是表达关系的哲学范畴，既指向说明事物之间的关系，也体现为事物内部系统诸要素之间的关系。后现代性与思想政治教育也同样处在本质性的联系之中，并且自身与相互之间都存在着矛盾。后现代性的产生正是基于对现代性矛盾的批判。分裂与革新、混乱与有序、不确定与确定、理想与现实、激进与保守等等冲突现象都体现出后现代性的矛盾与对抗本质。因此，后现代性本身存在二律背反。“后现代的宽容和多样性也有其危险和恐惧。”① 例如：差异多元化的后现代性特征与全球化的同一标准化之间的悖论就构成后现代性自身无法自解的谜题。思想政治教育系统也存在矛盾，矛盾构成系统发展的根本动力。矛盾是思想政治教育活动及其运动发展过程中表现出来的本质的必然的联系，既体现为思想政治教育过程中的矛盾运动，也体现为系统结构中要素间的矛盾运动。后现代性属于哲学话语，思想政治教育属于政治上层建筑，两者是不同的，但是同属于上层建筑的范畴，相互之间存在联系。在后现代性语境下，思想政治教育遵循的“适应超越规律”就是矛盾的具体体现形式，是应对后现代性矛盾的基本规律。在后现代性语境下，多元异质、解构分化、反理性等都在一定程度上展现出对思想政治教育系统发展的重要影响力，并在这种影响作用下，衍生出一系列思想政治教育矛盾：思想政治教育一元化与多元化、社会化与生活化、主

① ［英］齐格蒙特·鲍曼：《现代性与矛盾性》，邵迎生译，商务印书馆2013年版，第387页。

导性与多样性、工具理性与价值理性等矛盾。在思想政治教育过程中形成主客体之间的矛盾、内化与外化的矛盾、个人道德需要与社会发展需求之间的矛盾等等。概言之，思想政治教育与后现代性之间的关联还体现在矛盾互通。首先，两者在承认矛盾性、因差异性而产生的矛盾的对立冲突这一点上是互通的，但是后现代性矛盾否定同一性，最终深陷悖论难以自拔；而思想政治教育坚持马克思主义哲学方法论，认为无论是思想政治教育过程中的矛盾，还是系统自身矛盾甚至与外部事物的矛盾，都是对立统一的，不存在绝对的对立，或者绝对的统一。其次，从提供动力元素来说两者是互通的，矛盾是事物发展的根本动力。无论是后现代性的犀利批判，还是思想政治教育的适应超越，都是构成自身发展及其推动社会进步的强大动力元素。

4. 后现代性方法与思想政治教育方法的互鉴

方法犹如“桥”与“船”，是人们认识世界和改造世界的中介和手段。“思想政治教育方法是思想政治教育工作者在认识和影响教育对象思想和行为中采用的方式、手段、形式、工具、程序等的综合。”① 从发展趋势来看，思想政治教育方法是一定时代背景、社会历史条件、思维实践活动下的产物，因所处时代、民族、地域、国别、阶级、文化乃至思维活动的不同而具有相对性、差异性、特殊性。只有与时俱进、广泛学习、相互借鉴，在比较中鉴别，在扬弃中创新，才能真正推动现代思想政治教育方法的发展。哲学方法论因其适用于一切具体科学而具有普遍意义。后现代性与思想政治教育的互相关联还体现在方法互鉴上。科学有效的方法是实现思想政治教育目标、完成任务、保证实效性的有力武器。一方面，后现代性哲学方法为思想政治教育方法创新提供了理论指导和实践借鉴。“后现代性抛弃了宏大叙事方法，抛弃了形而上的方法，在解构中、在语言游戏中、在交谈对话中、在实践过程中把握那些被现代思维方法抛弃的碎片、

① 孙其昂、黄世虎主编：《思想政治教育学基本原理》，河海大学出版社 2015 年版，第 207 页。

冲突、对立、矛盾、偶然性、非理性的意义和价值。”① 这种多样性解构的方法、语言游戏的方法、对话沟通、体验与反思的方法为思想政治教育方法的现代转型提供新的元素与动力。思想政治教育方法论系统中创造并采用了满足主体多样性需求的咨询辅导法、隐形渗透法、情境融入法、实践体验法等更具针对性、现代化、综合性的方法；另一方面，思想政治教育方法的现代转型与发展对于后现代性哲学方法也产生能动的反作用，为其创新思维、认知模式以及方法论的生成与完善供给特殊素材资源和实践检验。作为一门具体科学，思想政治教育特殊的理论、学科、实践方法创新对于后现代性哲学一般方法论产生借鉴意义。

5. 后现代性话语与思想政治教育话语的互嵌

不同的时代条件下，具有不同的话语方式。“从现代性到后现代性，发生了一个决定性的转变，即从强调客观性到强调语境性。”② 若论现时代中国面临的重要叙述、言说与沟通环境，毫无疑问“后现代性语境”必然名列前茅。其被无数人提及、使用、研究，颇有令现代人身处其中而不自知的“云深不知处”的意境。思想政治教育的话语也是随着社会话语环境的变化而不断发生历史变迁的。后现代性话语不仅在言说、语词、语用而且在人际交往沟通中都鲜明体现。诸如解构、颠覆、分化、碎片化、扁平化、随性、消费至上、娱乐至死、佛系、游戏人生、仿真、拟像、超真实等等后现代性话语充斥在日常生活世界。这些话语元素随着后现代性在中国的强势登陆和广泛传播嵌入人们的社会生活，包括作为社会子系统之一的思想政治教育。只有在话语的互嵌中才能实现共情。后现代性语境造就了独具特色的话语主体、话语沟通模式，从而促进了思想政治教育的话语转型。诸如对话式话语，主体间性、主导性思想政治教育，网络新媒体思想政治教育，生活化、交往式思想政治教育等都是后现代性话语嵌入思想政治教育中的“语境痕迹”。当然，反之，作为主流意识形态内化途径的

① 王新举：《后现代背景下的高校思想政治教育》，知识产权出版社 2016 年版，第 5—6 页。

② 张离海：《马克思主义与后现代性》，《江汉论坛》2002 年第 8 期。

思想政治教育在话语转型过程中也影响着后现代性话语的传播、运用。例如：思想政治教育话语对于粗俗、消极、无序、混乱、极端自由、虚无主义等有害话语的过滤、回应、争辩、纠错甚至修正，从而克服后现代性话语中消极低俗的一面，坚守思想政治教育话语底色、发扬话语风格、融通话语语境，以全方位的话语优势讲好中国故事。

（二）互相进入：后现代性与思想政治教育的系统交融

后现代性与思想政治教育的互动机理也体现在两者作为相异系统互相进入而产生的系统交融，具体体现在后现代性与思想政治教育知识系统、学科系统以及实践系统的交会、交叉、交互。因这种互相进入而产生的系统交融，在两者交叉之处蕴含着共同的特质，生成新的理论与实践增长点。

1. 后现代性与思想政治教育知识系统的交会

后现代性知识观是后现代哲学中的重要观点。后现代性一改现代性对知识同一性、确定性、权威性的追求，对知识、真理的先验性展开了深刻的质疑与猛烈的批判。后现代性通过主体性、中心化的解构动摇了传统知识的垄断地位。在后现代主义者看来，追求知识的过程就是寻找差异、追寻不确定的过程。后现代性语境下，随着科技进步、信息革命的深化，也深刻触动着现代知识的形态，并且深层传导到知识的生产方式以及认知范式，致使整个社会的知识系统产生彻底性的、崩塌倾覆式的变革。“思想政治教育知识形态是对思想政治教育的总体特征的一种描述方式。它可以理解为思想政治教育内容的存在形态。”① 后现代性语境下，社会被界定为“数字社会”、“智能社会”、“泛在社会”、“媒体社会”以及“消费社会”等。人们能够运用数字网络技术、人工智能技术、物联网技术、新媒体技术等技术工具，以及通过符号价值文化理论视角去研究社会的新现象、新领域以及新课题，从而获得了新的知识理论结构。思想政治教育也深受后现代

① 刘学坤：《论思想政治教育知识形态的现代转型》，《甘肃理论学刊》2016年第1期。

性知识观的影响。具体体现：第一，后现代性思维主导下的知识观促进了思想政治教育知识理论结构的创新；第二，后现代性方法主导下的知识观拓展了思想政治教育知识生产领域；第三，后现代性价值内蕴下的知识观赋予了思想政治教育知识认知范式。一言以蔽之，正是在两者的交会中，思想政治教育的知识子系统获得创新性的理念和思维，后现代性的知识观成为其转型的认知动力。

首先，就结构元素而言，“思想政治教育的知识体系以政治常识、道德认识、社会学识为架构，包括实现社会控制的政治性知识、促进思想转变的教化性知识、引导实践生存的体验性知识。”① 但是，思想政治教育知识体系结构并不是一成不变的，而是一个结构水平和能力不断优化的动态发展过程。后现代性知识观倡导的多元性、差异性、发散性、融合性等创新思维赋予思想政治教育知识系统新元素，使思想政治教育知识体系结构更具开放性、包容性、科学化，更趋完善、成熟，并在交会中产生新的理论生长点。如：新媒体多元信息转化为思想政治教育内容；大数据思想政治教育知识、思想政治教育传播学理论等的产生；网络思想政治教育内容、方法、载体、话语等元素都成为丰富思想政治教育知识理论系统的研究热点。

其次，就“地位”而言，在整个知识形态的发展过程中居于基础地位的是知识的生产环节。知识的生产、积累也是思想政治教育知识形态的组成部分和题中之意。从本质上而言，思想政治教育知识系统是一个因文化基础与社会环境的变迁而必然发生变化的，始终处于动态性运动、变化、发展过程中的系统。其知识生产的成果体现为在专业理论构建基础之上的思想政治教育学科的发展。后现代主义者利奥塔尔探讨了后现代性社会知识的性质、状况及其合法性问题。他认为后现代社会知识的特征已经发生变化，一切知识都被数字化、技术化与商品化，从而呈现出知识的信息

---

① 邓纯余：《思想政治教育学科的知识论视角》，《内蒙古社会科学》（汉文版）2011 年第 4 期。

化、国际化、商品化、“唯利化”，[①] 甚至“知识可根据需求进行生产，知识最高目的是追求利润”。[②] 后现代性的知识生产态度也影响了思想政治教育知识系统。后现代性将知识划分为“求真”的科学知识、“向善”的伦理知识以及“审美”的叙事知识等类型，并在其中寻求知识的合法性问题。后现代性对知识概念、类型的此种界定对思想政治教育知识转型也产生了极其深刻的陶染。通常来讲，技术知识与实践知识构成思想政治教育知识形态的两种主要类型。后现代语境下涌现出的新媒体技术加速了思想政治教育知识生产的时间、拓展了知识生产领域，提供了知识生产的载体与手段。新媒体技术则主要对应于思想政治教育技术知识的生产，当然也为实践知识的生产提供展示平台和技术支持。这促使思想政治教育知识系统从重视内容的知识性转向重视内容的复合型。

最后，从“认识论”维度考察，思想政治教育知识形态也是一个在实践中螺旋式前进的事物。后现代性语境下的“现代社会是一个知识化、智能化的社会……知识已经成为学科成熟度、发展度、贡献度的重要标志。”[③] 基于后现代性价值内生的知识性质、知识层次的变化成为精神动力引发并推动了思想政治教育知识形态的转型。若追溯到这一转型的发生之初，“时间应该至少从 20 世纪 80 年代开始。从思想政治教育科学化到学科化，本质上是一种思想政治教育知识形态的塑造过程”[④]。在这个过程中，实质上蕴含着思想政治教育知识认知范式的转型。后现代性知识观视域下，思想政治教育知识形态认知范式由简单稳定的、经验型主导的一元认知范式转向复杂流动、科学型主导的多元交叉认知范式。这种知识认知范式的转型归根到底来源于后现代性价值赋予思想政治教育的不同思想、意识存在形式及呈现形态。

---

① 陈嘉明：《现代性与后现代性十五讲》，北京大学出版社 2006 年版，第 216 页。

② 侯灵华：《后现代背景下高校思想政治教育面临的挑战及其对策》，四川师范大学硕士论文，2012 年，第 8 页。

③ 孙其昂、张建晓：《基于新理论框架的思想政治教育系统建构》，《河海大学学报》（哲学社会科学版）2020 年第 1 期。

④ 孙其昂等：《思想政治教育现代转型研究》，学习出版社 2015 年版，第 374 页。

综上，通过后现代性知识思维、性质、认知范式三个层面对思想政治教育知识理论结构、知识生产以及知识认知范式的深刻影响，我们可以管窥后现代性与思想政治教育在知识系统交会中产生的认知动力。当然，接纳并不代表全盘吸收，思想政治教育知识系统在汲取后现代性知识观中的有益思维促进自身发展的过程中，仍然肯定知识的系统性、专业化、权威性、科学化的价值意义，并未全然解构理论知识的主导性。并指出面临当前极端复杂的百年未有之大变局，中国新时代的思想政治教育对于马克思主义意识形态的主导地位不是削弱了，而是加强了。坚持马克思主义在多元知识理论中的主导是今后长期的发展趋势。

2. 后现代性与思想政治教育学科系统的交叉

随着后现代思潮的流行，后现代性进入诸多学科领域，并对学科产生了深远影响，伴随着全球化、现代化、信息化的高歌猛进，后现代性进而进入学术视野，并产生了世界性的影响。后现代性对思想政治教育学科系统的影响也体现在“互相进入”而产生的交叉关联。

一方面，后现代性观念思想与思想政治学科观念思想在碰撞中产生了新的学科发展理念。后现代性倡导差异性、多样性、不确定性观念，“通过对现代教育的批判、反思，后现代教育的知识观倡导相对主义和怀疑精神，提倡知识的相对性和动态性、情境性和生成性”①。这为思想政治教育学科系统提供新元素。这一过程首先是后现代性哲学、教育学观念进入学科发展的视野，而后赋予了现代思想政治教育恰恰缺少的元素，从而成为指导思想政治教育学发展的理念、思维，最后学科在获得后现代性精神属性的过程中实现了学科的增长与持续发展。通过对“后现代性”范畴的推演、概念的移植、方法的借鉴等，促进思想政治教育学科更清楚地认知自身发展的新环境、新情况、新特点，从而产生开放性、多样性、包容性等新的发展理念，进而形成新的学科概念、范畴。思想政治教育学科现代性

① 舒婷婷：《后现代教育思想对大学生思想政治教育的借鉴意义》，南京师范大学硕士学位论文，2014 年，第 14 页。

范畴的形成，成为思想政治教育学科新构架的理论起点，由此开始引发新一轮学科理论的创新发展。

另一方面，后现代性与思想政治教育因学科系统交叉而产生新的学科。后现代主义的课程观要求消解学科边界，注重各学科之间的整合。而整合正是来自学科系统互相进入以后产生的交叉，从而催生了相关交叉学科的产生。后现代性主张混沌的、不确定的、流动的存在等观点。因此，后现代性哲学下的教育认为课程之间是复杂交错的混沌状态，无法用清楚的学科领域来分类，没有分科，也无分际，只能批判地不定性探究。后现代性在学科上的包容性、整合性、复杂性思维有助于学科之间树立跨界思维，进行互通、借鉴，产生新的学科增长点。而思想政治教育学科本身也具有特殊性，学科建制较晚，涉及政治学、哲学、经济学、法学、历史学、德育、教育学等诸多专业性学科领域。应该说，思想政治教育学科发展的过程本身就是借鉴各学科理念、内容、方法的过程。从课程观来看，思想政治理论课程由政治知识、思想知识、道德知识、法律知识、心理知识等内容构成，理论知识面广域宽。因此，借鉴后现代性教育观、学科观、课程观，"在思想政治理论课程中，除了学科内基本知识的学习外，还可以把各学科相关知识融会贯通传授给学生，扩大学生的知识面，更培养他们全面思考的能力"①。也正是在后现代性与思想政治教育学科系统互相进入、交叉互动之中产生了新的学科分支，如大数据思想政治教育、思想政治教育传播学等。当然，思想政治教育坚持主导性、主张学科发展的科学化、坚持自身学科政治性本质也对后现代性学科观的混沌理念、纯粹多元化给予纠偏。

3. 后现代性与思想政治教育实践系统的交互

后现代性不仅仅是一种思维、态度、精神、气质，也是一种行为方式。后现代性实践的场域即"生活世界"。现实生活中出现的无厘头、无

① 黄紫薇：《后现代主义教育思想对大学生思想政治教育的影响及对策研究》，华中师范大学硕士学位论文，2012年，第12—13页。

限包容、网络恶搞、佛系、消费主义、娱乐至上、游戏人生等“后现代现象”，都是后现代性精神在社会实践活动中体现出的生产方式、行为方式与生活方式。实践性是思想政治教育的哲学基点，也是思想政治教育的根本品质。思想政治教育实践是构成思想政治教育系统的重要子系统之一，也即我们通常所说的思想政治教育工作。此工作系统是以各种类型的系列活动为中心展开的，无论是思想政治教育知识、理论、学科，还是研究，都是服务于实践活动并在实践中得以确证的。这里的实践活动广义上包括专业活动、职业活动、社会实践活动，狭义上则主要指向思想政治教育社会实践活动。当后现代性与思想政治教育在“生活世界”相遇，必然在实践系统产生双向的交叉互动。

一方面，实践维度的“后现代性现象”对思想政治工作的主体、对象、目标、任务、内容进行解构、分化，削弱了思想政治教育工作的有效性。后现代性“去中心化”行为分化主流意识形态的主导性；后现代性“泛娱乐化”生活方式侵蚀思想政治教育主体的精神家园；“网络恶搞”扭曲审美、数字化媒体构筑的庞大“虚拟帝国”异化了人际交往，造就了“不在场”的数字化生存的人。这种种后现代性实践使作为思想政治工作主要内容的主流意识形态的传播大打折扣，思想政治教育的思想凝聚与价值引领功能被后现代性的去中心、去主体、去权威、碎片化、差异化行动所弱化。思想政治教育的理论供给力、情感认同力、思想影响力以及活动公信力都受到消解，从而呈现出思想政治教育实践系统实效性式微的负面效应。然而，任何事情都有两面，后现代性蕴含的包容性、开放性、虚拟性的行为方式也具有积极效应。具体而言，它拓展了思想政治教育实践活动的时空、场域，对于构建以开放化、动态化、立体化的实践活动体系为目标的思想政治教育工作系统而言是赋予了一次新机遇。确切地说，后现代性行为方式促使思想政治教育功能的现代转型。思想政治教育系统现代转型也要回到实践中去完善自身。

另一方面，新时代思想政治教育实践系统的活动反映了后现代性行为理念。后现代性语境下，随着网络信息化和新媒体技术的日新月异，思想政治工作主体遭遇“虚拟实践”，即通过数字化媒介系统在“虚拟世界”开展的双向互动的主体对象化活动。现代思想政治教育在后现代性语境下发生现代转型的基础是包括“虚拟实践”在内的一切社会实践活动。思想政治教育实践活动本质上是人的实践活动的展开，内含了现实性与理想性、给定性与创造性的对立统一。作为思想政治教育主体的“人”的实践具有生成性、发展性、创造性、超越性以及面向未来的无限开放性。这些特征都反映了后现代性的思维理念和行为逻辑。同时，思想政治教育过程主要是一种精神交往实践过程，交往实践体现了思想政治教育内化与外化统一的规律，体现出双向交互的特征，为后现代性主体间性的生成和发展提供了前提。

（三）互相作用：后现代性与思想政治教育的结构运行

后现代性与思想政治教育的互动机理还体现在两者之间的互相作用上。事物与事物之间是作为系统而存在的。相互作用是表征系统之间辩证的普遍联系的哲学范畴。在系统论中，相互作用是指系统与外界环境发生的物质、能量、信息的交换、传输过程以及控制系统的自组织、反馈过程。“系统的艺术在于能够看清复杂而微妙的结构。”①系统之间、系统内部诸要素之间因相互作用而产生结构运行变化。后现代性与思想政治教育的互相作用也是如此，符合系统、环境、要素之间通过信息传输、系统控制、组织反馈等环节而生发的系统结构运行、变化和发展，并且两者之间的作用与反作用是辩证统一的。

1. 后现代性与思想政治教育系统间的信息传输

信息交互是实现后现代性与思想政治教育系统之间、要素与要素、系统与环境之间互相作用、互相影响、互相制约的首要前提条件。思想政治教育系统的结构运行也正是在后现代性信息输入过程中相应启动的，在后现代性信息被获取、加工后通过控制系统输出，收到评价后再反馈回来促

① ［美］彼得·圣吉：《第五项修炼》，郭进隆译，三联书店1998年版，第152页。

进系统自省，并纠偏以实现系统结构的有序、优化。具体而言，后现代性话语通过利用互联网、大数据、人工智能、虚拟仿真等新媒体即时平等、立体交互的技术优势开展信息传输，造就了虚拟、荒诞、非系统以及“游牧思想”等后现代性哲学的流变观点大肆流行。

“数字化构成”构筑了一个虚拟的“拟像世界”。正如鲍德里亚所言：“它不再是造假问题、不再是复制问题，也不再是模仿问题，而是以真实的符号代替真实本身的问题。”① 后现代性的这种“虚拟”流变也使新媒体成为“谣言传输器”、“舆情发酵皿”、“行为诱导源”。数字化媒介平台上汹涌的庞杂信息洪流导致失控的“信息乌托邦”。这些信息传输具有良莠不齐、传递即时、表达自由、社群化的特征，从而导致谣言盛行、不良信息充斥、碎片化信息拼接，导致统一思想、统一舆论的思想政治教育系统内容被分化、肢解、随意剪贴。而后现代性的“荒诞”变奏则传递出不可理喻、失序、无意义的讯息，并使孤独、绝望、焦虑、“局外人”状态成为人的普遍生存境遇。这些后现代性信息元素深刻地改变了舆论传播的生态格局。思想政治教育主客体的身份地位发生急剧变革，虚拟空间中的碎片化认知、多样性差异化思想激荡延伸到现实社会，严重分解了思想政治教育内容的主导性；后现代性非理性、非逻辑、否定性、复杂性、混沌化的“非系统思维”以信息输入方式进入思想政治教育系统，造成系统结构的“震荡”与“间断”，破坏思想政治教育系统要素变化运行的规律。

当然，后现代性信息传输带来的消极影响也提出了预警，启发思想政治教育快速响应，加强对“虚拟时空”信息资源的甄别、筛选、过滤、净化以及管理，为推进内容转型打下基础。后现代性语境下，急速发展的数字媒介系统集聚了语言、文字、图像、数据、音乐、动画、视频等无配额限制、可无限复制传播的立体多元的思想政治教育资源，这极大地丰富了思想政治教育内容；后现代性语境系统中的话语双向交流、共享、平行发散的特征推动思想政治教育话语、方式、方法多样化，更具开放性与包容

① ［法］鲍德里亚：《生产之境》，仰海峰译，中央编译出版社 2005 年版，第 187 页。

性，使思想政治教育信息从平面走向立体，从静态走向动态的传播模式。后现代性带来的无序、差异、混乱的信息环境也促使思想政治教育信息传输系统加强信息监管、安全治理，遏制不良信息的泛滥，加强有益信息的传播，构建清朗有序、互相联动、多元立体的网络思想政治教育系统。

2. 后现代性与思想政治教育系统间的组织控制

组织控制环节是后现代性与思想政治教育互相作用的又一体现。系统结构的运行、变迁、演化是在外部环境的作用下，系统内部元素及结构作出自行调控的过程。根据系统控制论原理，环境变化、内部要素构成、干预控制都会影响整个系统的演化进程，改变系统状态。系统与环境之间也始终处于动态发展状态。我们将思想政治教育作为一个开放的系统，也必须搞清楚系统结构应对社会环境变化所具有的适应性与权变性。当代中国，全球化、现代化的物质环境、现代性与后现代性交织的复杂语言、观念、文化环境都对思想政治教育的基础地位、目标任务、主客体、内容、方法等结构要素产生深刻影响并提出新的要求。

系统论的分支耗散结构理论主张：一个远离平衡态的开放系统，……经“涨落”发生突变，……产生一种自组织现象，通过非线性动力学机制，从原来的无序状态转变为一种时间、空间或功能的有序状态。[①] 新时代，思想政治教育发生现代转型的过程，正是在后现代性语境作用下系统状态和结构作出调控行为，以确保思想政治教育系统保持稳定、正常的结构运行，达成既定目标的自适应过程。也即后现代性作用使思想政治教育系统具有了开放性、非线性结构、非平衡态的“耗散”特征，促使转型以达成现代化目标的过程。具体而言，后现代性影响下思想政治教育系统自组织、自适应控制体现在：一是对环境变化作出的适应控制。充分发挥后现代性开放性、批判性、包容性、多样性、交互性等积极思维因素的作用，抑制虚无主义、消费主义、无序、混沌、荒诞、不确定性等消极思维

① 参见［比］伊·普里戈金、［法］伊·斯唐热：《从混沌到有序——人与自然的新对话》，曾庆宏、沈小峰译，上海译文出版社 1987 年版，第 228 页。

因素的影响，在信息源输入环节进行调节控制，适当纠偏，优化思想政治教育系统环境。二是预先对思想政治教育系统各要素的相互关系、相互作用进行协调，促使“结构效应”的最大化实现。三是根据控制目标、执行控制计划、反馈控制信息，对由结构和功能构成的思想政治教育整个系统进行“适应性”的“集中控制”，对要素及其之间的运行采取“分散控制”，将“定性控制”与“定量控制”相结合，形成协同联动、动态开放、优势互补、价值效益最大化的系统整体①。

3. 后现代性与思想政治教育系统的交流反馈

相互作用是一切事物运动、变化、发展的终极原因。交流反馈是后现代性与思想政治教育系统的互相作用得以可能的关键环节，“系统根据反馈信息进行调节，从而使系统良性运行，达到最优化。”② 思想政治教育系统中的反馈控制一定是建立在信息反馈的前提基础之上的。思想政治教育系统控制的特殊之处在于受控对象是多样化的“人”，作用的“点”在人的思维行为层面。因此，这里的控制是建立在信息传递、交流、过滤、分析、甄选、储存、调节的系统反馈机制之上的，而不是其他的什么“控制”。所以，当后现代性的信息输入，首当其冲的是对人的思想的影响，进而作用于人的行为。例如：后工业化社会、消费社会、信息现代化社会所裹挟的享乐主义、极端自由主义、消费至上、娱乐至死、技术理性等后现代性的态度、思维、观念和行为方式正是通过人的思想产生出诸如技术伦理，媒介意识形态的问题。

一方面，后现代性的正面肯定的价值效应赋值于作为资源的“信息”，经由媒介传输与主体、客体产生信息交互，具有多样化、个性化需求的主体经过思想内化的过程，将其转换为创新理念、新的动力元素并转化为具体的思想政治教育行动，实现育人目标；另一方面，后现代性负面消极的价值效应也通过数字化技术、媒介系统等中介以强大的“信息流”的形式

① 姜玲玲：《思想政治教育系统论》，合肥工业大学出版社 2012 年版，第 123 页。
② 侯勇：《社会视野中的思想政治教育系统研究》，人民出版社 2016 年版，第 289 页。

深刻影响着思想政治教育的主体、内容、方法、手段、实效性等要素。系统在接受这个信息输入的同时启动了对信息的预测、分析、消化、整理并通过信息反馈环节作出相应的目标调整，对错误的信息屏蔽、调节，并对因负面效应而发生偏移的目标、任务进行纠偏，作出新的创新协调。这里其实反映的正是思想政治教育的内化外化规律。当然，整个交流反馈过程中做出的纠偏、协调、控制、调整也反映出“适应超越”这一思想政治教育基本规律。归根到底，思想政治教育实质上也是一个复杂的信息系统，无论是与外界环境之间的联系，还是人财物等资源的调度，抑或是目标任务的调整均需借助于信息的交换、传递、分析、反馈、调节得以实现。

综上所述，后现代性虽然宣扬的是解构系统、否定有序，却无时无刻不处在系统中。不仅自身话语、语境、思维、理念、态度、行为方式构成自系统，而且也处在它系统乃至整个世界的大系统中，这点却是它自身无法否认的。后现代性与思想政治教育是两个相互独立的开放系统。我们可以通过哲学方法论、系统论分析框架找到两者之间的深层次结合点，从而剖析两个系统之间的要素联系、结构运行、结构互动，把握两者之间相互进入、相互联系、相互作用而产生的“化学反应”，从“结构效应”维度深度解析两者的互动机理。在哲学透视后现代性与思想政治教育的互动机理基础上，才能展开后现代性对现代思想政治教育发展的具体影响的分析。究竟是积极影响还是消极影响？是正面效应还是负面效应？是机遇还是挑战？这些问题的答案都有待回归到思想政治教育现代化的发展过程中去追寻。

二、思想政治教育现代化进程中后现代性的负面效应

后现代性是思想政治教育现代化进程中必然遭遇的语境。对于正处于现代化进程中的思想政治教育而言，后现代性除了会给思想政治教育带来新的难题和矛盾之外，还会给思想政治教育提供新的条件、信息、资源，

在化解难题和矛盾过程中，为思想政治教育发展带来新的发展机遇。这也符合秉承辩证思维的马克思主义者的基本主张。也就是说，后现代性对思想政治教育的影响必然是双重性的。在这里，我们首先来谈谈后现代性在思想政治教育现代化进程中的负面效应，其中，最为主要的内容是后现代性对思想政治教育主客体关系的冲击、对思想政治教育核心功能的挑战、对思想政治教育价值目标的模糊化。

（一）后现代性对思想政治教育主客体关系的冲击

从一定意义上讲，不管是在传统语境中，还是在现代语境中，思想政治教育的主客体关系始终是建基于主体性观念的崛起。之所以在思想政治教育领域内出现主体性观念的崛起，主要是因为学术界对人学理论的关注。早在 20 世纪 80 年代，思想政治教育学界就有学者开始提出，思想政治工作（教育）是做人的工作，倡导关注人学理论的引入及其阐释效应的揭示。一直到了 21 世纪初，诸多学者热衷于人学理论在思想政治教育中的嵌合与诠释，一步步建构起了思想政治教育人学研究范式。在马克思看来，“人直接地是自然存在物”，不仅是能动的存在物，而且是受一定限制的存在物。① 从马克思的话中，我们可以明见：一方面，为我们指明了，人之所以为人的根本特性就在于人的主观能动作用，即人的主体性；另一方面，为我们澄明了，人不再是懵懂的原始人，而是能够分清你我、区分主体与客体的现代人。也正是由于人们对人的主体性的强调，促使思想政治教育开始关注自身的人学转向，并凭借思想政治教育的主体性来划分思想政治教育主体与客体范畴。进而，使人们明晰了哪一方能够主动担当起组织、筹划、实施思想政治教育活动的任务，就会成为思想政治教育主体；哪一方能够成为接受、内化、参与思想政治教育活动的对象，就会成为思想政治教育客体。② 从这一意义上讲，思想政治教育领域内才有了思

① 《马克思恩格斯文集》第 1 卷，人民出版社 2009 年版，第 209 页。

② 季春红：《后现代语境下高校思想政治教育主体间性解读》，《南京政治学院学报》2016 年第 3 期。

想政治教育主客体关系之说。

进一步来讲，在传统语境中，思想政治教育主体就是教育者(如教师、领导干部等)，在整个思想政治教育过程中，发挥着绝对的主导作用，支配、控制思想政治教育系统内的所有元素，从而实现思想政治教育目的。而思想政治教育客体则是受教育者（如学生、群众等)，在整个思想政治教育过程中，是作为教育者支配、干预、改造、调控的对象而存在的。从这里可以看出，在思想政治教育主客体关系中，教育者便是唯一的、绝对的、权威的主体。有学者将之称为“教育者主体说”。① 与此同时，在现代性语境中，随着人们对学生、群众等受教育者的主体性力量的发掘与重视，传统语境中的思想政治教育主客体关系被打破了，单一的“教育者主体说”不再适用，开始将主体的角色赋予传统语境中的思想政治教育客体，出现了所谓的“双主体说”②。综合观之，可以发现，无论是传统语境中的思想政治教育主客体关系，还是现代性语境中的思想政治教育主客体关系，都在不同程度上坚持和延续了传统西方哲学中主客体截然二分的观念。更进一步而言，在这种主客体截然二分的观念的指引下，人类将自身的利益视为高于一切的、具备唯一性的利益，大自然的一切都要服从人类社会的建设，构筑了“人类中心主义”的思想体系。在这种思想体系的影响下，传统语境与现代性语境下的思想政治教育主客体关系都试图追问出思想政治教育到底应当是“以谁为中心”的答案。

正是在这一背景下，后现代性开始对传统和现代性语境进行了猛烈的轰击。后现代性着手对主客体二分观念进行了解构，“从根本上动摇了理性中心的合法性和终极价值的可能性，主张‘去中心’，崇尚多元价值性，强调对事物的多元化理解”③，“消解了人的主体性观念，高喊‘人的

① 张耀灿、徐志远：《现代思想政治教育学科论》，人民出版社 2003 年版，第 357 页。
② 张耀灿、徐志远：《现代思想政治教育学科论》，人民出版社 2003 年版，第 357 页。
③ 张晓坚：《后现代性对高校思想政治教育的双重影响》，《江苏高教》2013 年第 5 期。

终结'"。[①] 在这里，后现代性对"去中心化"的强烈诉求，直接影响着人们对思想政治教育主客体关系的认知，进而改变着其内部状态。

第一，后现代性贬抑了思想政治教育主体性力量。后现代性的观点主张：人类与大自然相比，没有任何特殊的地方，人与他人相比，更没有任何特殊的地方。因此，人没有理由获得对他人、自然的统治权和占有权。[②] 正如美国学者霍里德所言，人与人、人与大自然之间是以有机的关系结合在一起的，人不可能脱离大自然而独立生存。[③] 就此而言，后现代性的基本观点一改过去现代性对人的主体性力量的高扬的态度，转而以平等的眼光来看待人与人、人与自然之间的关系。也就是说，后现代性"斥责"了现代性对人的主体性力量的高扬，以相对保守的态度对待人的主体性力量。从某种程度来讲，相对于现代性对人的主体性力量的高扬，后现代性贬抑了人的主体性力量。当人们以后现代性之镜来透视思想政治教育主体性力量的时候，我们会发现，思想政治教育主体所扮演的支配者、施动者的角色与思想政治教育客体所扮演的被支配者、受动者的角色，都是会被宣布为不合法的。后现代性从实质意义上贬抑了思想政治教育主体性力量。在当下这一社会历史文化情景之中，后现代性对思想政治教育主体性力量的贬抑，对于当下的思想政治教育而言，并非是一件好事。例如，当上述情形出现的时候，在缺少必要的思想政治教育主体性力量的有序、有效组织与维系的情况下，必然会使得思想政治教育内在的元素难以得到有效组织，整个思想政治教育过程难以真正有效展开，从而掣肘了思想政治教育活动的正常运作。

第二，后现代性模糊了思想政治教育主客体关系。在传统与现代语境中，思想政治教育主客体关系都是确定的，要么是以教育者为中心，要么

---

① 李霞玲、李敏伦：《后现代主义视野中的思想政治教育主客体关系审视》，《学校党建与思想教育》2010 年第 2 期。

② 李霞玲、李敏伦：《后现代主义视野中的思想政治教育主客体关系审视》，《学校党建与思想教育》2010 年第 2 期。

③ [美] 大卫 · 雷 · 格里芬编：《后现代精神》，王成兵译，中央编译出版社 1998 年版，第 84 页。

是以受教育者为中心，要么是共同以教育者与受教育者为中心。但是，随着后现代性的介入，这种“以谁为中心”的讨论很快就被压抑了。在后现代性语境中，思想政治教育主客体关系以及由此而来的“以谁为中心”的问题争鸣，都将被搁置，转而被关于思想政治教育情境变化、思想政治教育主客体的相对性等问题的探讨所取代。此时，思想政治教育主体与客体的划立以及两者之间的确定性关系都将被取消，人们很难再以一种清晰明确的标准来认识、划分、确立思想政治教育主体与客体及其关系，而是沉浸于具体情境、具体问题、具体主体、具体客体等问题的讨论。从一定意义上讲，这种讨论是琐碎的、无休止的，甚至会陷入喋喋不休的、没有增益性的争吵，使原有的清晰明确的思想政治教育主客体关系被蒙上了神秘的面纱。

第三，后现代性增加了教育过程中的不确定因素。从某种角度来讲，解构应当是后现代性语境中的核心论题之一。虽然解构使得人们有机会在更为全面的水平上把握社会中出现的新因素、新力量，但是，也极易使得人们陷入无休止的解构循环之中。众所周知，一个社会愈要发展，人类的思想愈要更新换代，不仅需要解构性力量的去伪存真，更需要建构性力量的持续积淀。因此，仅有无休止的解构，会不断增加不确定性因素，增加社会与人类思想世界的风险，而不会促进建构性力量的生长，形成“建构—解构”的良性循环，增进社会与人类思想世界的本真力量与整体发展。诚如海德格尔所言，“今天人类恰恰无论在哪里都不再碰到自身，亦即他的本质。”① 同样的道理，后现代性对解构的热衷，使得思想政治教育在活动的展开过程中增加了诸多不确定因素，同时，诱使人们去关注这些琐碎的问题。比如，新媒体技术突入给思想政治教育带来的挑战，新的社会思潮的涌现对思想政治教育的冲击，即时性的特殊社会活动、特别社会事件等对思想政治教育的影响。当人们将过多的时间花费于这些琐碎的问题之上的时候，那么，就必然会挤占人们对思想政治教育发展的基础性、全局

① 孙周兴：《海德格尔选集》，三联书店 1996 年版，第 945 页。

性问题的关注度，比如，思想政治教育基础理论问题、思想政治教育的社会历史文化分析等。对于思想政治教育而言，这本身便是后现代性所带来的不确定性因素的一种表现形式。

（二）后现代性对思想政治教育核心功能的挑战

综观学术界关于思想政治教育功能的研究成果，是存在较大争议的。这主要是因为学术界在关于思想政治教育功能定义方面存在分歧所引发的。目前，已有学者对这一方面进行了综述，比如：陈建保等人所作出的努力。通过他们的研究，结合既有的研究内容，可以发现，目前学术界关于思想政治教育功能的定义至少有五种方案：[①] 一是功能是本质的外显露。有学者将思想政治教育功能归结为思想政治教育本质的集中表征。[②] 二是功能与作用等同论。在一些学者看来，思想政治教育功能指的就是思想政治教育所能够发挥的效能及其所具备的社会作用。[③] 三是功能与价值等同论。持这一观点的学者认为，思想政治教育功能就是思想政治教育价值的外在表现。[④] 四是功能与职能等同论。这种观点主张，将思想政治教育功能与思想政治教育的灌输、转变、调节、激励等具体职能挂钩。[⑤] 五是功能与特性效果等同论。这种观点将思想政治教育功能与其所表现出来的特性、效果结合在一起，进行考虑。在陈建保等人看来，后四种方案都仅仅是对思想政治教育功能的某一维度的反映，甚至是混淆，而要真正厘清思想政治教育功能的内涵，还需要从思想政治教育本质着手。这在一定程度上认同了第一种方案，不过，还需要进一步凝练。他们认为，思想政治教育功能应当是“意识形态功能”与“人文认知功能”。[⑥] 从某种意义上讲，“意

---

① 陈建保、侯丹娟：《思想政治教育功能研究述评》，《理论月刊》2010 年第 6 期。

② 参见张耀灿等：《现代思想政治教育学》，人民出版社 2001 年版，第 87—95 页。

③ 陈万柏、万美容、李东升：《思想政治教育学原理新编》，华中师范大学出版社 2000 年版，第 105 页。

④ 刘建军、曹一建：《思想理论教育原理新探》，高等教育出版社 2006 年版，第 37 页。

⑤ 陈秉公：《思想政治教育学原理》，高等教育出版社 2006 年版，第 69 页。

⑥ 陈建保、侯丹娟：《思想政治教育功能研究述评》，《理论月刊》2010 年第 6 期。

识形态功能”与“人文认知功能”的有机统一，便是思想政治教育的核心功能。

当思想政治教育的核心功能进入后现代性语境中，后现代性语境所特有的反对一元性而追求多元化、反对绝对普遍性而追求不确定性、反对同一性而追求差异性的文化，必然会对思想政治教育的核心功能形成挑战。①

第一，后现代性理念对思想政治教育的存续合法性提出了挑战。我们知道，思想政治教育是一项致力于做人的思想工作的系统工程。在当前思想政治教育的发展状态之下，它之所以能够拥有改造、形塑、引领人的思想的能力，就是因为人们承认人的思想并非是纯粹的抽象存在，而是能够被改造、形塑、引领的具体存在，并且人们有能力把握人的思想、对人的思想进行有计划、有目的的改造、形塑、引领。而要想使得上述主张获得合法性，就需要确认人的主观能动性、高扬人的主体性力量。这意味着思想政治教育展开自身的活动，实质上就是在高扬人的主体性力量的前提下进行的。众所周知，现代性的最为根本的特质就是高扬人的主体性力量。因此，思想政治教育具备鲜明的现代性特质，它本身便是思想政治教育存在与发展的合法性根基之所在。当然，需要注意的是，我们不能全然否决未来思想政治教育发展的诸多可能性，前述的判断与论述是在当前思想政治教育发展状态下作出的。但是，根据前面的论述，后现代性观念主张，高扬人的主体性力量是“人类中心主义”的直接表现，应当受到贬抑。此时，后现代性从根本上对思想政治教育的存续合法性提出了挑战。在这里，这种挑战较为直接的表现就是质疑对思想政治教育现象背后的本质进行讨论与追问的合理性与正当性，认为所有对思想政治教育规律的追寻都如海市蜃楼般不切实际，更遑论以主体性力量为基础的思想政治教育核心功能的发挥了。

第二，价值多元化消解思想政治教育意识形态功能的主导能力。在后

① 张晓坚：《后现代性对高校思想政治教育的双重影响》，《江苏高教》2013年第5期。

现代性理念挑战思想政治教育存在与发展的合法性的背景下，后现代性对价值多元化的诉求必然会消解思想政治教育意识形态功能的主导能力，进而威胁国家主流意识形态安全。在后现代性语境中，价值多元化有着多重蕴涵。它不仅包含多元社会思潮所带来的思想观念变化，而且包含倡导以多个视角考察同一问题，还包含以价值中立看待周遭事物。首先，多元化社会思潮所带来的思想观念变化，若是能够控制在一定范围内，那么，就能够在思想政治教育过程中发挥积极作用；但是，若是脱离控制，那么，就会冲击思想政治教育这一主要阵地，压抑思想政治教育本身所具备的意识形态功能的发挥。其次，倡导以多个视角考察同一问题，尽管能够引导人们全面认识思想政治教育，但是，倘若无限度地推崇这种多元化的思维方式，就会对思想政治教育领域内的很多确定性的问题提出异议。比如，质疑马克思主义在思想政治教育中的指导地位，认为思想政治教育的指导思想应当是多元化的，这严重威胁着思想政治教育在维护社会主义意识形态上的能力。最后，以价值中立看待周遭事物，虽然能够为我们客观认识事物提供了警醒，但是，价值中立背后所潜藏的是西方国家的“文化殖民主义”、“文化帝国主义”，会混淆政治立场和方向，阻碍思想政治教育意识形态功能的发挥，消解社会主义意识形态的主导地位。①

第三，散漫的心态削弱思想政治教育人文认知功能的发挥程度。后现代性是一种态度，表征一定的精神气质，通过人的思想和行为对社会产生深刻的影响，其中，后现代性散漫的态度以思想、感觉、行为、举止的方式影响人的认知。或许，散漫的态度能够缓解现代快节奏生活所带来的焦虑与不安，但是，这种散漫的态度极易损耗人的生命斗志。同样，对于置身于后现代性语境中的思想政治教育而言，若充斥着后现代性推崇的散漫态度，必然会对自身的核心功能，尤其是人文认知功能产生消极影响。我们知道，思想政治教育的人文认知功能主要指向的是承继与传播一般性知识、锤炼与提升认知能力。那么，这种散漫的态度必然会降低对一般性知

① 董杰：《论后现代主义教育思潮下思想政治教育者的主导性》，《探索》2010 年第 2 期。

识的认知敏感程度，无法分清哪些是糟粕、哪些是精华，哪些需要传播、哪些不需要传播，同时，还会提高认知能力的锤炼与提升的成本，延滞认知能力的锤炼与提升的进度。进而言之，散漫的心态会与价值多元化一道，冲击思想政治教育的核心功能，损耗思想政治教育在社会思想领域内的引领能力，削弱主流意识形态的主导地位，威胁国家意识形态安全这一大局。

（三）后现代性对思想政治教育价值目标的模糊化

任何活动都需要明确的价值目标，这是活动展开的前提要件。同样的道理，思想政治教育活动（作为活动的思想政治教育）的启动亦是需要明晰的价值目标的。思想政治教育价值目标实质上是思想政治教育在价值与目标意义上的有机同构的存在。根据通行的理解，思想政治教育价值与目标通常都是从个体与社会两个层面上来讲的，它们不仅包括“促进教育对象思想道德素质的提高和人的全面发展”，还包括“促进社会的全面发展与进步”。① 也就是说，思想政治教育价值目标指的是促进教育对象思想道德素质的提高、人的全面发展以及社会的全面发展与进步。

细究之，可以发现，目前学术界通行的关于思想政治教育价值目标的核心要义，存在着一个潜在的预设：思想政治教育价值目标是确定的。显而易见，这是立足于现代社会条件下的观点。在现代性语境中，人们高调宣扬理性的重要性，试图将一系列确定的标准视作普遍真理和价值取向，将之加以固化，并大范围地传播出去。但是，当思想政治教育进入后现代性的语境的时候，思想政治教育价值目标所面临的状况就发生了翻天覆地的变化，需要我们重新审慎地对之进行考察。

第一，后现代性对确定的思想政治教育价值目标的怀疑。在坚持后现代性观念的学者看来，后现代性必然会对现代性所主张的确定性的观点加以拒斥。他们认为，反基础主义和相对主义是其基本观点，拒不承认获得

---

① 张耀灿等：《现代思想政治教育学》，人民出版社 2001 年版，第 172 页。

绝对普遍真理的可能性，主张“我们只能承认此时此地得到的、此时此地实际期望拥有的东西”。① 正如英国学者鲍曼的观点，他提出了著名的“流动性”观点，认为“流动性”应当是后现代性观念的核心特质，恰恰是这种“流动性”带来了后现代社会的差异性、碎片化、多元性、不确定性。② 当思想政治教育进入后现代性语境中时，后现代性必然会质疑思想政治教育价值目标的确定性。在人们的价值取向由于多元化而迷茫的时候，人们极易会受到这种“不确定性”的后现代思潮的影响，产生“道德边界的模糊”、“行为选择标准缺失”、“致使一种规范性的标准不复存在”。③ 与此同时，在这种“不确定性”的后现代思潮的渲染、催化下，人们对过去计划经济时代的高度一致的思想政治教育价值取向，产生一种厌恶情绪。当这种情绪被放置到价值真空的社会思想环境中的时候，就会被迅速放大，进而裹挟着更多的人，对一切参与思想政治教育价值目标制定的元素，保持鲜明、强烈的抵触心理。更有甚者，这种抵触心理会进一步演化为集体心理，形成一种社会思潮，反过来遏制思想政治教育价值目标效用的应有发挥，将之导向一种“不确定性”的境地。

第二，后现代性主张即时的思想政治教育价值目标叙述。在传统与现代语境中，思想政治教育价值目标的确立带有一定的封闭性、来源带有一定的单一性的特征。具体来讲，一些思想政治教育价值目标的设置并非是根据在场者的实际情况设定的，而是特定思想政治教育主体强制“安装”的，难以满足全部在场者的需求，影响思想政治教育实效性。当前的思想政治教育价值目标主要来源于党和国家的方针政策，并未完全契合时代变化、根据在场者的思想状况等因素来设计，难以真正发挥思想政治教育价值目标的正向引领作用。持后现代性观念的学者，围绕这些局部性的现象，坚

① 张晓坚：《后现代性对高校思想政治教育的双重影响》，《江苏高教》2013 年第 5 期。

② ［英］鲍曼：《流动的现代性》，欧阳景根译，中国人民大学出版社 2018 年版，第 67 页。

③ 苏焕杰：《现代性和后现代性对增强思想政治教育实效性的有益启示》，《传承》2013 年第 2 期。

决拒斥确定的思想政治教育价值目标，而是主张对思想政治教育价值目标进行即时性的叙述。他们将思想政治教育价值目标限定于现在，认为，现在就是唯一的时间尺度，历史不过是各种文献资料的堆砌而已，所谓的未来只不过是虚无缥缈的假说，与现在根本无法构成因果联系，这无疑割断了现在与过去、未来的联系。[①] 这种叙述方式极易裁剪与混淆思想政治教育价值目标的核心要义，使得人们难以完整把握思想政治教育价值目标。

第三，后现代性抽离思想政治教育价值目标的核心意义。实质上，后现代性在质疑思想政治教育价值目标的确定性的同时，就取消了思想政治教育价值目标的长期存在的合法性；在主张思想政治教育价值目标的即时叙述的同时，就破坏了思想政治教育价值目标的存在稳定性的根基。上述两个环节只是完成了后现代性对思想政治教育价值目标的模糊化，而在真正意义上使得思想政治教育价值目标内在蕴含的价值意义被虚无化的环节，就在于后现代性抽离了思想政治教育价值目标的核心意义。就此而言，思想政治教育价值目标需要有价值，才能够吸引人、引领人、改造人。相应的，在后现代性语境中，一切都要逆向进行。思想政治教育价值目标失去了价值，无法胜任吸引人、引领人、改造人的重任。那么，这一过程是如何完成的呢？这主要经历了三重抽离过程。具体而言，第一重抽离就是人的思想道德素质和社会可否获得改善。后现代性观念主张，人的发展应当是充满差异性的，社会的发展应当是充满不确定性的。在一定程度上，后现代性的主张带有自然主义的倾向，那么，人的思想道德素质和社会更应该顺其自然地发展，这意味着改善人的思想道德素质和社会就变得没那么必要了。第二重抽离就是改善人的思想道德素质和社会是否一定需要思想政治教育。后现代性拒斥确定性、统一性，而思想政治教育关注的是凭借确定性和统一性来实现人的思想道德素质和社会的有序改善。也就是说，后现代性与思想政治教育之间是存在冲突的。这是在后现代性语

---

① 黄艺羡：《后现代主义思潮对思想政治教育有效性的影响及对策》，《思想教育研究》2011 年第 6 期。

境中开展思想政治教育绕不开的矛盾。第三重抽离就是思想政治教育能否承担起人的思想道德素质和社会的改善重任。在后现代性的观点看来，人的思想道德素质和社会的改善本身具有多种可能性，思想政治教育便是其中之一。那么，在后现代性语境中开展思想政治教育，必然会带来思想政治教育到底拥有什么样的能力才能承担起改善人的思想道德素质和社会的重任这样的问题。其实，这就是对思想政治教育存在合法性的变相追问。在这一重又一重的繁复追问、讨论中，后现代性逐渐抽离了思想政治教育价值目标内在蕴涵的丰富意义，有可能使得思想政治教育价值目标转变为空虚的抽象符号，无法为思想政治教育活动提供指引。

三、后现代性对现代思想政治教育发展的有益启示

毋庸讳言，任何事情都具有两面性。后现代性除了会给思想政治教育现代化发展带来消极影响之外，还能够给现代思想政治教育发展带来诸多机遇。从某种意义上讲，相对于现代性，后现代性具有显明的变革意味，后现代性所带来的是一种全新的、涉及诸多方面的体验。进而言之，在后现代性语境中，后现代性必然会在很大限度上丰富人们对思想政治教育的认知方式，为解决思想政治教育过程中的问题提供新方向、新视角、新思路。后现代性对现代思想政治教育发展的现实启示主要包括三个方面，具言之，后现代性为思想政治教育发展勾勒了新的分析框架、供给了新的思维理念、提供了新的动力源泉。

（一）框架迭代：后现代性为思想政治教育发展勾勒了新的分析框架

当前，关于思想政治教育的发展，学术界讨论最多的便是从现代性语境的角度出发进行探讨，其中，最为典型的便是思想政治教育现代转型研究。值得注意的是，无论探讨如何深刻，都归属于现代性语境下的探讨，

其分析框架是同质性的。不过，一旦思想政治教育发展进入后现代性语境，那么，问题就有了质的区别。后现代性为人们重新认识思想政治教育发展提供了新的视角、新的框架、新的机会。换句话说，后现代性为思想政治教育发展勾勒了新的分析框架，从而为人们把握后现代性语境中的思想政治教育发展问题提供了基础。新的分析框架是感知、理解、掌握、运用后现代性观念并贯注到思想政治教育发展中的系统性过程。后现代性为思想政治教育发展所勾勒的分析框架便是由思想政治教育价值目标的重新设定、主客体的多元互动、内容体系的迭代更新、活动秩序的持续调整、评价机制的全面发展、周边环境的动态营造等要件共同构筑而成的结构系统为支撑的。可以发现，我们在实质意义上建构了后现代性语境下思想政治教育发展的分析框架，即“价值目标——主客体——内容体系——活动秩序——评价机制——周边环境”。上述要件将在融合后现代性观念的同时，贯注到思想政治教育发展中，从而推进思想政治教育的进一步发展。

第一，价值目标的重新设定。在前面的论述中，我们可以发现，虽然思想政治教育价值目标出现模糊化的倾向，但是，这也为思想政治教育价值目标的优化完善提供了契机。在后现代性语境中，思想政治教育价值目标不再是纯粹地追寻一种外在的、确定的、应然的目标，而是聚焦一种内在情境的、不确定的、实然的目标的自然生成。具体而言：首先，后现代的思想政治教育强调让人在阅读、学习、工作、参观等过程中体验、感悟思想政治教育力量以及对自身的思想的改造、引领过程。在这一生活化过程中，思想政治教育实现了意义的创生，在不知不觉间实现了价值目标。其次，后现代的思想政治教育坚决反对任何形式的预设，打破各种含有前见意味的条条框框，突出重视思想政治教育过程中的诸种不确定性。最后，后现代的思想政治教育重视的是实在过程而非带有应然性质的结果，是人们通过自主性的学习过程，实现对价值目标的自觉践行，甚至是主动建构并优化价值目标。

第二，主、客体的多元互动。思想政治教育主客体关系是后现代性语境中的思想政治教育发展的一个重要考量因素。尽管后现代性使得思想政治教育主体“去中心化”，但同时也使得思想政治教育主客体关系有了新的发展的机会。也就是说，思想政治教育主客体关系获得了超越西方哲学主客体截然二分观念以及由此衍生而来的“以谁为中心”的争论的机会。在后现代性语境中，思想政治教育主体的话语霸权逐渐被淡化，思想政治教育客体的地位不断提升，其创造性、能动性得到了应有的尊重，但又避免了滑向“客体中心论”的窠臼。思想政治教育主体与思想政治教育客体能够在平等关系中完成多个层面、多个方面的交流与互动。比如，在企业思想政治教育中，企业思想政治教育的组织者与企业员工之间的关系不是老板与打工者的关系，而是拥有独立人格的主体之间的思想互动。又如学校思想政治教育中，教师与学生之间的关系不再是居高临下的施教者与被动接受的受教者的关系，而是相互尊重、平等交流、发扬个性的新型师生关系。

第三，内容体系的迭代更新。我们认为，思想政治教育内容是思想政治教育中的核心元素，它实质上是由主导内容、基础内容、通识内容等构成的结构体系。① 与现代性语境中不断追求思想政治教育内容体系的变革不同的是，在后现代性语境中，思想政治教育内容体系追求迭代更新。迭代是数学、工程领域内的重要概念，指的是为了不断逼近所要实现的目标，每一次更新都将以之前一次更新的成果为初始值。这一迭代更新过程就保证了思想政治教育内容体系始终是在继承的基础上保持创新的趋向，而不是无目的地抛弃过去、从头再来。同时，在迭代更新的过程中，思想政治教育内容体系的发展还能够不断融合其他学科的有益因素，实现跨学科融合创新发展。

第四，活动秩序的持续调整。在后现代性语境中，思想政治教育活动不是由外部作用力强制推动的过程，而是一种“自组织过程”，它是在主客体的交互过程中，实现对其思想观念的调节，它在不断变化发展及其复

① 张建晓、孙其昂：《论思想政治教育内容结构的形态》，《思想教育研究》2019 年第 1 期。

现过程中，展现出"'混沌的非预测性和非线性嵌于简单秩序的预测性和线性之中'的秩序"①。可以说，思想政治教育活动秩序兼具了随机性与规律性于一体，充分反映了人的主观能动性、人的思想的基本特征。进而言之，思想政治教育活动秩序不是静止不动的，而是在思想政治教育主体、客体以及相关因素相互作用下而形成的一种持续调整、动态变化的过程。这也就是为什么很多人认为后现代性语境中的思想政治教育的复杂程度将会远远超过现代性语境中的思想政治教育，使得思想政治教育的难度呈几何式增长。这就要求学者们要开掘更多的理论工具，对思想政治教育现象进行新的解释。

第五，评价机制的全面发展。当前，思想政治教育评价机制的形成受到科学主义的极大影响。受科学主义的影响，思想政治教育评价机制将培养绝对科学理性的完人视为自身的根本目标。我们知道，在现实生活中，绝对科学理性的完人是不存在的，而且这也不符合人的存在状态。为什么这么说呢？人是一种情感性动物，他的非理性一面远远大于理性一面，这正是人类最为宝贵的能力。若是将人培养成绝对科学理性的人，那么，岂不是要舍弃人的最为宝贵的能力，转而追求一种临时需要的能力？此时，人与机器何异？在后现代性语境中，思想政治教育评价机制将会改变科学主义的评价标准，引入非理性因素，协调人的理性与非理性之间的关系，使其更符合人的思想观念的发展变化状态。

第六，周边环境的动态营造。思想政治教育作为一个复杂性系统，其存在与发展必然会与系统外部环境发生物质、能量、信息的交换。因此，就产生了思想政治教育周边环境这一重要子系统。在传统语境中，思想政治教育周边环境常常被忽视，在现代性语境中，思想政治教育周边环境常常被视为一种固定的条件性子系统，是任由思想政治教育系统索取的存在。那么，进入后现代性语境中，思想政治教育周边环境应当是一种随时

① 朱怡、周小群：《后现代课程观与思想政治教育》，《南京师大学报》（社会科学版）2001年第6期。

发生变化的存在，一方面，它能够为思想政治教育系统提供置身之所以及物质、能量、信息的支持；另一方面，它拥有自身的独立性、自足性，不会随着思想政治教育系统本身的变化而变化，反而是系统会受到思想政治教育周边环境的变化的影响。因此，我们需要重视周边环境的动态营造，为思想政治教育系统创造更好的发展氛围。

（二）思维创新：后现代性为思想政治教育发展供给了新的思维理念

从根源上讲，反思和批判现代性危机，便是后现代性的发端。从这一意义上讲，后现代性思维理念必然充斥着对现代性思维理念的反思与批判，也就逐渐形成了自身思维理念的独特精神气质。由此而言，从思维理念的角度来考察后现代性对思想政治教育发展的积极影响，发现后现代性可以为思想政治教育发展供给新的思维理念，比如，形成“反思——批判——解构”意识、“主体间性”理论的落地生根、关注非理性因素、重视微观叙事、养成生成性思维等等，由此，促进思想政治教育本身的思维创新，为其发展提供思维保障。

第一，“反思——批判——解构”意识的形成。现代西方社会理论界充满了对自身文化的反思、批判、解构，这些讨论、思考自然而然地进入到了各种理论视阈中，成为各种理论流派的思想来源，最终融汇成百家争鸣的后现代性哲学。其实，后现代性哲学就是对现代西方社会文化危机的反思、批判、解构所形成的产物。换言之，后现代性哲学是对现代性哲学的再反思、再批判与再建构，形成了“反思——批判——解构”这一套意识流程，这就成为后现代性哲学区别于现代性哲学的典型意识形式。这种“反思——批判——解构”意识在后现代性关涉思想政治教育发展过程中，持续不断地影响着现代性思想政治教育思维理念的发展。

第二，“主体间性”理论的落地生根。哈贝马斯认为，现代性语境中的主体性理论已经趋于枯竭，惟有通过他的“主体间性”理论，才能为现代社会提供新的规范基础，维持人类生活世界生存的基本条件，从而走出现代性的困境。[①] 在学术界，“主体间性”理论在思想政治教育中的应用是比较频繁的，形成了主体间性思想政治教育理论。首先，主体间性思想政治教育克服了主体性思想政治教育的单向运动的弊端，明确了思想政治教育主体之间的“多向互动”，进一步揭示了思想政治教育主体之间的“关联和统一”的特质；其次，主体间性思想政治教育表达了对生活世界的向往，建立起思想政治教育主体之间的全新的平等和谐关系，并从总体上审视思想政治教育主体之间的互动关系的重要意义，从而达成思想政治教育主体之间的“思想、精神和情感方面”的“共识”。[②]

第三，关注非理性因素。法国哲学家福柯将理性与疯癫结合在一起研究。[③] 在这里，疯癫其实就是人类非理性的原始暴露，理性的力量绝对无法真正掩盖得了。正如鲍曼所言：人们自呱呱坠地以来，就具备天然的道德诉求与“道德倾向”，而进入现代性语境中，人们就被无情地剥夺了行使德行的能力。[④] 而后现代性批判了现代性对人性的压制，将人类的非理性重新释放出来。众所周知，思想政治教育是以人的思想为研究对象的，人的思想绝不是纯粹理性的，还包含着诸多非理性因素，它们共同构成了深邃复杂的思想世界。对于思想政治教育的发展而言，无论是学者们，还是普通人，都需要关注非理性因素的定位、聚焦、培养，从而从真正意义上寻找到非理性因素所蕴含的能动力、创造力、情感力。思想政治教育要将非理性因素的系统研究纳入自身的研究视域中，并提升到战略高度，才能真正有底气担负起做人的思想的工作的重任。

第四，重视微观叙事。宏大叙事是“一种无需论证且不可怀疑的基础性、本质性、确定性的叙事，它强调一元和权威主义的逻辑，并对偶然、

① [德]哈贝马斯：《现代性的哲学话语》，曹卫东译，译林出版社 2004 年版，第 392 页。

② 季春红：《后现代语境下高校思想政治教育主体间性解读》，《南京政治学院学报》2016 年第 3 期。

③ [法] 米歇尔·福柯：《疯癫与文明》，刘北成、杨远婴译，三联书店 1999 年版，第 1 页。

④ [英] 鲍曼：《后现代伦理学》，张成岗译，江苏人民出版社 2003 年版，第 23 页。

异质、多元、差异加以边缘化。”[①]在很长的一段时间里，思想政治教育为了保证理论的权威性、传播的实效性、教育的规范性，采用宏大的理论灌输教育的方式。而后现代性哲学主张反理性主义、反基础主义，反对任何形式的宏大叙事，表达了对绝对的权威、不证自明的信念的质疑和解构。自然，思想政治教育所采用的宏大的叙事方式亦是后现代性哲学所批判、解构的。在后现代性语境中，人们更关注微观叙事，强调对个体生命成长所处的社会历史文化环境进行详细考察，注重具体个体的生命经历与体验感悟。比如：有学者基于个体样本的专业学习、政治立场培育、社会角色担当等具体生活方面，来考察青年马克思主义者的成长路径。[②]他们用生动形象的日常生活语言，翔实描绘个体成长的一个个具体的环节、个体内心的心理变化、家庭环境的变化、社会环境的变迁等，尽可能还原了青年马克思主义者成长的复杂性。这便是典型的具备后现代气质的微观叙事方式，是思想政治教育理论建设与实践发展的新的增长点。

第五，生成性思维的养成。哲学是理论化、系统化的世界观，世界观是关于世界的根本观点，本质上体现为思维方式。若论思维的重要性，正如恩格斯所言：“一个民族要想站在科学的最高峰，就一刻也不能没有理论思维”[③]。无论是传统哲学、现代性哲学，还是后现代性哲学本质上都是某种思维方式的体现。如果说，传统语境与现代性语境中的思想政治教育所坚持的思维是预成性思维的话，那么，后现代性语境中的思想政治教育所坚持的思维应当是生成性思维。预成性思维实质上就是“本质先定、一切既成”的本质主义思维，而生成性思维所蕴含的则是“一切将成”的思维。[④]由此可知，在后现代性语境中，思想政治教育不能继续进行一种符合规律的、仅仅关注结果的教育活动，而是要充分发挥所有在场者的能

① 蒋红群：《论现代性困境下思想政治教育叙事形式的转换》，《思想教育研究》2011年第9期。

② 沈东、刘一平：《基于生命历程的青年马克思主义者成长路径研究》，《中国青年研究》2020年第9期。

③ 《马克思恩格斯文集》第9卷，人民出版社2009年版，第437页。

④ 李文阁：《生成性思维：现代哲学的思维方式》，《中国社会科学》2000年第6期。

动性、创造性，注重思想政治教育的活动全过程，关注思想政治教育过程中的诸种差异性，把握整个思想政治教育活动过程中的种种因素、关系，重视其中独特且紧要的问题。在这一过程中，不断“描绘”出思想政治教育的整体形象以及在社会中发挥作用的方式、渠道，使得思想政治教育不再是预先设定的存在，而是人们持续参与建成的思想政治教育。

（三）动力支持：后现代性为思想政治教育发展提供了新的动力源泉

根据怀特海的观点，“某种学识水平以及某种发现和发明创造的能力”①，从某种意义上讲，应当就是这个社会进步的动力源泉。本文认为，随着时代的变迁、社会的进步、文明的发展，现代性已不足以支持思想政治教育的进一步发展了。而后现代性的突入，对于思想政治教育的发展来说，是一个难得的机遇。后现代性的生长发育为思想政治教育的发展注入了强劲的动力，为思想政治教育迈上新的台阶打开了新的“视窗”。之所以这样说，究其原因，主要是因为后现代性颠覆了现代性的惯常认知，使得人们可以采用新的视角、方法、理念去认识既有的思想政治教育现象，以及借此进一步研究新出现的思想政治教育现象。而这些新的视角、方法、理念便是促进思想政治教育发展的新的动力源泉。于此而言，后现代性能够为思想政治教育发展提供的新的动力源泉，主要包括个性化发展、文化再诠释、综合性分析、打井式研究等。对此，我们可以展开进行以下分析：

第一，个性化发展。一直以来，思想政治教育领域内存在着的“一刀切”、“一锅端”等问题，备受世人诟病，甚至有人借此来质疑思想政治教育存在的合法性。后现代性注重差异性，将矛头指向了同一性问题。毋庸置疑，思想政治教育领域内存在的问题也成为后现代性第一时间进行批判的问题。那么，在后现代性语境中，思想政治教育注重完整把握每一个对

① ［英］怀特海：《教育的目的》，徐汝舟译，三联书店 2002 年版，第 146 页。

象、每一个问题的具体状况，并有针对性地展开思想政治教育活动。① 在这种语境下，思想政治教育能够对每一个对象、每一个问题的具体状态作出合理诊断，并针对性地提出对策建议，这必然能够大大提升教育的实效性，增强自身在社会中的存在感。

第二，文本再诠释。文本是人类进行交流的重要媒介。完整准确认识、理解文本，是提高交流效率的必备条件。无论是在传统语境中，还是现代性语境中，抑或是后现代性语境中，文本都是思想政治教育的最为重要的中介之一。现在的问题在于，传统与现代性语境中的思想政治教育主要依赖思想政治教育主体（如教师、领导干部等）对文本作出的解释、宣传、传播。原本，作者在他的文字中所表达的意思是清晰明确且始终一致的，人们只要理解作者的意图，就能够明白文本传递的内容。② 但现在，思想政治教育主体掌握了话语权，无论是文本的开放范围，还是对文本的意义获取的渠道，还是对文本的理解幅度，都因受限而变得非常狭窄。后现代性以一种骇人的口吻，提出了“主体死了”的命题，在极大程度上剥夺了思想政治教育权威主体的话语权，并将其放归于每个个体手中。每一个个体都有机会能够在阅读的过程中、在感悟的过程中、在学习的过程中、在工作的过程中，充分发挥主观能动性，理解、诠释文本。抛开对文本的随意、低效诠释的问题不谈，让每个个体都能掌握文本的诠释机会，或许能够让文本释放出更多的意想不到的能量，让文本在不断的实践检验中闪耀思想之光。

第三，结合性分析。我们知道，中医讲究不同药之间的相辅相成，任何一味药的变化、用药量的多少，都会引发药剂效用发生翻天覆地的变化。其实，中医用药中就蕴含着结合性的分析方式。世界上任何事物都有长处和短处，惟有找到另一种事物才能彼此取长补短，那么，这两者之间就能有机结合在一起，相互促进、共同发展、共享成果。这契合后现代性

---

① 《邓小平文选》第二卷，人民出版社 1994 年版，第 106 页。

② 王治河：《扑朔迷离的游戏》，社会科学文献出版社 1998 年版，第 209 页。

对差异性、全面性的诉求。这种结合性的分析方式实质上包含着三重含义：一是结合是把握若干待结合方的平衡；二是结合是寻找到结合的有效通道，将若干待结合方有机地嵌合在一起；三是结合并非是一次性的，而是持续不断、螺旋上升的过程。就此而言，结合性的分析方式能够在相当可观的范围内促进思想政治教育的发展。例如：前面提及的宏大叙事与微观叙事，思想政治教育若是能够将宏大叙事与微观叙事有机结合起来，那么，不仅能够为高大上的教育注入饱满的生活气息，从而化解空洞说教的尴尬，而且能够消解日常生活中的琐碎、平庸，在日常的琐碎小事中彰显使命感，从而最终促成孙迎光教授文中所谓的“有‘教育意义’的事件”。[①] 这种结合性的分析方式，能够对思想政治教育领域内诸多问题的解决（比如，理论与实践的结合）提供良好的启示，进而促进现代思想政治教育的发展。

第四，打井式研究。目前，思想政治教育发展的一个突出问题在于：思想政治教育领域内的很多问题遭逢浅尝辄止的尴尬境遇，很少有人能长时间停留在一个问题上，开展打井式的研究。这可能与学术界的浮躁心态有很大的联系。在这个看成果的时代里，许多研究者关注的是对于问题的研究能否快速出成果、发文章，而不去关注自身怀揣的学术理想和背负的学术使命。如此这般，就出现了一种奇怪的“候鸟式”研究现象：哪个议题新，就去研究哪个，哪个议题热，就去研究哪个。随着后现代性的生长发育，研究者们开始重新审视成果与学术研究之间的关系，不再以论文论英雄，转而以真才实学论英雄。在这样的氛围下，思想政治教育将会迎来打井式研究的春天，会有更多的研究者甘愿坐“冷板凳”，从事基础理论问题的研究，推进思想政治教育的整体发展。

① 孙迎光：《马克思的总体性思想：开启当代教育问题域的哲学视野》，《南京社会科学》2012 年第 2 期。

后现代性天生有两副面孔，一副是流行时尚的，一副是反思批判的。通过全球化、信息科技革命，后现代性理论话语登陆中国并捷足先登逐渐占据流行时尚。在现代性主导的中国现代化社会却呈现出一系列后现代性特征，如主张去中心、去权威，倡导多样性、差异性、不确定性等。后现代性流行的过程也是对现代性主张的逻各斯中心主义、主体性、理性精神、同一性、绝对真理的反思、诘难、批判的开始。这种复杂纠葛、矛盾丛生的现实社会状况对思想政治教育产生双重影响。新时代的思想政治教育站在一个历史的“十字路口”。一方面，伴随“后发赶超型”中国社会现代化进程，思想政治教育也大踏步奔走在快速发展的现代化之路上，在此过程中思想政治教育获得“现代性”并能动指导思想政治教育从传统向现代转型；另一方面，伴随“后现代性”在思想文化、休闲娱乐以及大众消费领域的“强势入侵”，后现代性与社会转型期并存共生的传统性、现代性一起构成“三性叠加”历时共存的局面。三者的矛盾共生深刻反映了社会的结构性矛盾和不平衡状态，这也映射在思想政治教育领域。后现代性语境下，思想政治教育现代性虽然已经建构，但尚未发展充分，却在后现代性“解构”潮流下已然呈现出一系列现代性矛盾。正是在这种“隐忧与风险杂陈”的特殊现代性发展困境与现实境遇下，以化解“发展危机”为旨归的“思想政治教育转型与超越研究”的课题跃然而出。

立足哲学思维方式辩证剖析后现代性与思想政治教育的互动机理是深入探究“后现代性语境下思想政治教育转型与超越”主题的前提基础和必要条件。从马克思主义哲学“关系”维度分析，后现代性与思想政治教育存在紧密联系、辩证统一的关系，主要体现在三个层面：一是互相关联层面，主要指两者结构要素间的“互洽”。具体表征为后现代性思维与思想政治教育理念的互启，后现代性价值与思想政治教育价值的交汇，后现代性矛盾与思想政治教育矛盾的互通，后现代性方法与思想政治教育方法的互鉴，后现代性话语与思想政治教育话语的互嵌。二是互相进入层面，主要指两者系统的“交融”。具体表征为后现代性与思想政治教育的知识系统交会、学科系统交叉，后现代性与思想政治教育实践系统的交互。三是互相作用层面，主要指两者在信息传输、系统控制、组织反馈环节产生的“结构运行变化”。具体表征为后现代性与思想政治教育系统间的信息传输，后现代性与思想政治教育系统间的组织控制以及后现代性与思想政治教育系统的交流反馈。从哲学系统思维透视后现代性与思想政治教育的互动机理才能更清晰、精准地把握两者之间的相互影响，为阐释后现代性“双刃剑”效应对现代思想政治教育发展带来的机遇与挑战提供思维框架与机理深度。

后现代性具有多重面相，其对现代思想政治教育发展的影响是一体两面的，一面是“天使”，一面是“魔鬼”，着实让人又“爱”又“恨”。后现代性是思想政治教育现代化过程中绕不开来的语境。后现代性的负面价值带来许多在现行知识体系指导下难以回答、难以解决的思想政治教育实践难题。这些负面效应突出体现在消解中心化、分化主导性以及虚无价值性三个层面。第一个层面具体表征为后现代性对思想政治教育主客体关系的冲击，主要包括后现代性贬抑了思想政治教育主体性力量、模糊了思想政治教育主客体关系，增加了教育过程中的不确定因素；第二个层面具体表征为后现代性对思想政治教育核心功能的挑战，主要包括后现代性理念对思想政治教育的存续合法性提出了挑战，后现代性倡导的价值多元化消解思想政治教育意识形态功能的主导能力，后现代性崇尚的散漫的心态削弱思想政治教育人文认知功能的进取程度；第三个层面具体表征为后现代性对思想政治教育价值目标的模糊化，主要包括后现代性通过对确定性价值目标的怀疑、即时性价值目标的述说倡导，从而使得思想政治教育价值目标的核心要义以被动的形式被抽离出去。足见，后现代性形成的挑战之大，一定程度上已经加剧了思想政治教育的现代性危机。后现代性也为现代思想政治教育发展带来巨大机遇，赋予新思维、提供新元素、成为新动力。这些有益启示集中体现在视窗获得、思维创新、动力支持三个层面。一是后现代性从“框架获取”维度为思想政治教育发展勾勒了新的沟通视阈。具体表征为后现代性促使思想政治教育价值目标的重新设定、主客体的多元互动、内容体系的迭代更新、活动秩序的持续调整、评价机制的全面发展，周边环境的动态营造。二是后现代性从“思维创新”维度为思想政治教育发展提供了新理念。具体表征为后现代性启示下思想政治教育“反思—批判—解构”意识的形成，思想政治教育“主体间性”理论生成，思想政治教育过程关注非理性因素、重视微观叙事以及生成性思维的养成。三是后现代性从“动力支持”维度为思想政治教育发展提供了新的动力载体。具体表征为，后现代性哲学对于正确认识后现代性与现代性的矛盾，科学阐释后现代性对现代性的反思、批判与超越，都提供了一种全新的动力。这种新的动力成为现代思想政治教育发展中趋向于个性化发展、文本再诠释、综合性分析以及打井式研究的理论源泉。因此，后现代性也为思想政治教育发展提供了巨大机遇。后现代性提供的新元素、新方式，对形而上学思维的纠偏、提供新的评价标准以及后现代性对“理性吊诡”的超越等，都在一定程度上为思想政治教育的“合法性危机”、“合理性危机”的解决提供了有益启示与行动方案。

新时代，中国特色社会主义处在新的历史方位，思想政治教育也在后现代性语境下遭遇到了新的矛盾，显露出许多现代性的隐忧和风险。矛盾也是思想政治教育发展的根本动力。后现代性对思想政治教育的双重影响并不可怕，也是思想政治教育现代化过程中的必然境遇。当前，我们要做的不是预防影响，“双刃剑”已经“出鞘”，避无可避，关键是对待双重影响的态度，即如何“趋利避害”、“扬长避短”，提出可行性的“拆解招式”与可能性的“制胜方案”。从哲学系统思维出发去“反思”或许可为我们提供一条新的路径。系统分析有助于我们摆脱传统、狭隘、片面的“钟摆式”线性思维，从本质上把握现代思想政治教育发展中“系统与要素、结构与功能、系统与环境、控制与反馈等之间的相互联系和辩证关系”[1]。系统思维有助于直观、清晰地把握后现代性与思想政治教育之间的“结构联动”，从而在反思中认真审视后现代性语境下思想政治教育发展的“现代性隐忧”，为探寻适应新时代需要的思想政治教育发展路径提供必要条件。

① 陈华洲、赵耀:《美好生活视域下思想政治教育的现代转型》,《思想教育研究》2018年第11期。

第三章　思想政治教育的现代性隐忧

善于在危机中育新机、于变局中开新局。①

——习近平

“忧患意识是中华民族的一个重要精神特质。”②历史和现实一再证明，秉持化危为机的辩证思维是中华民族复兴之路上战胜风险挑战的法宝。党的二十大报告强调，要以中国式现代化全面推进中华民族伟大复兴。③全面建设社会主义现代化国家，必须增强居安思危的忧患意识，发挥历史主动精神防范各种风险挑战，善于在危机中育新机，才能战胜一切困难，最终实现中华民族伟大复兴的中国梦。物质富足、精神富有是社会主义现代化的根本要求。思想政治教育隶属社会文化子系统，具有凝聚社会共识、引领思想价值、铸魂育人的重要功能，是保证政治统治、促进物质文明、守护精神家园，实现人的全面发展和社会现代化的精神支撑。中国式现代化的道路也伴随着思想政治教育现代化的进程，始自 1978 年的改革开放不仅是中国社会主义现代化建设的开端，也是划分传统思想政治教育与现代思想政治教育的分水岭。现代思想政治发展的终极目标是思想政治教育现代化，这一进程也是充满挑战，危与机同生共存。

---

① 《习近平谈治国理政》第四卷，外文出版社 2022 年版，第 183 页。

② 《总体国家安全观学习纲要》，学习出版社、人民出版社 2022 年版，第 128 页。

③ 习近平：《高举中国特色社会主义伟大旗帜　为全面建设社会主义现代化国家而团结奋斗——在中国共产党第二十次全国代表大会上的报告》，人民出版社 2022 年版，第 33 页。

马克思主义唯物辩证法的观点认为，任何事物的发展道路都不是一帆风顺的，总是在曲折中螺旋式上升，思想政治教育现代性的生成与构建同样如此。一方面，社会现代化的历史进程中内生出标识现代精神气度的现代性，现代化的发展带来现代性的增长。思想政治教育现代性是在思想政治教育现代化的进程中不断获取的，并成为推动现代思想政治教育发展的重要精神力量；另一方面，现代性的增长伴随着现代性的风险与隐忧，这是一体两面的矛盾统一体。马克思主义运用辩证否定的方法，反思性批判现代性，展示了现代性理想、信仰的重建。马克思现代性批判理论通过对现实社会实践的考察，以现代性意识为中心，对资本主义生产关系进行总体性批判，在剖析“商品拜物教”、批判“资本逻辑”中提出超越“资本主义私有制”的共产主义理想，这对于中国社会现代性的构建具有重要指导意义。同样反思现代性隐忧的还有脱胎于现代性母胎的后现代性，后现代性为我们提供了一种重新审视与思考现代世界的维度。后现代性反对现代性推崇的理性、同一性、普遍主义，将崇尚非理性、追求多元性、强调相对主义作为自身的最为本质的哲学信条。循此思路，在后现代性语境下考察社会现代化进程中思想政治教育的发展状况，揭示问题、寻求真理，有助于辩证地分析思想政治教育现代化的状态，更好地实现思想政治教育现代性本身所具有的价值。因此，研究思想政治教育现代性的隐忧，实质上是从外部宏观角度探索思想政治教育为何现代转型的原因，从而为思想政治教育现代性的构建与超越提供理论依据，进而为思想政治教育在现代转型中实现现代化的路径奠定坚实基础。一言以蔽之，关照人的精神世界的思想政治教育系统在发展创新中也需要增强忧患意识，科学预见并防范化解风险，维护文化安全。思想政治教育的现代性隐忧主要体现在思想政治教育现代化过程中出现的现代性问题，如因对主体性、理性、普遍主义等现代性特质的过度强调而产生的误读，从而走向了对立面，产生了现代性的悖论，主要表现为主体性思想政治教育的现实审思，工具理性主导下思想政治教育存在的偏差、普遍主义视域下思想政治教育面对的内在张力等。

一、主体性思想政治教育的现实审思

主体性是现代性的灵魂和核心原则。因此，要理解主体性隐忧，必须从考察主体性开始。现代社会的哲学根基是主体性哲学，“我思主体”的确立将个体的主体性提高到无以复加的位置。美国学者弗莱德·R.多尔迈系统阐述了现代主体性的特点：一是以自我为中心的占有性个人主义；二是不包含主体间性的单独的主体性；三是以统治自然为目标的人类中心主义。[①] 主体性哲学充分肯定了人的自主性、能动性与创造性，适应了现代社会对人的需求。但是，它基于对张扬的个体主体性的极致崇拜，往往放大了主体性的利己倾向，过分突出个体独占而忽视整体共享，最终走向“主体性的黄昏”[②]。马克思主义人性论摒弃了西方传统人性论的本体论视野，以“现实的个人”为出发点，引入实践的观点来理解人性的根本原则，主张人性、人的本质、主体性是有机统一的整体。这为主体性思想政治教育的发展奠定了理论基础。

20世纪80年代，中国学界形成研究人的主体性的热潮，并对学科建设产生深远影响，1984年思想政治教育作为一门学科正式确立，主体性思想政治教育应运而生。所谓主体性思想政治教育就是指主体与客体在其对象性活动中所表现出来的创造性、能动性和自主性[③]，其中既包括教育者主体，也包括受教育者主体。主体性思想政治教育是对传统思想政治教育的继承、发展与创新，在中国思想政治教育史上具有重要的历史功绩。历史审视，主体性思想政治教育确立了教育者的主体地位，探索出基于人的本质的一系列思想政治教育规律和方法，推动了学科发展，促进了社会

---

① ［美］弗莱德·R.多迈尔：《主体性的黄昏》，万俊人译，广西师范大学出版社2013年版，第27—29页。

② ［美］弗莱德·R.多迈尔：《主体性的黄昏》，万俊人译，广西师范大学出版社2013年版，前言。

③ 万光侠等：《思想政治教育的人学基础》，人民出版社2006年版，第186—189页。

主义精神文明的现代化建设。但是，在社会现代化进程中，随着信息技术的飞速发展，人们的思想观念、生活方式、学习方式发生了巨大变化。个性化的表达、利己主义的物质追求、主客体身份壁垒的打破都使得主体性思想政治教育越来越注重受教育者主体性的彰显，教育重心也由“知识中心论”转变为“人本中心论”。在思想政治教育过程中，受教育者的主体性不断扩张，教育者面临着“去中心化”“去权威化”的挑战，冲击了思想政治教育的主导性与权威性，这与主体性思想政治教育的本真是相违背的。因此，需要我们对思想政治教育的主体性隐忧进行省思，具体体现在对思想政治教育的主体认知不清晰、教育过程把握不全面、教育实践活动理解不透彻等现实问题。

（一）对思想政治教育主体的认知不清

现代社会条件下的主体性虽然克服了传统社会中单一主体的弊端，聚焦人作为活动主体的质的规定性。但是，究其根本，现代性中的主体性是主客二分关系中的主体性，具有形塑占有性人格、物化客体的局限性。受此影响，主体性思想政治教育在发展过程中产生了自身逻辑上的缺陷，出现了认知不清的现实问题：无限提升思想政治教育主体地位，产生了以谁为中心的疑惑，保持着对教育者与受教育者身份关系的思维定势，出现了对主体交往模式的误解。

1. 对思想政治教育主体地位的拔高

实现人的全面发展是思想政治教育的终极价值目标。因此，现代思想政治教育重视人、关心人、引导人、教育人、帮助人。现代性“人本性”理念的普及化，决定了在主体性思想政治教育过程中尊重受教育者的主体性与人本性是必要的。但在现实中，主体性思想政治教育为贯彻落实“以人为本”教育理念而存在过度拔高受教育者主体地位的倾向，在思想政治教育过程中处处以受教育者为中心，甚至出现“迎合”受教育者的不良现象，这与马克思主义人性论强调的“现实的个人”所彰显的人的主体性是不相符的。马克思指出：“人的本质并不是单个人所固有的抽象物，在其现实性上，是一切社会关系的总和。”[①]这决定了人的主体性不仅表现在人与人的主体性上，还表现在人与自然、人与社会、人与类主体的主体性上。反观现代性进程，受教育者的主体性还局限于主体性思想政治教育中人与人之间的主体性，即何为主体的问题，而没有凸显主体性的丰富内涵。再者，主体性思想政治教育中对受教育者主体性的尊重与认可，不是对教育者主体地位的冲击与教育者主导权的弱化，而是对作为现实的个人的受教育者的学习自主性、能动性、积极性的挖掘与发挥，所要培养的是能正确处理人与人、人与自然、人与类主体之间复杂关系的有用人才。因而，凸显受教育者的主体地位，不是主体性思想政治教育育人目标的根本所在。2019 年习近平在学校思想政治理论课教师座谈会上的讲话中指出："办好思想政治理论课，关键在教师"[②]，"要坚持主导性和主体性相统一，思政课教学离不开教师的主导，同时要加大对学生的认知规律和接受特点的研究，发挥学生主体性作用"[③]。由此可见，现代性进程中对受教育者主体地位的无限拔高是与社会发展需要、教育发展实际不相符的。

2. 对思想政治教育主客体关系的对调

现代性社会，因对主体认知不清而产生的思想政治教育的主体性隐忧还体现在对于主客体关系的对调，从而在思想政治教育实践中出现“以谁为中心”的疑虑。现代思想政治教育中的主体既包含教育者主体，又包含受教育者主体，其中教育者主体是主导主体，把控全局，受教育者主体是活动主体，要完成既定育人目标两者缺一不可。但是在后现代性语境下，主体性思想政治教育在主客体关系的定位上有了新的发展趋向，表征为教育者主体与受教育者主体的身份关系的对调。这是因为智能社会，大数据、新媒体、信息技术的发展，降低了主体的“身份门槛”，打破了主客体的身份壁垒，受教育者获取知识、信息更加便捷，成为可以随时拥有麦克风的“发声者”。在网络虚拟空间，教育者主体不再是学习过程中唯

① 《马克思恩格斯文集》第 1 卷，人民出版社 2009 年版，第 501 页。

② 《习近平重要讲话单行本（2020 年合刊本）》，人民出版社 2021 年版，第 282 页。

③ 《习近平谈治国理政》第三卷，外文出版社 2020 年版，第 331 页。

一的知识主导者、提供者和传播者，甚至因信息的不对称与“不在场”出现“失声”、“失语”的现象。借助网络虚拟空间，受教育者可以获取比教育者主体所讲授的更全、更多的知识，对教育者主体讲授知识的认可度降低、对所学知识内化于心、外化于行的自觉性减弱，教育者在思想政治教育过程中的主导性被淡化，受教育者的主体性地位越来越凸显，愈发彰显自我教育的主导性，而教育者主体从主导主体变为从属主体，其所选取的教育内容、教育方法都需要围绕着受教育者主体开展，在思想政治教育过程中的积极性、主动性、创造性得不到应有的尊重与发挥。这表面上弥合了主体性思想政治教育中主客体关系地位的不平等，实质上却取消了思想政治教育的本质要求。思想政治教育是主流意识形态灌输与教化的主渠道，具有鲜明的政治性，这就要求教育者主体必须具备坚定的政治立场与崇高的政治素养，要让有信仰的人讲信仰。而受教育者主体大多是网络原住民，对鱼龙混杂的海量化信息的辨别度不高，以及自身价值观还不成熟，极易受不良社会思潮的影响，发挥错误的主体导向作用，损害思想政治教育效果。因此，现代思想政治教育过程中的主导主体的身份地位不能随意对调，否则会产生严重的后果。

3. 对思想政治教育主体交往模式的误解

主体性思想政治教育中教育者主体与受教育者主休之间的交往模式是主体间的双向互动模式。但在现代性进程中，随着受教育者主体地位的不断拔高及其获取知识自主性、能动性的提升，使得其对教育者主体的知识需求、依赖性减弱，主体间的双向互动模式被边缘化，代之以多向的主体际交往。以受教育者为主体的单向度的“我”与“我”之间的思想政治教育主体交往模式越发盛行，教育者主体仅仅参与其中，而不是交往模式的发起者、组织者，有时还会将教育者置于可有可无的境地，这种一方独大的思想政治教育单一主体交往模式并不是主体性思想政治教育的初衷。主体性思想政治教育是特殊的社会实践活动，其教育主体、教育对象都是活生生的、现实的人，离不开人与人之间的交往，而且是异质性主体间的交往，即主体不是单一的、孤立的主体，因而交往也必须是以多主体的共在为前提的。也就是说，思想政治教育模式中交往是以不同主体的存在为前提的，纯粹的同质主体之间的交往是不存在的。正如马克思所说："自然差别是他们在交换行为中的社会平等的前提，而且也是他们相互作为生产者出现的那种关系的前提。"① 同理，讲求主体间交往互动模式的主体性思想政治教育中的主体也是存在一定的区别的，正因如此，二者间的交往互动才得以实现。此外，马克思认为主体间的交往关系是以主体对客体的改造关系为前提和基础的，但他并没有用主客体关系来代替主体间的关系，他提出"人改造自然"和"人改造人"这两大哲学论点。由此不难发现，实践既是主体改造客体的对象性活动，也是主体塑造主体的社会交往活动。因而，主体性思想政治教育中既存在主体改造客体的对象性活动，因为教育者是德育过程的促动者、品德发展的指导者、道德理性的培养者和道德个性的发展者，② 受教育者品德修养的提升离不开教育者主导作用的发挥；也存在主体改造主体、主体塑造主体的主体间的社会交往活动，因为教育者、受教育者作为现实的人是相互交流、相互影响、相互制约的。所以，在现代性进程中，无论是提倡教育者改造教育对象的单向度灌输论的交往模式，还是追求受教育者主体性的孤立主体交往模式，都是不切实际的。

（二）对思想政治教育过程的把握不足

1. 主客体关系简化了复杂的中间环节

在思想政治教育学界，一直存在关于主客体关系的争论，提出了"单一主体论"、"双主体论"、"轮流主客体论"等。虽然各种"主体说"侧重点不同，但是，它们共同的基本框架都是主体与客体关系。从严格意义上讲，主体与客体关系应当是基于结构主义而建构出来的静态关系。同时，思想政治教育过程至少包含着教育者（主体）、受教育者（客体）、中间环

---

① 《马克思恩格斯选集》第 1 卷，人民出版社 2012 年版，第 139 页。

② 鲁杰、王逢贤：《德育新论》，江苏教育出版社 2000 年版，第 437 页。

节等要素。前述的主体与客体关系框架并不能完全概括思想政治教育的全过程，而是选择简化甚至是忽视了思想政治教育过程中的复杂中间环节，包括主体与主体及其与客体之间的社会交往关系、思想政治教育内化环节（内化机制、体验机制、体认机制、情境机制、固化机制）等，导致对思想政治教育过程的把握不足，具体教育过程中的呆板生硬问题不可避免。

具体而言，简化的教育中间环节导致“主—客”二分关系再次被激活，人与人之间的物化、对象化关系越来越凸显。一方面，教育者主体迫于教学压力的激增，常采用高效率、出厂式的“大水漫灌式”教育，往往不顾及受教育者的特殊性、教育过程的复杂性等因素，将受教育者视作知识的接收机与熔炉，一味地直接灌输，鲜少关注受教育者主体对于知识的内化程度与外用实效，同时也在一定程度上忽视了受教育者主体的情感需要；另一方面，受教育者主体迫于适应社会化大环境，对于教育者主体传播的知识选择默认与接收，进一步固化了受教育者主体“工具人”的角色。此种教育者主体与受教育者主体之间被认识、被改造的对象性的物化关系，再次加深了主体性思想政治教育主客二分的程度，导致在思想政治教育实践中仅将教育视作单纯的对象性活动过程，而没有视作主体与主体之间的社会交往活动过程。这种认知忽略了受教育者主体作为现实的个人，是有生命的集合体，除了外在社会价值的实现，还有个人内在情感需求与个人价值的满足，进而导致现实教育活动中道德教育、情感教育等非意识形态的教育减少，因此，极大地简化了主体性思想政治教育的复杂教育过程、多重教育环节以及对灵活多变教育方法的选择。实质上，主体性思想政治教育应跳出原有主客体关系的固化思维，不能为寻求教育环节的简化，而丢失了主体性思想政治教育的本元。

2. 思想政治教育呈现为纯粹的双向互动过程

主体性思想政治教育从根源上来看是处理社会关系的一种实践活动，而社会关系的两端是人，即主体性思想政治教育是以人为开端、以人为中心，以人为归宿的社会实践活动，这也就决定了人在思想政治教育过程中尤为关键。尊重人是主体性思想政治教育的本真所在。在现代社会，主体性思想政治教育在教育过程中对人的尊重表现为主体间纯粹的双向互动过程。可是，这种双向互动的交流模式具有即时性的特点，它并不能完全涵盖所有的思想政治教育过程。一般而言，思想政治教育不仅会发生在专门性的理论学习活动之中，还会发生在日常性的交流互动中，不仅会发生在即时性的面对面互动中，还会发生在跨越时空的互动中。总而言之，思想政治教育主体与客体之间的交流模式不再是简单的双向互动，而是更多地呈现为多场景、多时空切换的多元互动。这种仅仅将思想政治教育理解为纯粹的双向互动过程的做法，势必会导致思想政治教育过程中出现空白区域。

后现代性语境下，社会不确定因素增多，网络线上教育已逐步成为思想政治教育有效开展的常态化手段，虽然在一定程度上弥补了课堂教育的不足，貌似在技术上实现了教受双方突破时空的双向互动，但互动背后的教育效果值得考证。因为这个过程仅仅实现了主客体之间双向互动，而没有实现主体间知识的融会贯通与交流互动。而思想政治教育过程是一个教有所受、学有所成的教受双方交流对话的多向互动过程，是一个参与主体既要“说”也要“听”、在听与说的转化之间达成共识、实现知识的内化与外化相统一的过程。显然，主体性思想政治教育中的纯粹双向互动还停留在“我”与“你”互动的初级阶段，尚未进入到“我的知识”与“你的知识”的交往互动的高级阶段。

3. 未能洞彻思想政治教育过程的整体性

现代性所引起的现代社会的转型是一场全领域、多维度的总体性社会结构的转变过程，它不仅涉及政治、经济、文化、生活等层面的转变，也体现在价值层面的转型上。主体性思想政治教育是社会发展实践的产物，社会的现代性转型也决定了主体性思想政治教育的现代性转化，尤其是主体性思想政治教育中教育主体的价值转型表现得尤为典型。在原有的社会结构中，国家、社会、个人在思想传播、价值取向上体现出高度的一致性，思想政治教育所要做的就是对此类政治性思想进行自上而下、我说你听、我打你通的垂直式传播与灌输，是不需要解决其与社会之间的关系问题的。但在现代社会中，受现代性思潮的影响，社会结构的分化、多元、异质，也引发了价值思潮的多元化。人们价值追求的物质化、利益的分化以及思想观念的异质化和个人自由、个人权利意识、个人主体性的不断提升，作为价值主体的个人自由选择权越来越大，导致了主体性思想政治教育难以在此类人群中开展以主导性思想观念为主要内容的思想政治教育活动。同时思想政治教育是教育者和受教育者根据社会和自身发展需要，以正确的思想、政治、道德理论为指导，在适应和促进社会发展过程中，不断提高思想、政治、道德素质和促进全面发展的过程①，注重的是人品性修养的全面培养。而在现代性进程中，伴随着“现代性带来的日益滋长的经济主义、消费主义、拜金主义、物质主义、极端个人主义、功利主义等，从制度层面削弱了人们的批判超越性，人们忙碌于消费与权钱之间，公共道德被漠视，道德失范现象严重，存在主义的悲剧意识、生存的空虚感、孤独感成为人们精神生活的折射，现代人精神危机和潜在风险日益凸显”②，由此带来的就是现代性下主体思想政治教育过程中政治教育的困难与道德教育、价值观教育的“空场”，破坏了思想政治教育内容中元素的全面性与思想政治教育过程中环节的系统性。

（三）对思想政治教育实践活动的理解有限

所谓思想政治教育实践实质上就是思想政治教育主体与客体共同在场的、为实现思想政治教育目的的能动性活动过程。若从主客体关系角度而言，思想政治教育实践范围至少涵盖了教育者对受教育者、受教育者对教育者、教育者对教育者、教育者自身以及受教育者自身等实践环节。可是，反观主体性思想政治教育，它是建立在主客二分关系之上的思想政治教育形态，主要聚焦教育者对受教育者的实践活动，而对其他类型的实践

① 教育部思想政治工作司组编：《大学生思想政治教育理论与实践》，高等教育出版社2009年版，第2页。

② 侯勇、孙其昂：《论精神生活的现代性遭遇与超越之路》，《南京师范大学学报》（社会科学版）2010年第7期。

活动很少关注。这在极大程度上缩小了思想政治教育的实践范围，消解了思想政治教育的价值意义，降低了思想政治教育的现实效能。

1. 未能正确看待受教育者发起的思想政治教育实践活动

主体性思想政治教育主张教育者主体和受教育者主体双向互动的过程。循此逻辑，受教育者也是思想政治教育实践活动的主体，其所发起的思想政治教育活动不仅合理而且必要。因为受教育者主体是思想政治教育过程中最积极、最有生气、最富有活力的特殊群体，其所发起的思想政治教育实践活动也是满怀朝气、积极向上的，能激起更多朋辈群体的参与热情，切实做到对思想政治教育的内化于心与外化于行，提升思想政治教育的影响力与育人效果。同时，受教育者对于思想政治教育实践活动的发起，是受教育者自身主体性、能动性、创造性的显现，这也是主体性思想政治教育的价值所在。但在现代性社会中，存在对受教育者发起的思想政治教育实践活动的认识不到位的状况：其一，认为此类教育活动的娱乐化倾向重于教育化，弱化了实践活动的教育效果；其二，不够重视受教育者的主体地位，弱化了受教育者创办活动的认可度与影响力，以至对此类活动持可有可无的冷漠态度。殊不知，现代社会，受教育者所发起的思想政治教育活动不仅有专门的教育者做指导，还有专业的人士把关，受教育者发起的思想政治教育活动的科学性、实践性、教育性与育人性是不容置疑的。再者，受教者发起的活动具有目标设置的明确性、教育内容的特定性与时代性、教育方法的喜闻乐见性和生活化等优势，这也决定了其教育意义远远优于其他教育活动。因此，应摆正态度，正确认识受教育者发起的思想政治教育实践活动的地位和意义。

2. 还未足够重视教育者之间的思想政治教育实践活动

思想政治教育是以人的思想与行为作为作用对象的政治实践活动。人的思想与行为需要在各种类型的实践活动中获得提升。主体性思想政治教育是主客二分的思想政治教育，主张受教育者要接受教育者的教育与引导，其作用模式通常是教育者加诸于受教育者之上的作用，但却忽视了教育者自身的思想与行为亦是存在提升空间的，也需要接受教育与引导。现代性社会要求教育者必须保持开放的心态，定期加强学习，增加知识储备、提高思想素养、增强行为能力，从而提升自身境界，为受教育者带来更为丰富、更高水平的知识内容。为此，教育者可以向不同领域的教育者求教以拓展自身的知识体系，也可以向更高层次的教育者“取经”以提升自身的精神境界。可是，在主体性思想政治教育中，部分教育者始终保持封闭守旧心态，其自我提升计划往往流于形式，难有实质意义的推进。这进一步缩小了实践范围。对教育者之间的思想政治教育实践活动重视不够的原因主要有：一是因为受教育者主体性的凸显在一定程度上冲击了教育者的主导地位，教育者所主导的思想政治教育实践活动也受到一定的影响；二是教育者主体自身思维的固化认知，认为只要做好自身的思想政治教育实践活动就够了，导致现实中教育者与教育者之间的各自为营，教育者之间的思想政治教育实践活动难以落实。审视现代化进程，对教育者之间的思想政治教育实践活动的重视程度是不断递增的，尤其是党的十八大以来，党中央对思想政治工作的高度重视以及教育者在思想政治理论课中的重要地位决定了教育者之间的思想政治教育实践活动是必不可少的。“大思政课”教育理念的提出和“思政课程与课程思政”教育方案的落实，不仅拓宽了思想政治教育的宽度，增强了思想政治教育的影响力与辐射范围，也加强了思想政治教育者主体与其他学科教育主体沟通、交流、借鉴与融合，真正实现了思想政治教育的跨学科、多视域的融合，不同教育者主体之间的思想政治教育实践活动的开展频率增多。此外，“大中小幼思政课”一体化课程建设理念的提出，实现了同类教育主体之间的有效互动，集体备课制等的出现不仅优化了教育者主体之间的联系，也创新了教育者主体之间的思想政治教育实践活动形式。一系列实践活动的兴起，证实了教育者之间的思想政治教育实践活动的数量与其被重视程度是成正比的，但现实中的实践活动所带来的反响并不如预期的那样好，也就是说，对思想政治教育实践活动的重视重在实践活动的数量上，对其实践活动质量的提升还有待强化，唯有质量与数量并重，教育者主体之间的思想政治教育实践活动才能充满源头活水，呈现出星火燎原之势。

3. 尚未充分认识自我教育的思想政治教育实践活动

主体性思想政治教育是教育者和受教育者共同作用的过程，教育者和受教育者作为现实的个人是具有自主性、能动性、创造性的，因而具备自我教育的能力，也具备开展实践活动所需的素养。但在主体性思想政治教育中，教育者将自身以外的一切，包括受教育者，都视为客体，对这些客体进行占有、支配、改造，并为自己所用。从这一意义上讲，主体性思想政治教育主要关注的是教育者按照自己的理想模型，教育受教育者，而包括教育者自身、受教育者自身的自我教育实践环节并没有得到应有的重视，从而使得思想政治教育实践的范围进一步萎缩。

探索尚未充分认识自我教育的思想政治教育实践活动的原因：一是受教育者对自我教育的思想政治教育实践活动认识不足。主体性思想政治教育的提出，增强了受教育者的主体性，受教育者的自我意识不断提升，但受原有主客体身份关系的固化思维的影响，受教育者自我教育的自主性、能动性还有待提升，还处于对教育者主体的依附状态，因而受教育者开展自我教育的思想政治教育实践活动的主动性还有待增强。二是教育者自我教育的思想政治教育实践活动的落实性还有待深化。主体性思想政治教育强化了教育者的主体性、巩固了教育者的主导地位，教育者在理论认知上的先导性，使得其在一定程度上忽视了对自身思想政治教育实践活动的实践性。马克思主义哲学认为，实践是认识的基础，是认识的来源、目的、动力与标准，这就决定了教育者在思想政治教育中不仅要在理论上占主导地位，也要在自我教育的实践活动中抢占先机，确保知识获取的科学性、真理性，所以教育者要充分发挥在理论掌握与实践运用中的先导性。三是外部力量对教育者与受教育者自我教育的思想政治教育实践活动的认识不全面。在外部力量看来，教育者与受教育者处于同等位置，都是被塑造的教育对象，只是所塑造的教育对象的最终归途不同罢了，一个是使自己去塑造他人，一个是继续被塑造，以成为社会发展所需的合格人才，因而被视作教育对象的教育者与受教育者的自我教育在一定程度上被弱化，与之相应的自我教育的思想政治教育实践活动也得不到应有的承认与落实。此外，思想政治教育实践活动存在的价值还在于其能在实践中强化活动参与者的内在素养。

二、工具理性主导下思想政治教育存在的偏差

理性是现代性的价值来源之一，是现代性自我确证的重要依据。但现代理性在发展进程中走向了“价值理性与工具理性的分裂”，成为现代性隐忧的重要体现，消解现代性的“合理性”基础。立足后现代性语境审视工具理性，其具备以下基本特征：一是将理性视为工具，只关心手段的合理性与有效性，对外部对象具有预测和控制的基本旨趣。二是追求最佳方案、最佳手段、最佳效率，它最关心的是实用的目的，是“如何做”，而不关心“应当做什么”。三是工具理性导致人的物化和异化，个人被工具化，人成为物的工具。① 四是工具理性“把对美好生活的有意义的追求变成技巧和技术等问题”。② 在工具理性主导下，人们并不以价值作为行为的目的，而是以利益作为自己追求的目标。总之，“现代性使人变得越来越世俗化、越工具化，而世界的前景也就随之越来越堪忧。”③ 如此种种，在文化上，工具理性势必成为合理性的典范，道德与审美实践理性等价值理性形式的边缘化，会成为必然趋势；在社会中，在经济组织和国家面前，个人的位置日益边缘化。④ 一旦工具理性成为人的思维习性，就会迅速洇渗进社会的各个领域，对人类的社会生活带来诸多影响。身处现代性社会的思想政治教育也势必受到工具理性的影响，呈现出思想政治教育知

① 张苗：《工具理性视域下大学生思想政治教育现状分析》，《河北工业大学学报》（社会科学版）2011 年第 3 期。

② ［美］毕夏普：《社会科学哲学：导论》，王亚男译，科学出版社 2018 年版，第 84、92 页。

③ 陈嘉明：《现代性与后现代性十五讲》，北京大学出版社 2006 年版，第 342 页。

④ 汪行福：《走出时代的困境——哈贝马斯对现代性的反思》，上海社会科学院出版社 2000 年版，第 138 页。

识发展不够聚焦、价值理性不够彰显、目标不够明确等现实偏差。

（一）思想政治教育知识发展不够聚焦

知识是人类的认知现象，是认知主体将外界客观现象进行系统化、理论化提炼而出的主观范畴。“知识是人们在实践基础上产生的，能进行某种言说的，有关内部世界的认识、体验、活动操作等种族与个体的经验。”[①] 由此得出“知识是外部经验世界在人的主观世界的呈现，是人类理性认识的结晶。法国哲学家利奥塔尔对当代知识的存在状态有一个判断：一是知识的数据化。人工智能、大数据、区块链等信息技术的迅速发展，将知识转化为一系列的数据信息，这使得人们有机会对知识进行可感化乃至可视化的编辑、运用。二是知识的国际化。随着通信卫星的发展、互联网的联通，知识的生产效率、传播速度远超以往，知识的国际共享、共用成为了可能。知识的上述两种变化，最终不可避免地促使知识的商品化或者‘趋利化’，这就是知识的第三个变化。知识的‘唯利化’将对整个知识社会原有的价值秩序、结构关系带来极大的冲击。这种冲击必然会波及思想政治教育知识的发展。所谓思想政治教育知识是人们对于思想政治教育获得的主观认知范畴，用以指导思想政治教育活动的理性认知形式。”[②] 现代性工具理性主导下，思想政治教育知识发展呈现出重视“目的”取向、外显为“重形式轻内容”、被曲解为服务主体的工具等一系列偏差。

1. 思想政治教育知识发展具有重视“目的”取向

从思想政治教育的逻辑起点来看，思想政治教育是阶级社会维护自身统治的产物。“从发生学角度上说，工具理性思想政治教育是历史的产物，源于阶级社会的形成，作为统治阶级意识形态的‘教化’工具而

① 潘洪建：《什么是知识：教育学的界说》，《江苏大学学报》（高校研究版）2005 年第 1 期。

② 叶方兴：《论思想政治教育的知识生产》，《河海大学学报》（哲学社会科学版）2015 年第 17 期。

出现的。”① 思想政治教育价值阐明了思想政治教育存在的合理性，因此思想政治教育理论的发展与思想政治教育价值的发展不可分割。“生命线”论断是在社会主义革命和建设时期被提出，此时多用“生命线”“中心任务”等词语强调政治工作的重要性，用以突出思想政治教育的政治性和意识形态性的独特价值。随着思想政治教育价值的历史转型，研究范式从一元转向多元，传统“生命线”的观点吸收了学科话语的“功能论”和哲学层面的“价值论”，研究体系趋向多元化。思想政治教育知识的发展具有重视目的的取向，一方面表现为思想政治教育的政治性，其知识内容带有强烈的政治道德的色彩，具有目标崇高性与价值的理想性。工具理性下的思想政治教育强调思想政治教育的知识要为社会政治服务，“重视即时的泛政治论功效，而忽视了对社会物质文明的发展价值”②，一定程度上具有放大政治性功效的倾向，过多凸显思想政治教育的政治性功能，可能产生功利化的倾向，过分重视目的的达成，而不考虑其合理性；另一方面表现为思想政治教育研究体系多元化，其知识内容带有其他学科的特色。工具理性下的思想政治教育，学科之间的界限不够清晰，为了满足目的取向，在对其他学科的借鉴与交融中存在“借船出海”的嫌疑，例如：知识资源与学科范式的生搬硬套和强硬拼接，这既不利于思想政治教育知识的发展，也不利于思想政治教育学科的良性发展。

2. 思想政治教育知识外显为“重形式轻内容”

从思想政治教育发生学来看，思想政治教育既是统治阶级维护自身统治的需要，也是人的社会化的产物。马克思认为人是现实的人，也是“感性的活动”的人，是可以通过具体的实践活动和自然界、社会建立关系并发挥作用的人。从这一角度上来看，人的社会属性就是指人应当主动适应社会的需要，具有改造社会的能力。“思想政治教育发端于人更好地生存、

① 魏永强、郑大俊：《工具理性和价值理性思想政治教育分析》，《求实》2014 年第 9 期。
② 魏永强、郑大俊：《工具理性和价值理性思想政治教育分析》，《求实》2014 年第 9 期。

提高自己、发展自己的需要，因此，促进人自身在社会中生存和发展成为思想政治教育的本原目的。”[①]思想政治教育要满足社会化的需要，就要兼顾政治性和人文性。思想政治教育价值的历史转型中强调了思想政治教育要为政治服务的工具作用和意识形态的功能，逐步也转向重视人的社会化的发展、人的需要的满足和人的发展的实现问题，既要强调社会价值也要关注个体价值，具有科学性与合理性。但是，这是一种比较理想的状态，在工具理性主导下的思想政治教育具有重视形式的倾向，重手段、轻目的，重形式，轻内容。价值理性主导下的思想政治教育，具有知识化的特点。“思想政治教育知识化，使思想政治教育沦为智育的附庸，使思想政治教育与整个教育体系脱节，与生活世界剥离，甚至与教育主体拉开距离。”[②]思想政治教育知识的外显形态呈现为以下两方面：一方面，知识的布局脱离学校现实。例如，在一些高校的思想政治教育工作中，存在着注重做表面文章，不讲求实际内容和实际效果的形式主义倾向。活动虽然形式上大张旗鼓，但是以形式为目的，只求完成任务，而不考虑做的实际效果，不能贴近社会现实，也不能满足人的社会化需要；另一方面，表现为知识脱离学生实际。例如，思想政治理论课虽然引经据典，但是脱离受教育者的现实情况，没有内化为受教育者的知识素养，增强受教育者的情感认同，转化为学生的实际能力。有些思想政治教育活动形式新颖、内容丰富，但未能结合受教育的实际需要。综上，思想政治教育知识布局是一种动态发展的过程。若仅使用一种理论模型去形而上地规约，势必会扭曲思想政治教育知识布局的基本旨趣，偏离思想政治教育知识的生产与发展历程。

3. 思想政治教育知识被曲解为服务主体的工具

思想政治教育知识的产生、获取、发展与创新都离不开主体能动性的发挥，因此，从定位来看，思想政治教育知识归属于一定的思想政治教育主体。但随着工具理性的洇渗，知识从思想政治教育主体中脱离出来了，

---

① 张耀灿、曹清燕：《论马克思主义人学视野中思想政治教育的目的》，《马克思主义与现实》2007 年第 6 期。

② 魏永强、郑大俊：《工具理性和价值理性思想政治教育分析》，《求实》2014 年第 9 期。

退回到了外在于人的工具性位置，物化为一种工具性存在。此时，在思想政治教育主体眼中，思想政治教育知识只是一种服务自身的工具，而不是主体内在的观念性存在，失去了其作为一种研究人的思想行为问题的理论成果的价值意义。这种将思想政治教育知识曲解为服务主体的工具的现象，导致思想政治教育更为重视规训。“规训的具体方式就是讲授、讨论、实验、作业、考试、答辩、评分等一系列标准化的环节。规训是工具理性极度膨胀的结果，规训的特征在于技术化、标准化和规范化。”① 在工具理性指导下，一方面，思想政治教育知识的地位得不到正确的发挥。因规训的标准化和程序化不利于受教育者主体精神的充分彰显，在教学过程中，仅仅把受教育者对知识的掌握作为一种评判的指标，而对知识的属人本质与主体地位没有充分的认知。另一方面，思想政治教育知识与受教育者的关系未能得到正确的认识。工具理性主导下思想政治教育的内容具有既定的规范文本，重视内容的灌输，忽视了知识的内化，规训性质的程序化知识设置未能充分考虑受教育者的差异性，导致思想政治教育的实际效果大打折扣。

（二）思想政治教育价值理性不够彰显

思想政治教育价值是客体属性与主体需要之间的一种客观存在的主客体满足关系。② 建立在主客体关系基础上的思想政治教育价值既关涉价值尺度、价值目标和价值实现等本质性问题，又包括价值功能、形态等具体化内容。马克思主义哲学认为，主体需要的复杂性与客体属性的丰富性决定了价值形态的多样性。从价值构成而言，思想政治教育价值可分为目的价值和工具价值。思想政治教育以人为出发点和归宿点，其价值主体与客体都是人，人的价值从根本上说是目的性价值，与物的工具性价值存在本质区别。但受现代性工具理性影响，人被物化、异化了，突出人是手段的

---

① 魏永强、郑大俊：《工具理性和价值理性思想政治教育分析》，《求实》2014 年第 9 期。

② 温丽华：《思想政治教育本质的马克思主义发生学解释》，《江西理工大学学报》2017 年第 38 期。

一面。“偏重工具理性的人并不会考虑行为本身的价值，而是更加关注实践过程中所要达到的目标和手段是否有用。”[①]从后现代性反思工具理性的隐忧审视，思想政治教育现代化进程中也出现为追求最佳效益而淡化情感价值、模式化内容削弱情感体验、“唯技术”倾向弱化情感沟通效用等思想政治教育价值理性不够彰显的问题。

1. 效益化目标淡化了思想政治教育的情感价值

追求最佳效益是现代性推崇的工具理性的一个显著特征。“工具理性把手段的有效性置于首位，它追求工具的效率和各种行动方案的正确性，致力于提供一套达致目的的技术、工具、手段、程序、制度和机制，选择一种最佳方法和最优途径并由此带来操作和运行的最好效果。”[②]在工具理性主导下，人们的行为倾向于从预期的目的出发，一定程度上未能考量人的情感价值和精神需要，思想政治教育也出现道德价值与利益价值的冲突，表现为思想政治教育实践中为追求效益化目标，坚持“效率至上”，更关注现实的物质利益的生产与消费，更强调社会价值而个人价值不够凸显。思想政治教育价值实现主要从社会现实性的需要、国家与集体的整体利益方面考量，个人的主体性和情感诉求未能充分彰显。一方面，人是目的与手段的统一体，一味追求利益最大化的工具性价值，会造成人的意义的失落，出现理想信念缺失，道德迷失的现象；另一方面，依据个体的不同，思想政治教育价值分为个人价值和社会价值，两者的实现并不冲突，但是受现代性工具理性影响，思想政治教育将受教育者看成教育对象，而不是平等的价值主体，一切以培养符合一定社会道德规范的人这一社会价值目标出发，忽略了作为主体的受教育者内心的精神、交往需要，未能充分关注其精神世界是否充实、情感价值是否浓郁等思想政治教育情感价值。再一方面，有些思想政治工作中为了突出效益化目标，过度采用及时

① 周雨婷：《对思想政治教育中工具理性的批判与反思》，《西北成人教育学院学报》2015 年第 4 期。

② 刘珂珂、王彩云：《从工具理性和价值理性的统一谈思想政治教育的实效性》，《中国高等教育》2012 年第 17 期。

性、短期性教学方法，片面追求成效，忽视对受教育者的价值引领和品格塑造，导致受教育者在思想政治教育过程中处于被动接受信息的地位，未能积极主动吸收知识和交流思想，淡化了感情色彩。

2. 模式化内容削弱了思想政治教育的情感体验

“工具理性关注行为主体‘行’与‘不行’的操作能力，解决既定理性和目的‘如何可能’、‘怎样实现’的问题。”① 这导致思想政治教育内容呈现出单一化的特征，表现为内容为政治服务，具有强烈的意识形态性与政治性；思想政治教育内容偏重对知识的讲解，具有重视课本的倾向；思想政治教育内容倾向从固定形式展开，具有教条化、模式化的特点。思想政治教育内容强调对受教育者知识的传输和引导，侧重教学内容的认知和记忆，一定程度上忽视了对受教育者的情感教育、价值教育与个性化教育，导致重理论认知、轻情感认同，一定程度上影响“知情意行”的统一。此外，工具理性也影响着思想政治教育的教育模式及方法，教育者是知识的传授者，而受教育者作为知识的接受者，传受双方是单向传输的关系，教育方法大多采用灌输、理论讲授和谈心谈话的教育方法，缺乏对受教育者精神世界的关注和情感价值的挖掘，缺少了受教育者情感体验的认识和反馈以及对受教育者价值判断和价值选择的积极引导。在对受教育者的教育过程中，模式化的教育内容虽然在知识层面做到了层次渐进和提升发展，但是在思想层面却缺少层次性和连贯性，未能做到较好的衔接，忽视了受教育者的独特性和主体性，缺乏针对性教育。

3. 技术化倾向弱化了思想政治教育情感沟通效用

工具理性更强调现实的实践、技术和运行程序。工具理性的技术化倾向，使得人性难以彰显，个体价值很难得到充分的发展，弱化了思想政治教育情感沟通效用。当今社会，大数据、区块链、智能算法、精准技术等新技术层出不穷，思想政治教育领域内的学者迎合新时代新需求，相继提

① 刘珂珂、王彩云：《从工具理性和价值理性的统一谈思想政治教育的实效性》，《中国高等教育》2012 年第 17 期。

出了大数据思想政治教育、区块链技术助力思想政治教育、精准思想政治教育、智能算法下的思想政治教育等诸多新论题。在教学方法上，随着慕课（M00C）的兴起，高校思想政治教育（思想政治理论课）纷纷采用线上教学的形式，以技术手段提升教学效果。但是，技术是冷冰冰的，缺乏温情的，过于重视新兴技术对思想政治教育的价值，急于以新兴技术取代传统的教学形式，会导致思想政治教育人文色彩受到削弱，在某种程度上消解了思想政治教育作为思想情感交流渠道的意义与价值。马克思现代性批判理论运用阶级分析方法，剖析了资本主义社会因科技理性的过度张扬而导致人的"异化"现象。科技是一柄"双刃剑"，在促进生产力发展，实现物质富足的同时，也削弱了人的精神性和社会的价值尺度。科技文化也影响和渗透着思想政治教育的知性化，知性思想政治教育将思想政治教育过程视为简单知识灌输的过程。技术化倾向下，思想政治教育更重视对技术手段、新媒体的使用，教育者忽视了与受教育者的情感沟通与对话，思想政治教育越来越变成道德观念原则的灌输。思想政治教育的主要教学方式是以课堂情景互动实现师生间的情感交流，面对面地调动每一位学生的交流积极性，"呵护"每一位学生有可能冒出的思想火花。从某种意义上讲，这便是思想政治教育的珍贵所在。① 可是，无限度地放大信息技术的效用，以技术工具、大数据去评判思想政治教育过程中的所有环节，甚至是基于师生互动的情感，则矫枉过正了，这势必会隔断师生之间、生生之间的思想政治教育情感交流。

（三）思想政治教育目标不够明确

思想政治教育目标是开展思想政治教育活动的最终归宿，其性质、表现形式会对思想政治教育这一社会实践活动产生深远的影响。随着现代社会对工具理性日益高扬，思想政治教育目标表现出一定程度的功利化倾

① 金林南：《思想政治教育学科范式的哲学沉思》，江苏人民出版社2013年版，第311—312页。

向，诸如重视目标的规范维度而不重视目标的价值维度、重视党和国家的需要而不重视受教育者的个性诉求、重视目标设置而不重视目标更新等。

1. 重视目标的规范维度而不重视目标的价值维度

现代性工具理性影响下，思想政治教育培养目标过于注重规范维度会导致目标发展预成，目标结果模板化的后果。一方面，从目标的设定看，党和国家的教育方针向来是思想政治教育目标划定的重要依据。当前，思想政治教育要坚持为党育人、为国育才的教育方针，“落实立德树人的根本任务，培养德智体美劳全面发展的社会主义建设者和接班人”①，是思想政治教育的根本目标。但在具体的思想政治教育实践中，部分教育者只重视以这一根本目标整齐划一地规范全部受教育者，而不重视因教育对象的层次性、异质性而产生的思想政治教育具体目标。针对政府工作人员、军人、学生、企业员工、农民工、快递员等不同身份的主体以及社会组织、团体等不同层次的教育对象，实质上，思想政治教育的具体目标体现出鲜明的价值维度。另一方面，从目标产生的实效看，教育者若遵循根本目标，制定统一规范、采用灌输等教学手段开展规范性教育，的确能让受教育者快速树立正确的政治立场、思想观念，朝着预设的方向成长。但是，这种“一刀切”的规范性教育过于关注结果导向，而忽视了受教育者政治认同、文化认同、自我认同的过程。思想政治教育是做人的工作，“全面发展的人”的终极目标以自我认同为前提，“接班人”的根本目标要求的思想政治素质为自我认同的形成发展提供保障，两者是辩证的有机统一。因此，工具理性强调目标规范结果，忽视目标的价值维度，不重视教育者的自我建构性和心理接受规律，造成个体认知与情感的脱节，导致消极地适应规范目标的要求，割裂了思想政治教育目标实现的整体过程。

2. 重视党和国家的需要而不重视受教育者的个性诉求

回顾思想政治教育学科设立的历史，思想政治教育一定程度上以中国

① 习近平：《高举中国特色社会主义伟大旗帜　为全面建设社会主义现代化国家而团结奋斗——在中国共产党第二十次全国代表大会上的报告》，人民出版社2022年版，第34页。

共产党思想政治教育的形态存在，通常是从党和国家的需要出发。在新中国成立初期，党和国家要求思想政治教育担负统一思想的使命；在改革开放时期，党和国家要求思想政治教育担负解放思想的使命。但在这一宏大的使命意识的影响下，受教育者的个性化诉求往往会被忽视，大大提升了打通思想政治教育“最后一公里”的难度。受现代性工具理性思维影响，思想政治教育过于关注社会化目标的达成，忽略受教育者的个体价值需求，在具体的思想政治工作中更多的是贯彻、落实、宣传、传播党和国家的方针政策，采用干预、引导、管理等方式，力求获得及时、快速、显性的教育效果，不利于激发个体积极性、主动性、创造性的激发，进而影响了思想政治教育功能的有效发挥。诚然，思想政治工作是中国共产党的优良传统和政治优势，为实现党的理想作出了重要历史贡献，思想政治教育目标重视党和国家的需要是十分必要的。但是，以人为本是党的思想政治工作的核心，思想政治教育要提高人们的思想道德素质，促进人的自由全面发展，激励人们为建设中国特色社会主义，最终实现共产主义而奋斗。① 这离不开受教育者主体意识、社会责任感、个体价值的发挥，若忽视受教育者精神世界的发展需求及思想实际，会使其自我教育的动力消解，造成思想政治教育精准性、亲和力的消弭。

3. 重视目标设置而不重视目标更新

思想政治教育目标设置涉及目标的科学定位②、目标的调整③、目标体系的构建④ 等论题，提前谋划目标设置方案，对于明确思想政治教育目标有着重要的意义与价值，但是思想政治教育目标与时俱进地调整同样重要。思想政治教育目标是一个有机系统，为保证目标的联系性、整体性，科学的目标管理是应有之义，是实现“既引领共性又不压抑个性”原则

① 陈万柏、张耀灿：《思想政治教育学原理》，高等教育出版社 2015 年版，第 79 页。

② 林开云、徐云兰：《试论军队思想政治教育目标的科学定位及实现》，《南京政治学院学报》2013 年第 3 期。

③ 韩丽颖、李忠军：《新时期大学生思想政治教育目标调整的若干思考》，《思想理论教育》2013 年第 17 期。

④ 赵达远、臧宏：《思想政治教育目标体系研究》，《思想教育研究》2016 年第 11 期。

的有力保障[①]。但工具理性主导下，思想政治教育在目标管理上重形式多于内容，重目标设置多于目标调整与完善。具体而言，一是目标的制定存在形式化倾向。目标的构建本应是个体系，根本目标取决于思想政治教育的根本性质和任务，占据支配地位，层次性、有特色的具体目标是根本目标的有力支撑。但在实际操作中，出现“上级下指标、下级提保证”的目标制定情况，目标凸显抽象性、宏观化，忽视目标规划的具体性、层次性和前瞻性。二是目标的实施墨守成规。思想政治教育目标按目标实现的时间分为近期目标、中期目标、长期目标，彼此相互制约、相互影响。但当下层次化的目标灵活性不足、时宜性不强。近期目标本应是当前社会与人的需要、当前预想效果的现实反映，但由于目标制定、执行、评估、反馈的程序过多、连贯性不够，导致近期目标变动生涩，滞缓了目标实施的进程。

三、普遍主义视域下思想政治教育面对的内在张力

现代思想政治教育发展中还面临着普遍主义视域下生成的内在张力问题。现代性的“普遍主义”原则往往表现为普遍的逻各斯、标准化逻辑、普遍规律等，广泛存在于现代人的思维方式、行为准则以及现代社会的社会规范之中。陈嘉明从后现代性对理性的反思出发，指出：“对理性的最大诟病是在思维方式、或者说是在认识论上的，这表现在理性以‘普遍性’为其品格，不论在认识或道德方面，都先验地设定一种普遍主义的原则，认定原则的唯一性、普遍性，亦即主张一元论。”[②]在后现代主义学者看来，“普遍主义”在认识论上所表现出来的看待客观世界的方式是与客观世界的真实本质相矛盾的。这是因为任何人与事物都拥有自身的独特属

① 董海浪：《大学生思想政治教育目标管理机制构建》，《学校党建与思想教育》2009年第22期。

② 陈嘉明：《现代性与后现代性十五讲》，北京大学出版社2006年版，第315页。

性以及变化性，从某种意义上讲，广泛的差异性构成了这个纷繁复杂的大千世界。若是以“普遍主义”为准绳，来理解客观世界，那么，势必会出现一元性压抑多元性、普遍性压抑特殊性的问题。现代社会，“普遍主义”所蕴含的思维方式广布于我们的生活态度、认知习性之中。在日常生活中，我们更愿意生活于稳定有序的社会环境之中，承继祖辈的生活经验、规则去认识世界和改造世界，从而在最大限度上保证自己的生活秩序与品质。“普遍主义”的核心价值信条就是坚信凡是合乎理性的规则都能普遍适用、推而广之。在“普遍主义”的渗透式影响下，思想政治教育出现学科边界淡化、核心功能弱化、内容整合杂糅、话语表达失准等现代性张力问题，超出合理性范围的普遍性消解了多元差异性，容易引发思想政治教育存续正当性的忧虑。

（一）思想政治教育学科边界淡化

自 1984 年思想政治教育学科产生以来，思想政治教育取得了长足进步，但在现代性“普遍主义”原则影响下，思想政治教育在学科知识的专业性、研究方法的契合度、学科属性定位的明晰化等方面出现边界不清的问题，导致研究范围的宽泛、人员学科背景复杂等状况。

1. 思想政治教育学科知识不够专业

每一门学科都拥有自己的专属学科边界，学科知识是思想政治教育与其他学科划清界限的最直观表征，是学科边界清晰的凭证。思想政治教育学科知识分为本体性知识、实践性知识、条件性知识三种类型，其中本体性知识居于统摄地位。但受“普遍主义”思维影响，本体性知识缺少确切的界定，专业特质不强，成为学科知识边界不清的根源。一方面，研究范围和内容渐趋宽泛。一般来说，一门学科知识是相对固定的，但因思想政治教育学科与时势政策保持着亦步亦趋的关系，时刻关注社会热点问题，学科门槛无形中被降低了，使自身的研究论域变得无比宽泛。道德教育、心理教育、法制教育、生态教育、生命教育、社会建设、政治文化、行政管理等都被纳入研究范围，知识边界的模糊导致现实研究中“借船出海”的现象。有学者对2000—2009年全国的306篇思想政治教育学科博士学位论文进行了分析，发现有近三分之一的论文的学科知识的归属是模糊的。另一方面，元理论研究不够，核心要素规范性不强。基础理论与核心范畴是学科知识专业性的重要标识，但在实际研究中，聚焦学科热点的研究多，深耕元理论的研究少，这导致核心要素的界定出现争议和偏差。学科知识的生产停留在浅表层，本体性知识的概念不清、范畴不明，不能有效解决人们关于“思想政治教育是什么、不是什么”的疑虑，不能明确回答原理与教育史的关联，未能准确把握与马克思主义理论其他二级学科、与相关学科的知识逻辑，影响实践性知识和条件性知识的专业性分工与持续发展。

2. 思想政治教育学科方法论不够契合

思想政治教育知识生产需要与学科高度契合的方法论来激活。准确得当的方法论能保证学科独立，是学科边界清晰的动力。当前学界方法论意识的缺乏制约着专业性知识的生产和创造，框住了学科守住边界“底线”与“红线”的发展方向。学科方法论包括研究对象的选择和研究方法的运用。一方面，研究对象的厘定是学科专业化发展的基础，能准确展现思想政治教育学科独特的思维模式。但现实中往往出现套用马克思主义理论、政治学、伦理学等学科对于研究对象界定的方法，从而消解了思想政治教育学的内在规定性和专属性；另一方面，在“普遍主义”加持下，思想政治教育学科因研究版图的持续拓展，需要借鉴其他学科、或者采用学科交叉研究的方法论。学科方法论的借鉴本无可厚非，但在现实研究中，无论是哲学社会科学的方法，人文社会科学的方法，还是自然科学的方法，都被视作思想政治教育学科方法论，出现研究方法的简单移植、随意借鉴、机械套用等现象，虽然新的研究方法为思想政治教育的创新带来了生机，但却使学科知识生产的准确性、科学性、专业性大打折扣。由于学科本位意识的淡薄，分散的研究对象和不契合的研究方法致使学科“往何处去”的问题不能达成共识，滞缓了学科建造独立方法论堡垒的进程。

3. 思想政治教育学科定位不够明晰

鲜明的学科属性是学科边界清晰的前提。思想政治教育包括意识形态性、文化性、科学性等属性，定位不清会影响学科的运行和作用的发挥。其一，多元的学科研究范式模糊了学科定位。传统研究范式认为思想政治教育属于教育学科，沿袭教育学原理，拔高德育的效用，学科特性理解浅层化；文化研究范式认为思想政治教育属于人文学科，以人为对象；综合研究范式认为思想政治教育是应用性学科，兼具人文性与科学性等。不同的学科定位呈现不同的学科属性，不恰当的定位会产生学科属性与本质情况的冲突，夸大思想政治教育的功能、内容、范围。其二，对学科本质属性的界定不明导致边界淡化。思想政治教育承担着国家意识形态教育的政治使命，但学界存在着思想政治教育学科本质属性是意识形态性还是思想文化性的定位争议。一种误区是过分强调政治性，简单将思想政治教育等同政治教育，视思想政治教育为贯彻社会主义意识形态的唯一出口，政治性话语代替学术性话语，受教育者沦为抽象的政治人，遮蔽了学科的其他特性，造成学科边界的封闭与狭隘；另一种误区是过分强调思想文化性，不加辨别引进西方思想，主张用公民教育取代思想政治教育、日常教学中忽视思想政治教育巩固政权、引领价值、凝聚共识的意识形态功能。

（二）思想政治教育核心功能弱化

任何一门学科具备的功能都是有限的，思想政治教育也不是“无所不能”的。正确认识与限定功能对思想政治教育的创新发展举足轻重。思想政治教育与主流意识形态密不可分。意识形态性是思想政治教育最本质的特征，思想政治教育的核心功能就在于传播社会的主流意识形态，使最大多数社会成员认同主流意识形态。① 但是，受现代性“普遍主义”思维影响，思想政治教育现代化进程中出现盲目扩张理论版图、学科格局，进而无限夸大思想政治教育功能的现象，最为典型的表现就在于夸大思想政治教育

① 孙英：《论思想政治教育功能与主流意识形态传播》，《湖北社会科学》2014 年第 4 期。

在文明建设、社会治理、人格塑造中的功能。[①] 这种思想政治教育功能的细化拓展、价值挖掘与作用夸大现象导致其核心功能的相对式微。

1. 多元价值冲击核心功能

思想政治教育作为一种凝聚共识、传递价值导向的实践活动，其对人的知、情、意、信、行各方面产生重要的影响，对引导人们树立正确的世界观、人生观、价值观具有重要作用。现代性社会多元社会思潮相互激荡、多元价值并存共生，带来社会思想观念的深刻变化，冲击着主流意识形态的领导权、话语权、管理权。在此背景下，一方面为满足社会发展需求，思想政治教育被挖掘出经济价值、政治价值、生态价值、人文价值等，形成了思想政治教育经济功能、政治功能、生态功能、文化功能等。多元价值需要形成了丰富的思想政治教育功能，相形之下，分散了思想政治教育核心功能的重要作用，不利于思想政治教育意识形态功能在实践中的彰显。另一方面，思想政治教育活动是为了引导受教育者使其行为符合社会发展规范的活动，但片面夸大思想政治教育的社会功能、育人功能，则会因功能过载引发思想政治教育功能合法性、正当性的质疑，从而削弱其意识形态功能的发挥。例如，越来越多的学者关注到思想政治教育在社会治理中的功能与价值，提出了国家治理现代化格局中的思想政治教育[②]、思想政治教育与社会治理融合[③]、思想政治教育社会治理[④]、思想政治教育治理[⑤] 等论题。这本身彰显了思想政治教育的价值，是个可喜的研究动态。但在“普遍主义”的影响下，一些研究将思想政治教育视为社会治理中的主导力量，这就言过其实了。从本质上而言，思想政治教育应当是德治力量中的重要组成部分，是以潜在隐性方式为社会治理贡献智慧；

---

① 陈秉公：《思想政治教育学原理》，高等教育出版社 2006 年版，第 73—79 页。

② 邓海龙、徐国亮：《国家治理现代化视域下思想政治教育效能的理论意涵与提升路径》，《思想教育研究》2020 年第 4 期。

③ 王俊斐：《融入 · 同构 · 互构：思想政治教育与社会治理融合的学理逻辑》，《湖北社会科学》2019 年第 1 期。

④ 李卓、王永友：《思想政治教育社会治理的三重价值》，《湖北社会科学》2019 年第 6 期。

⑤ 王莹、孙其昂：《近年来思想政治教育治理研究综述》，《教育评论》2018 年第 1 期。

同样，思想政治教育的确在人格塑造中发挥了重要作用，但不是唯一途径，不能随意夸大其功能，人格塑造还可以通过社会的规范性、家风的影响、传统文化涵养、朋辈榜样示范等途径得以实现。

2. 分类过细遮蔽核心功能

受现代性知识分科、理论精确化的影响，思想政治教育为满足社会发展需求和人民美好生活需求，衍生出许多拓展性功能，结合“普遍性原则”，思想政治教育是集政治功能、经济功能、文化功能于一体，以实际行动构筑人民需要的。在此过程中，思想政治教育功能进一步细化，不再局限于以意识形态功能为主导，而是坚持意识形态的主导地位，协调多方功能，共同发展。但在现实中，更多是根据群体需求，推进各类具体思想政治教育功能的实现，虽然坚持意识形态的主导地位，却无法做到将思想政治教育核心功能在活动的各个环节中得到实现。例如，思想政治教育对于经济、政治、社会、生态等并没有直接的作用，而是通过人的培育的形式来发挥作用的，通过引导受教育者树立正确的经济意识、政治观、社会观，从而达成各种细化功能的实现，这种间接作用、导致主流意识形态在具体的思想政治教育实践活动中被遮掩、隐晦提出，致使思想政治教育的核心功能不能得到有效实现。总之，思想政治教育功能是在实践中追随社会大众的“普遍性问题”得以拓展并实现的，但却造成核心功能的遮蔽，不利于开展有效的思想政治教育。

3. 强调育人功能隐匿核心功能

思想政治教育本就有育人这一重要功能，实现思想政治教育的核心功能是实现立德树人根本任务的重中之重。但在以往的实践中，思想政治教育的育人功能被拔高，认为思想政治教育可以解决育人过程中的所有问题，任何价值都能通过思想政治教育得到实现。过于强调育人功能的实现，直接导致思想政治教育核心功能在实践中未能得到充分地贯彻和全面地展现。思想政治教育功能的实现往往得益于思想政治教育目标的设立，在思想政治教育过程中，无论是政治教育目标的演变，还是思想政治教育功能的转化，认为思想政治教育要实现“使社会成员形成符合一定社会要求、一定积极性需要的思想品德”、“培育符合社会发展要求的人”、“促进个体的全面发展”、“促进人的自由全面发展”等目标导向。但是，“促进人的自由全面发展”仅仅依靠思想政治教育功能去实现是不切实际的，是需要人类长期共同奋斗的，而其他的“改变思想”、“涵养思想品德”、“指导行为”等目标内容过于细化，不能体现思想政治教育意识形态的直接功能[①]。面对时代发展新要求，思想政治教育要牢牢把握住“立德树人”这一根本任务，在思想政治教育实践中充分发挥思想政治教育的功能，回答好时代之问，培育德智体美劳全面发展的时代新人。然而，仅靠思想政治教育一己之力培育独具特色的时代新人是不现实的，值得审思。“培养什么人、怎样培养人、为谁培养人是教育的根本问题”，[②]需要各学科协同发力，发挥育人功能。

（三）思想政治教育内容整合杂糅

内容在思想政治教育中居于核心地位，是不可或缺的要素。当前，受“普遍主义”思维的影响，思想政治教育内容出现有意或无意借助抽象宽泛原则，无限扩展思想政治教育内容的现象。现代信息社会的“信息洪流”更加剧了此种现象，使思想政治教育内容的整合归纳呈现出复杂性、普遍性、糅合性的特征。似乎试图将思想政治教育打造成一个“大箩筐”，只要是相关联、相关领域的教育内容均纳入自身内容体系之中，成为思想政治教育学科的内容。这极大地冲击了思想政治教育的固有内容体系，模糊了内容边界、致使内容多元复杂、针对性不强，不利于推进思想政治教育学科化、科学化发展。

1. 思想政治教育内容边界模糊

现代思想政治教育发展中，遵循“普遍性”原则，将现代社会中的涌

① 孙英：《论思想政治教育功能与主流意识形态传播》，《湖北社会科学》2014 年第 4 期。
② 习近平：《高举中国特色社会主义伟大旗帜　为全面建设社会主义现代化国家而团结奋斗——在中国共产党第二十次全国代表大会上的报告》，人民出版社 2022 年版，第 34 页。

现的价值纳入思想政治教育内容，例如生态价值、经济价值、政治价值等，使思想政治教育学科的内容边界模糊，呈现出多元化、纷繁复杂性，使思想政治教育学科的核心内容受到冲击，不能有效辨别。一方面，思想政治教育内容边界与其他学科的内容边界不清晰，使思想政治教育受到多元文化冲击，弱化思想政治教育功能。在网络信息洪流的裹挟下，更多人会选择贴近生活的多元文化，而非主流意识形态文化。例如，针对文化内容呈现出“良莠不齐”的现状，相较于主流意识形态的内容，民众更多的是选择通俗易懂的内容，一定程度上弱化了思想政治教育实效性。另一方面，过多纳入非思想政治教育学科的内容，导致内容边界不清晰，不能使教育者、受教育者有效辨别思想政治教育内容。虽然思想政治教育内容涵盖社会的各个方面，但不能将所有方面全盘纳入学科内容进行有效的整合，而是只能将其纳入思想政治教育的某一方面。例如，“生态观”作为近几年理论研究的重要内容，在其与思想政治教育联系、贯通之时，往往与思想政治教育学科内容分隔开了，常常是与马克思主义的生态观结合起来，其价值展现更多的是从“人与世界”、“人与社会”、“人与自然”三个方面推进，更多的是借鉴了思想政治教育的分析方法，与思想政治教育的育人功能相关联，但不能将其完整地纳入思想政治教育内容，否则易产生认知偏颇，不利于推进思想政治教育学科化、科学化。

2. 思想政治教育内容多元化

思想政治教育坚持“普遍性与特殊性相统一”的原则，整合了各个学科中关于思想政治教育的内容，使得思想政治教育内容呈现出多元化、杂糅性等特质。虽然将多学科内容纳入思想政治教育内容范畴是对内容体系的丰富，但是不管新元素是否能够直接成为思想政治教育内容、新内容的加入是否对原有的内容体系的秩序、结构产生冲击，一味整合会造成本质内容的消解。一方面，思想政治教育与其他学科的内容整合度不高，掩盖本质内容。思想政治教育内容呈现多样化，其多元内容往往停留在内容表面，没有与思想政治教育的各个环节有效结合起来，其内容与思想政治教育的有效整合往往呈现“两张皮”、“学科分化”等特点，例如：有学者提出“建立思想政治教育社会学”，建立新兴的学科门类，这是二者学科借鉴、融合的成果，其学科划分越细，对培养复合型人才越具有重要作用。但如果每一次学科借鉴都会衍生出多个学科，势必压缩各个学科的生存空间，不利于思想政治教育的科学化发展。另一方面，出现其他学科替代思想政治教育学科的现象。许多思想政治教育研究者常常“借船出海”，以教育学、历史学、社会学的理论结合思想政治教育内容开展研究，例如：思想政治教育内容中常常出现传播学的5W模式、历史学的历史进程等，其内容是对思想政治教育原有内容的扩展，有利于优化整合思想政治教育内容，但标识思想政治教育本质的内容在长期的发展过程中未得到实质性发展，不利于进一步推进思想政治教育学科化、科学化。

3. 思想政治教育内容失调

思想政治教育是社会系统中的上层建筑，具有特殊规定性、阶级性、实践性的内在特质，其内容具有相对稳定性，是符合社会“普遍性”要求，较少针对“特殊性”要求改进思想政治教育内容。一是思想政治教育内容是“普遍性”内容的存在，较少关注“特殊性”内容。随着现代信息化社会的发展，思想政治教育涵盖内容体现在社会生活中的各个方面，但其内容往往是在原有基础上的“扩容”，更多的是理论知识上的丰富、完善，往往较为分散，较少聚焦于某一类现象形成专门的“思想政治教育”内容。因此无法做到未雨绸缪，在“特殊性问题”出现之初便提出相应的思想政治教育内容，往往是在“特殊性”转变为“普遍性”时，才出现相应的内容。二是思想政治教育内容未能聚焦个体的“特殊性”问题对症下药。思想政治教育旨在塑造社会成员良好的政治素质，更多的是引导社会成员的行为符合社会要求，因此，内容主要划分为价值形态、规范形态，通过积极引导、外在激励等方式，让受教育者的行为合乎社会发展要求。思想政治教育内容更多的是合乎社会发展的“普遍性”存在，无论是内容形态，还是社会发展要求的内容、方式都是抽象的，但个体成长是多样的、独具个性的，正如“一千个人心中有一千个哈姆雷特”。思想政治教育较少针对个体成长的特性开展有效的思想政治教育活动，也就不能使思想政治教育学科做到见微知著、防患未然，只能在思想政治教育的“特殊”转变为“一般”或“普遍”时，才能将相应具体内容纳入思想政治教育的整体内容体系。

（四）思想政治教育话语表达失准

思想政治教育话语表达是思想政治教育效果实现的重要方式，经过多年的发展与建构，思想政治教育话语体系逐渐走向完善和成熟。但是，思想政治教育话语体系易受到以“普遍性”为准绳的思维方式的影响，进而通过标准化的逻辑迅速地将自身的话语模式复制、推广给整个思想政治教育实践场所，营造话语通用的现象。

思想政治教育话语表达是常学常新、因时而变、因势而变的。但思想政治教育的意识形态性属性，又使其话语呈现出偏好宏大叙事、坚持理论说教、向往整齐划一等特征，在一定程度上使思想政治教育话语表达呈现出有限性，不被受教育者理解，使思想政治教育话语未能深入“寻常百姓家”。

1. 偏好思想政治教育的宏大叙事

利奥塔尔指出，现代性所谓的“元叙事”或者说是“宏大叙事”，就是“这种为权力、制度、统治方式乃至生活机会辩护的形而上学话语形式，旨在用一种普遍原则统合不同的领域，形成某种普遍的思想意识与价值规范，从而为制度的认同与权力的运作提供合法性的基础”①。思想政治教育话语应常学常新、审时度势，贴近人民大众的生活现实，但具体的思想政治教育话语往往以宏大叙事为主，缺少直击人灵魂的切入点，降低了思想政治教育话语的有效性，主要表现在以下三个方面：一是思想政治教育话语跟随官方话语的脚步，以党的理论作为指导，时常以党的理论话语为宣传话语，直接面向人民大众推进思想政治工作，缺少思想政治教育话语的转化环节，民众不能及时理解党的大政方针政策，弱化了思想政治教育时效性。二是思想政治教育在传播过程中采用“宏大叙事”的话语表达方式，

① 陈嘉明：《现代性与后现代性十五讲》，北京大学出版社 2006 年版，第 213—214 页。

呈现出“专有名词化”、“名词特色化”等特点，让思想政治教育成为党的“代言人”，其内容相对偏向理论化，削弱了思想政治教育的话语表达效果，不利于推进党的理论方针政策宣传。三是思想政治教育在话语转换过程中存在话语指代不清，通常的官方文件话语表达偏好宏大叙事，而思想政治教育工作者在进行话语转化工作中容易造成话语“失真”，导致官方文件话语更多的是以空洞的话语表达形式呈现，从而大大降低了思想政治教育话语的表达功能。

2. 坚持思想政治教育的抽象说教

随着思想政治教育学科的发展，形成了独具风格的理论话语、政治话语、宣传话语、学术话语、教材话语、教学话语等话语形态，大大创新了思想政治教育话语体系。但思想政治教育话语创新中也面临现代性张力的挑战，存在话语指向理论性较强、内容抽象等特点。具体而言，思想政治教育的抽象说教主要表现在以下三个方面：一是思想政治教育话语内容在传播过程中呈现出晦涩难懂、抽象深奥的特点，相较于通俗易懂的网络话语而言，更难被受众接受，网络话语的迭代创新一定程度上消弭了思想政治教育话语的理论性。二是思想政治教育话语往往通过传统的理论灌输得到表达，表现为说教模式，通常教育者对受教育者提出相应目标要求，受教育者必须按要求执行、按规则办事，主体能动性难以发挥，容易滋生受教育者的逆反心理，不利于话语功能的实现，进而影响思想政治教育实效性。三是在现代思想政治教育“主体—客体”交往关系模式中，教育者与受教育者往往处于不对等的位置，所掌握的话语权也是不对称的。在实际的思想政治教育过程中，教育者因处于主导地位，其话语表达经常是带有“领导者”的口吻，教育者的话语大多数情况下会左右、决定受教育者的话语内容、话语表达，[①] 从而极易忽视受教育者个体的情感状态和话语表达诉求，更难以根据不同教育对象实现话语内容的精准性传达。晦涩难懂、远离生活实际的思想政治教育话语往往也难以满足受教育者的精神文

① 邱仁富：《思想政治教育话语论》，上海交通大学出版社2013年版，第144页。

化需要。

3. 向往思想政治教育话语的整齐划一

思想政治教育话语的表达模式也是影响话语表达精准性的重要因素。在现代性“普遍主义”思维方式的作用下，思想政治教育话语追求一致性的表达模式，具有整齐划一的特征。具体体现为：一是在话语表达过程中与官方表达整齐划一，其内容往往以“官方话语”为导向，追求一致性、有效性。这致使思想政治教育话语内容更新速度快、话语体系优化调整频繁，需要教育者不断丰富自身知识储备，完善话语体系。但是，思想政治教育往往以学校为主阵地，教育过程因内容不断变化而存在不连续性，让受教育者对思想政治教育话语存在片面理解；二是思想政治教育话语内容保持一致性，各个课程建设中存在话语重复的情况，致使受教育者在思想政治教育过程中反复学习、反复聆听，巩固加深记忆，易导致受教育者产生厌烦情绪；三是整齐划一的思想政治教育话语往往采用的是理论性、政治性话语，其内容往往以学理性为主，话语内容相对枯燥无味，不利于思想政治教育走近人民大众生活，贴近人民现实精神需要，使民众对思想政治教育的理解往往停留在“官方代表”这一固态印象。当然，追求思想政治教育话语的整齐划一也推动了思想政治教育学科发展的与时俱进，但是后现代性语境下，殊异化的社会生态已经很难实现话语表达的整齐划一了。

现代性是一把“双刃剑”。马克思立足社会实践对现代性隐忧展开猛烈的批判，同样反思现代性隐忧的还有脱胎于现代性母胎的后现代性，后现代性为我们提供了一种重新审视与思考现代世界的维度。后现代性反对现代性推崇的理性、同一性、普遍主义，将崇尚非理性、追求多元性、强调相对主义作为自身的最为本质的哲学信条。循此思路，在后现代性语境下考察社会现代化进程中思想政治教育的发展状况，揭示问题、寻求真理，有助于辩证地分析思想政治教育现代化的状态，更好地实现思想政治教育现代性本身所具有的价值。以后现代性视角反思思想政治教育现代化的进程，可以发现，其存在着诸多现代性隐忧，主要表现为：

第一，主体性思想政治教育的现实审思。在后现代主义学者看来，现代性的主体性理论过分突出占有性的个体主体性，使得自身理论面临诸多挑战。因此，理论的转向成为必然。哈贝马斯认为，主体性理论已经趋于枯竭，惟有通过他的“交往理论”即“主体间性理论”，才能够为现代性提供新的规范基础，维持人类生活世界生存的基本条件，从而走出现代性的困境。[①]省思现代主体性思想政治教育，其主体性隐忧主要体现在三个方面：一是对思想政治教育的主体认知不清晰，二是对思想政治教育过程把握不全面，三是对思想政治教育实践活动理解不透彻。哈贝马斯所提供的主体间性理论也成为思想政治教育迎接挑战的重要选择，为反思现代性条件下的思想政治教育主体性隐忧、重建思想政治教育现代性提供了必要的理论方向。当然，这既是一种机遇，也是一种新的挑战，需要更为系统深刻的研究与推进。

第二，工具理性主导下思想政治教育存在的偏差。现代社会，随着现代性的累积，工具理性逐渐成为人的思维习性，并迅速洇渗进社会各领域。在缺少价值理性制约的情况下，工具理性影响下的思想政治教育将会暴露出一些问题，如思想政治教育知识发展不够聚焦、价值理性不够彰显、目标不够明确等现实偏差。究其实质，上述三大问题共同指向的是工具理性对价值理性的“僭越”与挤压。正如泰勒的观点，我们追求的行动与意义“不是为了它们在获得对事件的控制方面的工具主义价值，而是为了我们所承认的它们的内在价值（如价值理性）。这些内容价值和所珍视的目的，塑造并引导着我们的工具主义行动，而不是反过来”[②]。因此，现代思想政治教育在发展中要想克服这些现实偏差，就需要重新审视工具理

① ［德］哈贝马斯：《现代性的哲学话语》，曹卫东译，译林出版社 2004 年版，第 392 页。

② Taylor, Sources of the Self, Cambridge, Harvard University Press, 1989, p.116.

性与价值理性之间的关系序列及其在思想政治教育中的价值，从而使得我们能够真实的经历整个思想政治教育实践活动，推动思想政治教育真正进入到人的生命成长历程，切中人的现实的思想发展变化，进而促进人的自由全面发展。

第三，普遍主义视域下思想政治教育面对的内在张力。在现代性“普遍主义”的渗透式影响下，思想政治教育出现学科边界淡化、核心功能弱化、内容整合杂糅、话语表达失准等内在张力问题。在后现代主义者看来，任何认知范式都是平等的，它们都拥有各自的逻辑特性，所谓的“普遍主义”是不存在的。也就是说，任何事物都拥有自身的独特性，都有权利根据事物的特殊性而作出具体分析。后现代性的观点直指“普遍主义”所固有的缺陷，为应对思想政治教育的泛化现象提供了启示性建议。不论是思想政治教育学科、功能，还是思想政治教育内容、话语，都不能遵照“普遍主义”的思维逻辑成为宽泛的、普遍适用的真理。反之，思想政治教育是独立的专门性学科，需要切实重视自身的特殊性并作出具体的分析，谋求正确的定位与发展。在后现代性语境下，必须正确处理好思想政治教育内部的现代性张力，既正视发展创新中需要遵循的普遍性规律，又不能矫枉过正，因盲目追寻普遍性产生宽泛化的问题，只有这样才能为思想政治教育的现代化发展作出有增益性的贡献。

第四章　思想政治教育现代性的矛盾

一切事物中包含的矛盾方面的相互依赖和相互斗争，决定一切事物的生命，推动一切事物的发展。没有什么事物是不包含矛盾的，没有矛盾就没有世界。①

——毛泽东

马克思主义唯物辩证法的观点认为，矛盾是事物发展的根本动力。思想政治教育的创新发展正是在思想政治教育矛盾的推动下持续进行的。思想政治教育矛盾也是随着时代条件的变化而变化的，在社会从传统走向现代的转变下，思想政治教育现代性矛盾逐渐产生。一方面，世界的现代化进程，使得思想政治教育"在现代社会都遭遇现代性的冲击，受到现代性的解构与建构"②。体现为思想政治教育现代化进程中遭遇的来自系统外部的现代性隐忧。另一方面，思想政治教育系统在社会现代性影响下，从内部生成和构建思想政治教育现代性，系统内部各要素之间的同一和斗争便是思想政治教育现代性的矛盾。当前，传统与现代因素共存于现代社会之中，社会的复杂性境遇导致各种不相适应甚至相互抵触的情况出现，从而滋生出诸多思想政治教育新问题，实则源自思想政治教育现代性的矛盾。从本质上看，思想政治教育现代性的矛盾裹挟着传统与现代、现代与后现代之间的纠缠与冲突张力，呈现出的是空间重叠性、内容复杂性、内外交

① 《毛泽东选集》第一卷，人民出版社 1991 年版，第 305 页。

② 孙其昂：《思想政治教育学前沿研究》，人民出版社 2013 年版，第 244 页。

互性等特征。

后现代性的诞生表现出现代性对生命延续的渴望和自身发展的深层沉思，是现代性建构进程中自我省思的结果。后现代性视角不仅有助于反思现代性的理性思维、主体思维、线性思维，突破现代性隐忧，而且有助于剖析思想政治教育现代性构建过程中产生的系统内部矛盾。内因是自我运动的源泉，规定着事物的本质和发展方向。列宁指出："要认识在'自己运动'中、自生发展中和蓬勃生活中的世界一切过程，就要把这些过程当作对立面的统一来认识。"① 探究思想政治教育现代性的矛盾问题是从内部动力层面阐释思想政治教育现代化进程中遇到的自身发展中的具体问题。这些现代性矛盾主要表现为思想政治教育主导性与多样性、价值理性与工具理性、内容与形式、个性化与社会化等四对范畴之间的内部矛盾。因此，惟有揭示和剖析思想政治教育现代性的矛盾，才能更好地厘析各种问题产生的原因，进而在化解矛盾的过程中找到通往思想政治教育现代化之路的正确方向。

一、思想政治教育主导性与多样性的矛盾

思想政治教育主导性与多样性的矛盾是思想政治教育现代性矛盾的实质表现与特征，折射出对思想政治教育属性、地位、价值等的深化认识。主导性一则指某一事物的地位在诸多事物中居于统领性的位置，另则指某一事物具有的导向性价值和规约性作用。所以，所谓思想政治教育的主导性，"从根本上说，是指思想政治教育的指导、引导、领导、统领的性质、地位和作用"②，其本身是思想政治教育的意识形态本质属性的外在显露。思想政治教育主导性是发挥思想政治教育规范功能、引领功能、导向功能

① 《列宁全集》第 55 卷，人民出版社 2017 年版，第 306 页。
② 张耀灿等：《现代思想政治教育学》，人民出版社 2006 年版，第 200—201 页。

的重要保障，这是思想政治教育中长期以来形成的规律性认识和成功经验。主导性主要通过思政课主渠道教育得以实现，2019年，习近平在学校思想政治理论课教师座谈会上的讲话中就明确指出，思政课的任务是传导主流意识形态。[①]思想政治教育的多样性，则体现在思想政治教育主体、目标、内容、方法、形式、话语等方面的多种类型、多种样式，反映出思想政治教育对社会发展的多样性带来的人民需要的多样化的能动性回应。在现代思想政治教育发展中，主导性与多样性的同一与斗争先后呈现出主导性的确立、多样性的显现、主导性底色的回归、辩证的共存等阶段。如何立足后现代性重新审视思想政治教育的这对现代性矛盾？如何从后现代的丰富理论资源中寻获这对现代性矛盾的解决之道？这关系到对思想政治教育本质及其属性的再认识和再审思。

（一）主导性的确立：思想统治地位的理性赋能

现代性的建构依赖于理性的主体性哲学的社会化进程，它改变了人们认识世界和观察世界的方式，把人们对确定性的追求归于人的内在理性认知，“相信人的认识能够建立起完备、统一的知识体系”[②]。从笛卡尔到斯宾诺莎、莱布尼茨等人，均将人的理性视为人的认识能力的高级形态，再到康德提出人为自然立法、为道德立法，以及黑格尔将理性视为事物现实性的评判标准，理性慢慢地完成了自身的现代性布展。意识形态也是人类理性的产物，是一种观念体系的总体呈现，构成了特定社会中影响人们的思想和行为的精神力量。这种精神力量始终裹挟着特定阶级的期待，自每个人出生以来就使他们“浸泡”在意识形态的容器中。在理性逻辑对社会的全面占领下，意识形态也实现了对社会的“总体性占领”。这种“总体性占领”逐步走向一种绝对的主导和对现实社会中非主流意识形态的排斥，给社会带来一种思想禁锢。马克思和恩格斯在《德意志意识形态》中深刻

---

① 《习近平谈治国理政》第三卷，外文出版社2020年版，第331页。

② 陈嘉明：《现代性与后现代性十五讲》，北京大学出版社2006年版，第30页。

地揭露了统治阶级将个人思想与个人本身分割开来，使其成为“越来越抽象的思想，即越来越具有普遍性形式的思想”[①]，继而利用其绘就“思想统治秩序”的把戏，以实现“精神在历史上的最高统治”[②]。马克思在这里批判了资产阶级意识形态家们对意识形态历史性生成的否定，及其对意识形态多样性的社会根源的无视。

马克思指出：“统治阶级的思想在每一个时代都是占统治地位的思想。”[③] 这为中国共产党重视和加强思想政治教育提供了重要的理论依据。思想政治教育具有意识形态功能，对主流意识形态的阐释、传导和教化是其根本任务，由此规定和揭示了思想政治教育的本质属性即意识形态性。因此，思想政治教育主导性就体现在巩固主流意识形态的统治地位，在我国具体体现为巩固马克思主义的指导地位。不可否认，无论是在革命战争时期，还是在建设改革时期，这种主导性、一元性、统一性的话语力量在社会多元思想的博弈中，为我们提供了特定的价值标准、指明了前行的方向，起到了很好的统一思想、凝聚人心、动员大众的作用。思想政治教育也在这个过程中形塑起良好的形象，成为中国共产党革命、建设、改革开放和社会主义现代化建设过程中的优良传统和强大思想武器。新时代以来，思想政治教育主导性主要体现在“自觉承担起举旗帜、聚民心、育新人、兴文化、展形象的使命任务”[④]，即思想政治教育要“坚持马克思主义指导地位，贯彻新时代中国特色社会主义思想，坚持社会主义办学方向，落实立德树人的根本任务”。[⑤]

然而，现代社会，思想政治教育的主导性是以理性赋能的形式确立的，这种由理性策动的意识形态力量，很容易把自己当成能够掌控社会的唯一力量，从而走向“忘却”其多样性源生地的误区，表现在将所有问题

① 《马克思恩格斯文集》第 8 卷，人民出版社 2009 年版，第 552 页。
② 《马克思恩格斯文集》第 1 卷，人民出版社 2009 年版，第 553 页。
③ 《马克思恩格斯选集》第 1 卷，人民出版社 2012 年版，第 178 页。
④ 《举旗帜聚民心育新人兴文化展形象更好完成新形势下宣传思想工作使命任务》，《人民日报》2018 年 8 月 23 日。
⑤ 《习近平谈治国理政》第三卷，外文出版社 2020 年版，第 328 页。

政治化、意识形态化，无视社会思想多样性和社会思想需求多样性的事实。例如在“文化大革命”时期紧张严肃的意识形态氛围下，政治与学术、艺术等之间的边界不清，所有的工作都围绕意识形态展开，都需经过“政治审查”。思想政治教育的主导性片面强调斗争性和强调“以阶级斗争”为纲，不仅排斥多样性，而且脱离了社会主义建设的实际，结果使主导性成为只讲主导性的“单一发展形态”。[①] 可见，当现代思想政治教育“乘着”理性的“骏马”驰骋时，主导性的扩张带来的是对多样性的排斥和无视，即只注重统一性、整体性和共性的层面而忽视差异性、可分性和个性的层面。对思想政治教育的研究视域也只框定在其如何成就主导性，而遗忘主导性的形塑需要多样性作为基础的事实，从而不同程度地丢失了思想政治教育关怀人类社会多样价值追求的内在品质。这也使得社会层面上出现了将思想政治教育与社会疏离开来的唯心史观迹象。从马克思主义唯物史观进行考察，单一的主导性逻辑理路，就是将意识形态本身看作一种独立发展的力量，进而形成一个总体性的意识形态中心，同时赋予其普遍性、统一性、永恒性意义。这实质上忽视了主导性确立和发展的社会基础和历史逻辑，出现了主导性遮蔽多样性的唯心主义政治哲学现象。

（二）多样性的呼声：去中心化进程中对主导性的“背离”

随着现代社会的产生和发展，对思想政治教育的认知理念发生了转变和深化，其多样性开始被人们正视，随之而来的是在思想政治教育实践中产生了对主导性“背离”的误区。主导性是一种总体性理性逻辑的现实体现，其本身也代表着现代性的发展成果。理性主体建构的现代社会，编织了总体性的逻辑之网，力图以一种普遍的元叙事逻辑统合社会的各个领域，让这种总体性的主导力量聚合为人们普遍认同的思想观念和价值规范。现代性确立了一元的、统一的、普遍的、单一的理性范式，并逐渐树立起了“中心”的理念，这也代表着现代性确定性规则的确立。后现代性

① 石书臣：《现代思想政治教育主导性研究》，学林出版社 2004 年版，第 158 页。

在对现代性矛盾的批判中开启了“去中心化”的进程，呼唤着将聚焦的视域尽可能地分散到每一个个体上，让每一个个体都成为中心。多样性的呼声背后是后现代性对理性主义、中心主义的抗争和消解。就这个层面而言，马克思对现代性的批判颇具“后现代性”的风范。马克思致力于从“现实的个人”出发解构资产阶级意识形态的总体性逻辑，聚焦于物质生产关系的重建以打破资本主义统治下的现代性危机，为“对总体性开战”提供了具有实操性的理论武器。

在社会中呼吁对多样性的关注，是后现代性反思现代性的表现。而这种企图瓦解主导性权威的倾向，实际上也跌入多样性脱离主导性的深渊，从而一定程度地引发“去意识形态化”的思潮。20世纪50年代以来，对资本主义社会发展中出现的各种问题的反思使得西方学者推出了“意识形态终结”的言论，旨在让“政治”退出社会生活的各个领域。申言之，“去意识形态化”思潮只是单纯对社会主义制度、中国共产党的领导的否定，往往“从某些貌似正确的前提出发，通过批判社会主义建设过程中的某些失误，而把‘纠偏’引向极端”①。尼克松因此喊出“不战而胜”的口号，并开始持续推行“和平演变”战略。亨廷顿更以苏东剧变为界，认为不同文化之间的区别和冲突构成了冷战后世界的时代主题。他用文明的冲突替换意识形态的冲突，企图通过淡化意识形态来淡化社会主义与资本主义之间的根本性区别，鼓吹资本主义与社会主义将在后现代的“号召”下趋向一致。这样看来，“去意识形态化”浪潮则是妄图以西方的现代性方案统摄世界的现代性进程。看似不要主导性，倡导多样性，实则难掩其另立主导性的本质。它“去掉”的是与自己不同的中心，目的是以自己为中心。

由于后现代话语迎合了人们希望逃离和躲避政治纷争的心理，所以成为了人们“去政治化”“去意识形态化”以及维护“价值中立”的重要武器，

---

① 杨桂华主编：《社会转型期精神迷失现象分析》，南开大学出版社2009年版，第179页。

从而形成了对主导性的多重挑战。从思想政治教育外部环境来看，“去意识形态化”的浪潮不断侵蚀着思想政治教育的根基，宣扬不需要一种统一的价值规范作为人们思考和行动的中心，社会生活中的许多方面也并不需要政治的“参与”和“介入”。知识的生产和学习、文艺的创作和表达、教育的设计和开展，都应剔除政治因素的影响，因此，强调思想政治教育的“中性化”出场，思想政治教育的话语权也被动摇和冲淡。有观点甚至认为，现在已经不需要意识形态了，思想政治教育也就无存在的必要，可用“德育”、“公民教育”、“通识教育”等来代替。从思想政治教育内部来看，主导性的“退却”的确在一定程度上激活了其多样性面相。人们开始意识到思想政治教育内容、方法、话语等方面的多样化形态和社会思想意识的多样化事实。需要警惕的是，这种对多样性关注的增长打着“科学性”的旗帜，以期以“科学性”含量的增加和主导性的消除使思想政治教育“重获生机”，尽管带有吞噬主导性的意味，却也客观上促使人们去关注思想政治教育的多样性。作为“观念上层建筑”，马克思从未否定意识形态主导性存在的历史合理性，反而在社会结构的形塑过程中确立了其“社会意识形式”① 的地位。从这个角度来看，多样性的显现是对单一主导性的反思性批判，但却矫枉过正地走向了彻底取消主导性的另一个极端，这实际上同样走向了唯心史观的歧途。

（三）权威的合法性拷问：意识形态底色的检视

随着多样性的显现而来的，是对权威主导合法性的再次拷问。事实上，后现代性在向现代性宣战的同时，也承继着现代性的使命，把对传统、中心、权威的反抗进行到底，迫使权威的基础和类型发生了转变。人们不是不再信奉权威，而是在拷问原有权威的同时寻求一种新的权威类型。因为人始终处于一定的社会关系当中，总是需要建立起人与人、人与社会、人与国家之间的一系列权力关系。社会的正常运转以及人们利益的

① 《马克思恩格斯文集》第 2 卷，人民出版社 2009 年版，第 591 页。

保障，都需要权威的力量。权威代表着一种秩序和稳定，唯有在内化为人们认可并服从的内在规范时才能真正地发挥作用。权威来源于持续性的合法性认同，国家则是在权威的树立和巩固的过程中获得自身合法性的。有学者指出："某种被广泛接受的意识形态、为社会提供公共物的能力，以及某种被有能力影响政治过程的群体所广泛接受的统治者的产生程序"①，共同构筑了国家统治合法性的三重面向。后现代性对意识形态主导合法性的质疑，旨在拷问和消解原有的价值体系和社会秩序，以实现不断解构权威的意识形态基础、建构新的权威的意识形态基础的目的。权威的合法性受到意识形态合法性的制约，意识形态基础的嬗变，自然牵动着权威类型的转变。韦伯将权威分为传统型、魅力型和法理型三种类型，每一种权威类型的转变和更迭，都是一定社会历史条件变迁的结果。当原有的意识形态基础随着社会存在的变迁而发生改变时，原有权威的形象就会发生"易容"。雅斯贝尔斯曾说："对权威的信仰首先是教育的唯一来源和教育的实质。"②

思想政治教育的发生、运行和发展有赖于人们对特定权威的信仰。思想政治教育权威依附于国家的权威，其合法性与国家合法性息息相关。而对权威的合法性拷问，就是对国家意识形态合法性的拷问，也就是对思想政治教育合法性和主导性的拷问。它促使我们去检视思想政治教育的意识形态底色。现代与后现代的对话，形成了中心与去中心、一元与多元、主导与多样之间的论战，且不断引向对合法性问题的反思，特别是对意识形态合法性的质疑，由此滋生了思想政治教育主导性与多样性的矛盾，这涉及我们应该如何认识思想政治教育的意识形态属性底色。即使存在着"政治性"、"阶级性"等不同说法，但将意识形态性作为本质属性已是思想政治教育学界的基本共识。思想政治教育既然怀揣着特定时期统治阶级的意识形态梦想，就要扮演特定阶级"价值传播使者"的角色。列宁强调："在

① 赵鼎新：《国家合法性和国家社会关系》，《社会科学文摘》2016 年第 10 期。

② ［德］雅斯贝尔斯：《什么是教育》，邹进译，三联书店 1991 年版，第 80 页。

为阶级矛盾所分裂的社会中，任何时候也不可能有非阶级的或超阶级的思想体系。”[①]这就证明，在阶级社会中的思想政治教育必然具有普遍意义上的意识形态性，这也是其主导性地位和作用的内在支撑，不能被多样性所取代和剔除。当然，主导性源生于多样性之中，而且也要通过多样性方能实现其价值。思想政治教育的意识形态属性底色除了主导性意义以外，还具有丰富的多样性根基。

现代社会以来，形成了主要由资产阶级意识形态与无产阶级意识形态对垒的意识形态景象，亦表现为资本主义与社会主义之间的观念对立和博弈。后现代对资本主义社会发展困境的反思，尽管提出了多种脱困方案如吉登斯超越“左右”的“第三条路”等，却因未触及资本主义制度的根基而丧失实操性。但是也的确动摇了权威的意识形态合法性基础，导致多样性呐喊裹挟着的“去意识形态化”的虚假话语开始蔓延开来，教学、科研和社会工作中都出现无视自身社会主义意识形态底色的现象，并宣扬着“普世价值”“虚无主义”等“一般意识形态”，有的甚至被资本主义意识形态所俘虏，成为其传声筒，宣扬资本主义意识形态的价值观。这些都是在“去意识形态化”思潮侵入之后，思想政治教育主导性遭受质疑产生的“内容空虚”而被资本主义意识形态填充的结果，实则是西方国家借助现代性扩张的全球化进程打开他国的意识形态大门，进行日益蚕食的诡计。因此，越是在风云变幻的今天，越是要坚持和巩固社会主义意识形态的主导地位，坚守思想政治教育的主导地位，“把意识形态工作的领导权、管理权、话语权牢牢掌握在手中，任何时候都不能旁落”[②]。这就要求思想政治教育既不能遗忘自身的主导性，也要时刻检视自身意识形态底色的社会主义属性。

（四）辩证的共存：主导性与多样性的“和解”

对立统一规律是马克思唯物辩证法的核心。运用矛盾分析法去认识

① 《列宁专题文集·论无产阶级政党》，人民出版社2009年版，第85页。

② 习近平：《论党的宣传思想工作》，中央文献出版社2020年版，第21页。

思想政治教育主导性与多样性这一现代性矛盾，有助于洞悉思想政治教育现代性矛盾背后的辩证逻辑，从而找到化解矛盾的密钥——辩证的共存。以唯物辩证法为指导，新时代思想政治教育既坚持主导性又重视多样性，实现了两者的辩证统一。新时代思想政治教育的主导性表现为："要坚持马克思主义指导地位，贯彻新时代中国特色社会主义思想，坚持社会主义办学方向，落实立德树人的根本任务，坚持教育为人民服务、为中国共产党治国理政服务、为巩固和发展中国特色社会主义制度服务、为改革开放和社会主义现代化建设服务，扎根中国大地办教育，同生产劳动和社会实践相结合，加快推进教育现代化、建设教育强国、办好人民满意的教育，努力培养担当民族复兴大任的时代新人，培养德智体美劳全面发展的社会主义建设者和接班人。"① 新时代思想政治教育的多样性表现为：在牢牢掌握意识形态领导权、话语权的前提下，不断满足人民对美好生活多样化、高层次的精神需要，追求面向世界、面向全人类的共同的价值观念追求。

概言之，从主导性的"确立"到多样性的"呼声"，思想政治教育进行着黑格尔所言的"正反合"的辩证运动。关键在于如何推动"正题"（主导性的"确立"）和"反题"（多样性的"呼声"）走向"合题"（主导性与多样性的辩证共存），以实现思想政治教育主导性与多样性矛盾的化解之道，具体要注意以下几点：

第一，明确主导性是以多样性为前提的。只看到思想政治教育主导性的谬误在于，忘记了社会思想原本的多样性事实，把对一元性、统一性的追求主观预设出来。首先要明确的是，一元性、统一性只能在多样性基础上讨论才有意义。没有多种多样的思想，只存在一种声音，何来"统一"之说？所以多样性的思想观念、价值体系是主导性内在的一元性、统一性逻辑的前提，我们要肯定和尊重社会思想的多样性事实。其次要明确的是，多样性所指向的特殊性内容，也为主导性的统一目标打下了基础。多

① 《习近平谈治国理政》第三卷，外文出版社2020年版，第328页。

样性虽具有可分性与排他性，但其多样的表现也仍然具有一定的共性，也就是说“多”中也包含着“一”。所以思想政治教育的多样性中包含着“在一定历史时期功能效应的共同性因素”[①]，意即恩格斯在谈到封建道德、资产阶级道德和无产阶级道德时所指出的它们之中的“共同的东西”[②]。这些“共同的东西”为它们之间的融合和统一提供了内在的可能性。再次需要明确的是，思想政治教育的主导性不是先验的，而是在与多样性思想的交流与博弈中生成的，这个过程也是思想政治教育科学性日益显现的过程。

第二，认识到多样性需以主导性为保障。唯物辩证法的观点认为，世界是多样性的统一，是对立面的统一。这启示我们：一方面，承认思想政治教育具有多样性，并不是说两者在思想政治教育中处于相同的位置。思想政治教育具有诸多属性，但只有本质属性能够决定其本质、地位、彰显其独特性。思想政治教育是意识形态传播和教化的直接执行者，为特定时期的统治阶级服务，即肩负着主导性的使命。这表明主导性是镌刻在思想政治教育骨子里的，其外显的多样化形式都要依附于主导性而存在。另一方面，多样性倡导对特殊性、个性的重视，但不能止步于此。倘若只停留在让多样性思想发声的阶段，是无法聚合多样性的价值的，也就无法形成统一的价值认同和思想共识，进而形成统一的行动目标。缺乏主导性所具有的一元性、统一性特征的保障，只会让思想政治教育沉溺于纷繁复杂的多样性思想之中，无法找到准确的目标和着力点。而统一性价值标准的解构，也会使得整个社会失去处理多元价值冲突和是非评判的标准，进而导致价值的虚无。所以，思想政治教育的多样性不能离开主导性而存在，需要主导性为其提供导航、引领方向。

第三，在辩证共存的理念转向中实现主导性与多样性的统一。毋庸置疑，思想政治教育本就是主导性与多样性的统一体，只是在现代性与后现代性的影响下，才激化了两者之间的对立，并在不同的时期、通过不同的

---

① 张澍军：《德育哲学引论》，中国社会科学出版社2008年版，第209页。
② 《马克思恩格斯文集》第9卷，人民出版社2009年版，第99页。

方式，将这种对立情绪固定了下来乃至推向极端，形成了绝对对立的局面。从根本上说，这种理念应该是后现代讨伐的对象。查尔斯·泰勒在反思现代性时曾指出："我们的同一性是在与他人的对话中，是在于他们对我们的认同的一致或斗争中形成的。"[①] 这意味着，这种"同一性"中已然汲取和包含了多样性思想的先进因子。其中透露出的深层意义是，多样性思想是可以共存的，尽管这种共存可能是有条件的，但并非不可。而且为了实现"同一性"的追求，多样性思想也必然要共存。列宁曾指出："多样性不但不会破坏在主要的、根本的、本质的问题上的统一，反而会保证这种统一。"[②]"共存"表现出对后现代性的一种反思，话语规则上已经包含着对"他者"的尊重。我们应积极转换"非此即彼"的形而上学思维，坚持以多样性共存的理念促进思想政治教育主导性与多样性的辩证统一，既要让思想政治教育多多倾听和吸收社会多样化的声音，以此来巩固主导性的基础和养分；也要让社会的多样化思想能够摒弃不可通约的"去中心化"思维模式，以主导性来指引和决定多样性，把握好主导性与多样性的活动边界。

二、思想政治教育价值理性与工具理性的矛盾

思想政治教育价值理性与工具理性的矛盾是思想政治教育现代性矛盾的重要方面，反映出对思想政治教育价值的双重认知，是对现代思想政治教育合理性问题的追问。理性把对世界解释的话语权收归于人自身，突出了人的主体性地位，减少了人们对不确定性和偶然性的恐慌。在合理性范式的建构中，理性主义完成了自身的形而上学的转变。现代性树立起来的合理性标准，被后现代以来的思想家们不停质问，福柯更是指责了现代性

① ［加］查尔斯·泰勒：《现代性之隐忧》，程炼译，中央编译出版社2001年版，第52页。

② 《列宁选集》第3卷，人民出版社2012年版，第382页。

合理性对非理性的压制所带来的社会代价。后现代总是致力于突破理性的限制，意图调和价值理性与工具理性之间的矛盾，指引人们重新思考理性的生长空间及其走向统治地位的历程和方式。由理性主义发展延伸出的价值理性与工具理性的纷争，透露出理性自身的分裂和对抗。价值理性和工具理性之争，关涉到对思想政治教育定位和本质的深入思考。所谓思想政治教育工具理性，是指思想政治教育为国家和社会培养合格公民的属性，其理性定位指向思想政治教育外在。在当代社会表现为对经济理性、技术理性等的高扬，即把合理性问题化作了手段和程序的合理性。而所谓思想政治教育的价值理性，指向思想政治教育活动在彰显人的本质、促进人的发展、激发人的主体性方面表现出来的属性，即把合理性问题的解决寓于目的合理性之中。两者区分的关节点在于理性定位的向度不同，但并不意味着两者的绝对对立。韦伯认为现代化的过程即是理性化的过程。那么思想政治教育的现代化过程，在某种程度上就表现为对思想政治教育理性认识不断深化的过程，以“合理性”的论证厘清思想政治教育价值理性与工具理性之间的关系，这就成为后现代介入思想政治教育现代性建构的时代任务。

（一）主体性的觉醒：价值多元化过程中价值理性与工具理性的分立

按照哈贝马斯等人的概括，“主体性”观念实质上是现代性的根基，是哲学以思想的方式把握现代性最为集中的表达。① 主体性内蕴的价值向度，呼唤着对社会一元价值下个体价值多元化的关怀。这一诉求在韦伯关于“诸神之争”的论述中得到揭示。“诸神之争”是韦伯指称现代社会区别于传统社会的现代性命题。韦伯认为，在现代社会产生之前的中世纪，神学把持着评判的尺度，所有的价值标准和价值规范只用交给上帝去预设和判定，人们都尊崇这样高度统一的生活模式、制度安排以及思想观念，

① 贺来：《“主体性”的当代哲学视域》，北京师范大学出版社2013年版，第47页。

根本不存在多元价值或者价值之争的说法。人们不用也不能让自己的理性去发挥价值判断的作用，甚至并不认为自己的理性具备这样的功能，所以将一切交给上帝。而当康德高呼“要有勇气运用你的理智”①时，上帝的“一神”格局开始瓦解。现代性在宗教世俗化的过程中解构并且重构了“神”的概念，萦绕在人们理性之上的迷雾得以驱散。每个人都成为了确立价值的主人。“诸神”之意，便在于由“一神”变为“多神”。而价值标准也由一元变为多元，人们在“为自己立法”口号的激励下，纷纷提出了自己的价值标准。这些多元价值之间往往不具有可通约性。由此，基于宗教神学的价值一元论开始解体，幻化为多元价值观念弥漫的裂变，形成了“诸神之争”的景象。

韦伯指出：“我们这个时代，因为它所独有的理性化和理智化，最主要的是因为世界已经被除魅，它的命运便是，那些终极的、最高贵的价值，已从公共生活中销声匿迹，它们或者遁入神秘生活的超验领域，或者走进了个人之间直接的私人交往的友爱之中。”②伴随着“除魅”进程而来的，是人作为价值主体地位的确证，理性战胜了神启。人们可以通过理性认识世界、认识自己、认识自己与世界的关系，也可以通过理性获得消除心中焦虑的确定性和稳定性，并坚信理性具有祛除迷信、消除无知的功能。之所以会出现纷争和分裂的局面，是因为当理性造就了多元价值主体时，价值标准变得多元化了，不同的人对价值有着不同的认知和追求，便会形成多元价值彼此之间的冲突和交锋。这其中不仅包括各个价值主体之间的不同价值认知，更包含着传统与现代、现代与后现代之间的价值理念的碰撞和博弈。到底应该怎样理解和评判一个社会行动是否合乎理性呢？而这里的“理性”又应该如何认识和确立呢？韦伯在进一步思考中给出了答案。

---

① ［德］伊曼努尔·康德：《历史理性批判文集》，何兆武译，商务印书馆1990年版，第22页。

② ［德］马克斯·韦伯：《学术与政治：韦伯的两篇演说》，冯克利译，三联书店2013年版，第48页。

“合理性”是韦伯分析资本主义社会发展中出现的各种问题的理论工具。韦伯期待在“合理性”的界定和阐释中，解决“诸神之争”的困境。而实际上，“‘诸神之争’预示了现代人在生活意义与工具选择上的张力”①，表现出人们在理性认知上两大对立观点，其中含有人们对同一社会行为的不同主观评价。韦伯在分析社会行动的类型时，把对这种张力的认知确立为判断社会行动的“合理性”标准，称为具有“价值理性”的社会行动和具有“工具理性”的社会行动。工具理性强调社会行动把客观事物状况和他人的预期“用作‘条件’或者‘手段’，以实现自身的理性追求和特定目标”②，是一种外在客观指向的工具主义和技术主义。而价值理性则强调社会行动中包含着的“无条件的内在价值的自觉信仰”③，是一种对社会行动的内在主观指向的意义阐释和精神追求。从价值向度上来看，“人”的“在场”与否已经将两者分立于合理性的两端。具体到资本主义社会与社会主义社会的比较中，工具理性与价值理性分立的普遍意义更加得到凸显。在资本主义社会当中，工具理性迎合了资本为增值而不断牟利的目的，成为其追求的核心价值，也成为其巩固统治的基本原则。这就在很大程度上忽视对意义的追求和对人的重视。马克思对“商品拜物教”的批判、卢卡奇对物化现象的呵斥以及法兰克福学派对技术理性的剖析等，都反映出对资本主义社会盛行的工具理性的批判。而在社会主义社会中，无产阶级始终代表最广大人民群众的根本利益，社会生产的目的不是牟利而是为了满足人与社会发展的需要，彰显出对价值理性的追求与持守。

价值理性与工具理性对立的现代性冲突，浸润到了现代社会的各个领域，直接导致了社会各领域出现各种价值理性与工具理性之辩。思想政治教育不可避免地面临着为何产生、有何作用、为谁服务、等合理性问题，

---

① 迟帅：《诸神之争的再阐释：一个社会学的结构视角》，《社会》2017 年第 1 期。

② ［德］马克斯·韦伯：《经济与社会》第 1 卷，阎克文译，上海人民出版社 2019 年版，第 144 页。

③ ［德］马克斯·韦伯：《经济与社会》第 1 卷，阎克文译，上海人民出版社 2019 年版，第 144—145 页。

关涉对思想政治教育的价值定向是更多朝向为社会、国家的服务，还是朝向对人的深切关怀。“思想政治教育工具理性”与“思想政治教育价值理性”两个概念的生成，旨在认识和分析思想政治教育中的现代性冲突表现，也反映出对思想政治教育基本价值追求和直接价值目标的考量，到底是服务国家、社会还是服务人的问题之争日益浮现出来，并形成激烈探讨，背后则是认识论和价值观层面的分歧。工具理性与价值理性之争进入思想政治教育论域，实际上是思想政治教育内在价值矛盾被外在激活的表现，也是其内在的渴望，渴望为自己确立起自我价值证成的“合理性范式”。思想政治教育工具理性与价值理性的分立，不仅折射出思想政治教育现代性矛盾的另一个侧面，更将工具理性与价值理性此起彼伏、看似无法兼容且对抗激烈的情形充分地展现在人们眼前。

（二）价值的“空场”：工具理性对价值理性的遮蔽

“人们的观念、观点和概念，一句话，人们的意识，随着人们的生活条件、人们的社会关系、人们的社会存在的改变而改变，这难道需要经过深思才能了解吗？”[①] 理性是人类认识能力的高级产物，它也随着社会的发展变化而不断变化。不管是工具理性还是价值理性，只要适应特定时期的社会发展需要，就会被“加冕”合理的“桂冠”，并因此而大行其道。这种情况同样发生在思想政治教育上。思想政治教育会因时代的变迁而有不同的价值定位，人们对思想政治教育合理性标准的界定和偏好就不同。简单来讲，思想政治教育工具理性把思想政治教育的合理性标准定位于其对国家和社会服务的效果，且侧重于对经济理性、技术理性等的推崇；思想政治教育价值理性则把合理性标准奠立于对人的发展、人的解放和人的本质的实现的目标之上。对工具理性和价值理性的定位不清，可能会导致工具理性的膨胀，产生对价值理性的遮蔽。

当阶级和国家产生之后，意识形态权力的实现场域随着精神性政治的

① 《马克思恩格斯文集》第2卷，人民出版社2009年版，第50—51页。

发展而不断扩张，使得作为意识形态权力直接执行方式的思想政治教育正式登上历史的舞台。统治阶级“作为思想的生产者进行统治”①，利用思想政治教育进行着意识形态的传播和教化，不断夯实着整个国家和社会的思想根基，并且在这种精神力量持续的能动作用下，其可以转化为推动国家和社会进步的物质力量。毫无疑问，思想政治教育确有维系人类社会存亡、维护社会稳定、推动社会发展的工具性价值，发挥着精神产品输送、精神力量供给和精神家园建构的强大作用。但无论是在古代社会还是现代社会中，思想政治教育的工具性价值中都内含着对人的关怀，而对这种价值理性的认知和揭示却往往被人们所忽视，在一定程度上造成对“人”的认识的“缺位”和“偏见”。

社会的飞速发展带来的经济理性主义深刻触动了人们追逐“功利”的欲望，这种“经济理性的发展在一定程度上依赖于理性的技术和理性的法律”②，并在这个过程中使理性成为了技术和组织的附庸，理性堕落为只关注工具的工具理性。届时，人类社会被利益所笼罩，多数人似乎不再关心那些诗和远方，而只注重当下的个人利益和物欲享乐；人们也开启了对高新技术的崇拜，一味追求快速、高效、精准，忽视随着大数据、人工智能、基因编辑等的出现而产生的伦理问题。人也在这个过程中被不断物化、数据化、同一化、单向度化，呈现出精神上的物化、焦虑、空虚和意义的缺失。

人的形式在场与实质空场成为思想政治教育的一种表现形态。思想政治教育目标中虽然包含着对人的全面发展的关怀，但实际内容中却只体现了国家与社会发展对人的单方面要求，忽视人的实际思想品德水平及其发展需求；依靠新媒体、自媒体的普及，思想政治教育的教学方式和教学过程呈现更加多样化、更具图像化的方式，但“花哨”的教学方法背后可能存在着忽视内容提升和学生接受实际的“形式主义”情况；大数据、人工

① 《马克思恩格斯文集》第 1 卷，人民出版社 2009 年版，第 551 页。

② ［德］马克斯・韦伯：《新教伦理与资本主义精神》，阎克文译，上海人民出版社 2017 年版，第 198 页。

智能等的兴起，又使得思想政治教育“欣然”投向数据化、智能化的“怀抱”，这可能导致在“精准化”的名义下陷入“以数据还原思想”“以算法分析替代思想交流”的误区之中。同时，由于理性定位中“人的空场”，思想政治教育由满足人们的精神需要、促进人们的精神世界型塑，逐步走向只注重对社会意识的维护而对人的精神关怀的缺失，甚至使自身发生了异化，仅将人看作是社会的一部分，却忽视人的特殊性和主体性，导致了对人的“物化”处理。工具理性完成了对“人”的蚕食，使得价值理性“黯然失色”，造成了思想政治教育理性中的“价值空场”，致使思想政治教育对自身最终目的的“遗忘”。

后现代性敏锐地“发觉”到现代性对工具理性的沦陷，其理性批判的矛头也直指工具理性的变质和僭越。事实上，“从韦伯开始，这样一种理性的观念在被分析为工具理性与价值理性的对立之后，却被看成导致现代性陷入困境乃至危机的根源”①。思想政治教育学界由此尝试通过提出和建构思想政治教育人学来“挽救”和“复归”思想政治教育的价值理性，以期实现对人的“救渡”。然而，这种努力在达到预期目的的同时，又遭到了价值理性的“反噬”。

（三）对人的“救渡”：价值理性对工具理性的“反攻”

价值是一个关系性范畴，而关系总是对人而言的，指向一定的主体，因此价值必然是属人的。思想政治教育价值理性要开展对工具理性的“反攻”，就要填补和夯实思想政治教育理性中的“价值空场”，即对人的“救渡”，重塑人在思想政治教育中的“主体性”地位，让思想政治教育回归到对人的关切上来。20 世纪 90 年代以来，得益于西方主体性哲学研究热潮的传入以及国内马克思主义人学研讨热情的高涨，“人学”也被思想政治教育学界所吸纳，可视为后现代对现代思想政治教育发展过程的反思性介入和建构。

---

① 陈嘉明：《现代性与后现代性十五讲》，北京大学出版社 2006 年版，第 312 页。

许多学者立足对现实的反思，曾对思想政治教育工具理性口诛笔伐，旨在批判思想政治教育中出现的一味追求满足国家和社会需要而忽视“人”的需要的倾向。这严重损伤和动摇了思想政治教育工具理性的有效性和合法性。工具理性曾经起到了很大的理论认知和实践推进的作用，让我们得以明晰思想政治教育在国家与社会当中的地位和功能，也使我们更加重视手段、过程在思想政治教育中的重要作用。随着人学理论的“振臂高呼”，人们仿佛从由工具和技术制造的物欲和功利梦魇中醒来，对价值理性的重视和呐喊开始走向前台。仅仅注重思想政治教育工具理性，会阻碍思想政治教育时代化与科学化的进程。思想政治教育的“目中无人”更让其无法真切感知和体会人们的思想境遇和思想需要，以至于造成思想政治教育一直在有效性困境之中打转。由此，学界开启了“思想政治教育人学”的理论与实践探索，并逐渐形成了思想政治教育研究的“人学范式”，旨在唤回思想政治教育的价值理性。思想政治教育终究“是人的教育，在教育过程中满足人的需要，促进或实现人的发展与完善才是最根本的事情。这种以人为目的，为人的发展和完善服务的内在价值，方是思想政治教育的目的之所在”①。思想政治教育人学认为，思想政治教育出发点应从国家和社会回归到现实中的人，关心人的思想、人的活动、人的需要以及人与人之间的关系。而思想政治教育人学研究范式，则应立足于马克思主义人学理论的开发和挖掘，开拓出一种重新审视思想政治教育的“人学视域”，让价值理性在“人学理念”“人学话语”的树立和培育过程中重新显现出来。

与其说思想政治教育价值理性“攻势”甚猛的原因在于深刻触及思想政治教育的本质和灵魂，不如说其回应了社会发展的时代课题。无论从理论上还是实践中，价值理性的回归都是现代思想政治教育理论与实践的一大进步。但价值理性可能也过分“陶醉”于自己的胜利果实，把

---

① 李合亮：《思想政治教育探本——关于其源起及本质的研究》，人民出版社 2007 年版，第 156—157 页。

思想政治教育对人的关注发扬到了极致，出现了价值理性压倒工具理性的情形，也暴露出了自身存在的问题。第一，由人学范式“挑起”的与社会哲学范式之间的对立与战争，反映出价值理性对工具理性的批判和超越，但却存在对社会哲学范式的“污名化”①。人学范式为了突出自身的优越性，存在以“看不见人”为名来彻底否定和颠覆社会哲学范式的倾向。（从而遮蔽了思想政治教育的工具性，忘却了思想政治教育目的性本质与工具性本质之间的相互依赖、相辅相成，）这就会造成对思想政治教育本质及其本质属性认知的模糊与错乱，把其等同于一般性的道德教育。第二，由于人学范式把人放在了过高的位置上，容易引发对人的脱离社会的抽象化理解。如果对工具理性的批判和超越是通过对思想政治教育为国家与社会服务的否定来实现的，那就会让价值理性提倡的“人”疏离于其赖以生存的社会历史条件，成为非历史的抽象人。这种“‘浪漫主义人学’价值悬设，实质上是一种知性形而上学的思维”②，重蹈了工具理性对价值理性否定和遮蔽的覆辙。第三，由思想政治教育人学勃兴引起的关于主体性理论、主体间性理论在思想政治教育中的讨论，极大地促进了思想政治教育理论的发展和学界理论观点交锋的繁荣景象，当然这些观点中仍然存在诸多不能自洽的地方。如“双主体说”“主体间性”等思想政治教育课题研讨中存在将哲学层面的“主体”概念与思想政治教育实践过程中的“主体”概念混淆的情况；而在表现出尊重教育者和教育对象主体地位的同时，也容易造成“泛主体化”或教育者责任意识淡化的乱象。③

这样来看，将工具理性“踩在脚下”的价值理性所获得的“胜利”，似乎并没有如它期待的那样圆满。价值理性与工具理性之间的矛盾，也仍未因任何一方的“胜利”而得到缓解与调和。

① 陈荣荣：《应慎重提倡思想政治教育人学范式转换》，《思想教育研究》2013 年第 9 期。

② 陶磊、黄明理：《人学范式，还是社会哲学范式？——思想政治教育现代转型的反思》，《探索》2011 年第 6 期。

③ 祖嘉合：《对思想政治教育主体及其特性的思考》，《教学与研究》2007 年第 3 期。

（四）合理性冲突的纾解：价值理性与工具理性统一关系的“修复”

范式之争是思想政治教育价值理性与工具理性矛盾在思想政治教育研究中的体现，也是现代思想政治教育发展过程中必然要经历的过程。矛盾解决的前提是既要对矛盾进行重新认识，又要充分意识到矛盾双方的相互关系。后现代的思维方式在于：一是打破原有的“合理性秩序”，让合理性秩序、合理性标准重新得到审视；二是解除理性形而上学的束缚，倡导一种多元的、共存的合理性秩序。工具理性在遮蔽价值理性的过程中产生了对人的遗忘，而价值理性在“反攻”工具理性时也表现出了对社会的遗忘，并且这种遗忘在对立情绪中被不断加剧，造成了双方对彼此互为前提、相互成全关系的“记忆缺失”，进而发展为合理性冲突的现代性痼疾。换言之，思想政治教育价值理性中本就包含着工具理性的内容，工具理性中也蕴含着价值理性的追求，只是经历现代性的锤炼而发生了分立。后现代性对现代性的批判性反思，就在于重建思想政治教育合理性标准的过程中，推动着价值理性与工具理性统一关系的“记忆修复”。

一方面，要正确认识和处理思想政治教育价值理性与工具理性之间相互依赖的事实。工具性和目的性的双重本质，决定了思想政治教育是价值理性与工具理性的统一，两者都是不可缺失的。工具理性指向“实然”，着力于培养国家与社会需要的公民；价值理性指向“应然”，致力于关怀人的需要和发展。“应然”为“实然”指引方向，使其始终目视远方；“实然”为“应然”夯实基础，使其始终立足当下。思想政治教育工具理性离开价值理性，就会沦为麻木、冷酷的意识形态工具，忽视人的实际发展需要；思想政治教育价值理性离开工具理性，就会让人失去生存的社会基础而漂浮于抽象当中，甚至生发出对技术发展的屏蔽和抵制。因而，不应固守原有的对立思维来看待思想政治教育工具理性与价值理性之间的关系，应充分认识到两者之间是互为条件、相辅相成的。

另一方面，要抽离形而上学的思维方式，避免铸造出“单向度”的思想政治教育。究其根本，思想政治教育价值理性与工具理性之争，其实就是思想政治教育个人价值与社会价值之争，背后暗藏着个人与社会对立的逻辑。不可否认，在现实生活中，特定时期的思想政治教育往往不能兼顾个人价值与社会价值的共同实现，难免会呈现出对其中一种价值取向更为突出的现象。但这并不意味着对另一方的绝对排斥，也不意味着任何一方可以替代另一方，那将会造成“单向度思想政治教育”的样态。实际上，单向度的讨论思想政治教育的价值理性或工具理性就是形而上学的。人和社会的本质关联性决定了人的发展和社会的发展是紧密相连的。那么，思想政治教育对人的发展的促进和对社会发展的推动，也就是不可分离的。主要的问题在于，我们要突破理性形而上学的围困，不要先在思想层面树立思想政治教育价值理性与工具理性的对立，而应更多地在对立统一的思维方式下探索两者的兼顾之策。

基于对已有合理性范式的省思，学界力图回归马克思主义理论学科本身，对思想政治教育价值理性与工具理性的矛盾进行调和。有学者借鉴哈贝马斯对韦伯命题的解题方法，从“交往理性”入手，经过马克思主义社会交往理论的改造提出了“交往性思想政治教育”的概念。与价值理性和工具理性之间此消彼长的对立状态不同，“交往性思想政治教育的价值取向即是这样一条作为‘第三条道路’的生态化思想政治教育主张”[①]，旨在调和价值理性和工具理性所代表的“社会需要论”和“个人需要论”之间的矛盾和对立状态。深思之，交往性思想政治教育表面奠立于“主体间性”理念之上，实际已然萌蘖着“科学实践观范式”的观点。有学者进一步指出，马克思利用科学实践观完成对费尔巴哈人本主义哲学的清算，并在此基础上创立了唯物史观，个人与社会也在“实践”中获得了统一。这就为超越社会哲学范式和人学范式提供了理论依据。“‘科学实践观研究范式’下的思想政治教育既为个人‘认同’历史、社会和时代，形成具有文明史内涵的世界观、人生观、价值观奠定基础；又为历史、社会和时代‘认可’

① 闫艳：《交往视域中的思想政治教育》，人民出版社2011年版，第122页。

个人，形成具有时代内涵的世界图景、思维方式和价值规范创造条件。”①可见，科学实践观研究范式的确为解决思想政治教育价值理性与工具理性的矛盾提供了一种思路和参考，个人与社会不仅在具体的实践中聚合和统一，也在实践中将两者勾连起来，即将个人价值与社会价值统合起来，以佐证个人与社会之间的本质关联、不可分割。科学实践观研究范式的养成，蕴含着对个人与社会关系认识的重构，意味着个人与社会可以在鲜活的实践中完成相互确认，价值理性与工具理性也可以在实践中获得彼此的记忆连接。这就为思想政治教育重拾价值理性与工具理性之间相互依赖性的记忆创造了理论条件。

三、思想政治教育内容与形式的矛盾

内容与形式反映着事物的两个方面。内容与形式构成了事物的内在规定性，而事物只有在一定的内容与形式中才能获得自身的确定性。内容与形式总是处于辩证运动的矛盾关系当中。内容决定形式，形式反映、依赖和反作用于内容。但这种关系并不总是对应和稳定的，而是不断处在动态平衡当中。内容的创新会催促着形式的更新，形式的创新又会反过来促进内容的完善。两者之间因为发展的不平衡，就会产生不相适应的状态。这个时候，内容与形式之间的矛盾就会激化且推动着事物向前发展，而任何一方发展的滞后或不相适应都会影响或阻碍事物的发展进程。“思想政治教育现代性是‘被卷入’的，它是社会现代性的‘复制’或‘被植入’，这是被动的过程，但又具有必然性。”②这意味着在现代性建构过程中，必然会出现思想政治教育现代性与社会现代性、人的现代性之间不相适应的情况，集中体现在其内容与形式的矛盾关系当中。后现代性的“介入”，

① 李月玲、王秀阁：《科学实践观视角下思想政治教育研究范式探微》，《理论导刊》2012年第8期。

② 孙其昂：《思想政治教育学前沿研究》，人民出版社2013年版，第231页。

就是为了深入把握社会现代性发展的特征，形成观察和认识思想政治教育内容与形式现代性遭遇的后现代性视角，并在后现代性语境中达致对思想政治教育内容与形式矛盾的化解。

（一）总体性社会的解体：内容与形式矛盾构成的现代性背景

改革开放以前的中国社会是一个总体性社会。整个社会是高度同质的、稳定的，社会各结构是相互依赖的，仰仗着一种统一的价值秩序来维系着社会的运转。随着改革开放而掀起的现代化浪潮，迅速地解构和重构着传统社会，把传统社会结构抛进了现代性的酿制“坛”中。在急遽而复杂的现代性张力下，中国传统的总体性社会形态开始解体，社会结构出现断裂的症候。这就构成了思想政治教育内容与形式矛盾激化的现代性背景。总体性社会的解体主要表现为以下几个特征。

第一，阶层多样化。生产力和生产关系的发展、科技的飞速赶超、分工的精细化、社会主义市场经济体制的建立和完善、“单位”时代的解体和“后单位”时代的来临以及社会阶层纵向流动和横向流动的增强，都催化着传统社会阶层结构的解体。“原来由工人阶级、农民阶级和知识分子构成的相对简单的社会阶级阶层结构”[①]，日益在多样化的孵化中生成了复杂化的社会结构样态。随之而来的是社会利益格局的深层变革，它将社会阶层多样化的现状以利益诉求个体化和利益冲突多样化的方式充分表现了出来，同时也就映现出差异性阶层对思想政治教育内容设置和形式搭配上的差异性诉求，成为触动思想政治教育内容与形式矛盾转化的主体动力。

第二，领域多样化。城市化、工业化的进程通过发动“地域化的再造”[②]运动，不断打破原有的地域边界并对其进行重塑，改变了一体化农业社会的领域格局。但“在这个脱域化进程中，虽然打破了地域边界，

---

① 李培林等：《当代中国阶级阶层变动：1978—2018》，社会科学文献出版社2018年版，第2页。

② [英]安东尼·吉登斯：《现代性的后果》，田禾译，译林出版社2011年版，第125页。

却又进入了领域分化的进程，把整个社会割裂成为不同的领域”①。这种领域的多样化既表现在公共领域、私人领域、日常生活领域的产生和碰撞，也表现在由阶层多样化带来的各行各业的领域多样化。而网络空间的出现和繁荣，更穿透了社会空间结构的骨架，以革命性意义的社会空间分化构筑了领域多样化的新篇章。但领域多样化同时也呈现出一幅诸多领域重叠、融合的画卷。各个领域都呼唤着具有领域特征、符合领域发展要求的思想政治教育内容和形式，使之与特定领域相适应。这也表达着在社会结构转型过程中对新的总体性的追求，反映出在领域融合的态势下对社会整合的诉求。

第三，价值观念多样化。价值观念多样化指的是因阶层多样化和领域多样化所带来的传统社会原有价值秩序和价值观念的解体和重构。一方面，阶层多样化产生了社会多元主体，都以自己的方式表达着自己的主体性诉求，以谋求社会权力关系结构的重构。在这个过程中就会迸发出多种价值观念、提出多种价值秩序。另一方面，领域多样化造成的多种领域之间的交织、叠合，渐渐产生了私人价值观念与公共价值秩序之间的冲突、各个领域各自树立起来的价值追求和价值规范之间的碰撞。因此，这两方面的价值观念多样化，都是在稀释和消解总体性社会中的统一性价值规范，追求多元价值的共存，这也造成了“道德选择（道德良知紧随其后）在本质上不可避免地是摇摆不定的（矛盾的）”②。价值观念多样化实际上是总体性社会解体后，在观念层面的表现和期望，也牵动着思想政治教育内容与形式发生变革，将价值观念的差异性含纳进内容中来，并以之激发形式的创新动力。

与此同时，由阶层多样化、领域多样化和价值观念多样化构筑的多样化社会面貌，不仅改变了思想政治教育赖以存在的社会基础，也将社会多样化的印迹烙在了思想政治教育身上，不断孕育和激起思想政治教育的

---

① 张康之：《为了人的共生共在》，人民出版社 2016 年版，第 133 页。

② ［英］齐格蒙特·鲍曼：《后现代伦理学》，张成岗译，江苏人民出版社 2003 年版，第 24 页。

"分化意识"，从而形塑起了"思想政治教育分化"的现代格局。思想政治教育分化现象可从内外两个维度来认识。"一方面是外部，思想政治教育在社会系统中分化出来，形成相对独立的思想政治教育系统及行业、专业、学科、职业，以及相应的话语和文化。另一方面是内部，思想政治教育系统内部也发生着分化，思想政治教育系统内部的分化而形成各种各样的思想政治教育子系统，造就思想政治教育内部的专业化。"[①] 也正是在自身分化的境遇下，思想政治教育遭遇到了异质性的多样化社会开拓的新场域带来的新挑战，也面临着需要从整体上调试和创新自身以适应多样化社会的思想政治教育需要。因此，思想政治教育内容与形式的矛盾才更加突显出来。

（二）不确定性的蔓延：内容稳定性的冲击与形式多样化的滞后

在齐美尔、克拉考尔等人的眼中，现代性就是以"碎片化"的面目呈现的。整个世界以"碎片"的方式解锁着"总体性"的束缚。鲍曼就指出："现代性世界的碎片化作为自己最大的成就，加以炫耀。碎片化是其力量的主要源泉。"[②] 而在鲍曼的语境中，现代性的"碎片化"与其空前的"流动性"紧密相关。易言之，现代性以其流动的"液化"力量为总体性的社会割开了"一条裂谷——一条将永远扩大，但在其上又见不到任何桥梁的裂谷"[③]，随着"裂谷"的扩大，总体性社会被解构为一系列的碎片。可以这样说，现代性的时代是一个碎片化的时代，时间的碎片化、空间的碎片化、信息的碎片化、认知的碎片化、生活方式的碎片化等塑造了这个时代人们的碎片化体验。这种碎片化意味着不确定性、不稳定性，也就意味着对确定性的失去，意味着空虚与焦虑。社会总体性的消解及其碎片化的呈

---

① 孙其昂等：《思想政治教育现代转型研究》，学习出版社2015年版，第107页。

② [英] 齐格蒙特·鲍曼：《现代性与矛盾性》，邵迎生译，商务印书馆2003年版，第19页。

③ [英] 齐格蒙特·鲍曼：《流动的现代性》，欧阳景根译，中国人民大学出版社2017年版，第29页。

现以及人们思想观念和认知方式的碎片化转变，都深刻地影响着思想政治教育的内容与形式，也成为两者矛盾关系新表现的重要肇因。

在总体性社会当中，社会结构相对僵化和板结化，整个社会遵循一元化的价值秩序和价值观念，人群也相对统一，聚合于公社、单位或者学校当中。但是，随着现代化进程的推进，人们的交往环境和价值选择都在总体性的解体过程中日益多样化，不断挑战着传统相对单一的思想政治教育内容结构。一则阶层的多样化使得思想政治教育内容必须考虑到与多阶层人士之间思想需要和接受程度的契合性。如对领导干部、工人农民、青年学生等不同阶层的人群而言，他们有着不同的发展诉求、认知水平和阶层体验，可我们有时却无视这种人群之间的差异，采用同样的内容来开展思想政治教育，反而既没办法达到思想政治教育的预期目标，还会有损思想政治教育的形象。二则领域的多样化使得思想政治教育内容必须根据不同领域当中特殊境况来制定思想政治教育内容。一方面针对不同领域中不同职业的人群制定的思想政治教育是有所区别的，因为不同职业本身的规定性要求其对思想政治教育内容的接受范围、内化程度不同；另一方面则是意味着不同的空间领域，如网络空间中的思想政治教育开辟了思想政治教育新的活动方式和存在形态，针对网络空间领域出现的诸多复杂的思想课题，思想政治教育内容也要被迫设计新的内容或进行重新构建，方能适应网络空间对思想政治教育的要求。三则价值观念的多样化致使思想政治教育原有的一元化内容体系的内核被掰开、揉碎，从而要求思想政治教育根据现有社会中由不确定性逻辑引发的焦虑、空虚、淡漠等碎片化思想现状，制定与之相适应的思想政治教育内容，否则就不能完成主流意识形态社会化的任务。

内容结构发生的分化同样也会对其形式提出分化的要求。而形式如若未能实现自身的多样化发展以适应内容结构的分化，就会与既有的分化内容发生激烈的矛盾。第一，单一化倾向。首先表现在教育方法的单一化。尽管当前的思想政治教育方法有了很大的改善和丰富，但部分地区或部分思想政治教育者仍未改变“我讲你听，我打你通”的基本方式，抑或对所有群体都使用单一的教育方法。在一些高校的思想政治理论课当中，由于教学条件或师资条件的有限，采取了“大班”上课的形式，教学互动效果不理想，学生就会产生厌学情绪，反馈到教师这里又加剧了教师消极备课、简单教学的心理，以至成为一个恶性循环。其次表现在活动领域的单一化。囿于对思想政治教育活动领域的单一化认知，于是出现了各种领域思想政治教育发展不平衡且部分不充分的景象。思想政治教育被限制在学校领域，没有延伸至社会的各个领域当中，造成了思想政治教育与社会的疏离和断裂。第二，针对性不足。思想政治教育内容根据全社会不同受众而进行内容结构的改善，需要思想政治教育的方法、载体、话语也应根据不同受众的接受特点来进行选择。但现有思想政治教育不同程度地存在着对不同受众采取同一方法、同一载体、同一话语的现象，将在学校授课的那一套照搬到企业、社区乃至社会层面，无视各阶层、各领域中的特殊性，致使思想政治教育变成“千篇一律”的政治宣传工具。第三，适应性不强。碎片化时代让人们更多地在碎片化的时间以碎片化的方式获取信息，如上下班时间缝隙中利用手机浏览新闻、刷微博微信抖音等，这就使得思想政治教育内容在信息传输过程中被碎片化，反映出思想政治教育在内容转化过程中未能及时适应人们的信息传输和信息获取需求。

（三）微观生活的转向：生活化形式诉求对一元化内容要求的挑战

利奥塔尔通过对知识合法性的质疑，实现了对宏大叙事的“非法化”论证和“祛魅化”处理。他指出：“宏大叙事失去了可信性，不论它采用什么统一方式：思辨的叙事或解放的叙事。”[①] 合法性的神话随着上述两种叙事中普遍性原则的消解而瓦解。利奥塔尔在呵斥普遍性、总体性的同时，借鉴维特根斯坦的“语言游戏”思想，认为每门科学都是一种语言游戏，有着自身独特的游戏规则，且彼此之间都是平等的。“我们没有任何

① ［法］让-弗朗索瓦·利奥塔尔：《后现代状态：关于知识的报告》，车槿山译，三联书店1997年版，第80页。

理由认为可以找到为所有的语言游戏共有的元规定"①，也不需要在各种语言游戏之间苦苦寻求一种可通约的"元规则"。利奥塔尔倡导对差异性、异质性、多元化、个体化、碎片化的尊重。诸如此类，福柯对差异性和微观权力的强调、德里达对语音中心主义的批判和解构、德勒兹"把事物劈成碎片"的"差异哲学"，都表达了后现代主义者希望通过对现代性宏大叙事的"祛魅"和解构，促使人们发生视野和理念的转向，转向差异性，转向个体化，从而转向个体的生活世界。

形式依赖于内容，却也具有自身的独立性，"表明形式并不是完全消极的、被动的因素。任何形式都对内容具有反作用。"②叙事方式的生活化转向，首先作用于对形式的生活化诉求，因为形式是思想政治教育外显的方式，是与教育对象直接联系的途径。所以，教育对象对思想政治教育创新发展的诉求也往往直接表达在能看见、能感受的形式层面。我国著名德育研究专家鲁洁先生忧虑于德育课历史与现状的"宏大叙事"，而倡导以"回归生活"为主旨的德育课程改革，由此掀起了"生活德育"探讨的风潮。习近平总书记说："一种价值观要真正发挥作用，必须融入社会生活，让人们在实践中感知它、领悟它。要注意把我们所倡导的与人们日常生活紧密结合起来，在落细、落小、落实上下功夫。"③从形式上看，人们渴望破除传统思想政治教育的单向外部灌输的方法，让思想政治教育贴近日常生活，并且融入到日常生活当中，通过日常的群众性活动、文化建设等来开展思想政治教育。从载体上看，"微媒体"已经成为人们生活不可或缺的一部分，很多微博公知、微信公众号、微视频网站和个人账号短视频平台等都已经成为思想政治教育生活化的重要载体，人们的"碎片化"时间可以为思想政治教育所用。从话语上看，思想政治教育叙事的生活化话语开始生成，思想政治教育在内容的话语转化上、表达上都更加"接地气"，

---

① ［德］沃尔夫冈·韦尔施：《我们的后现代的现代》，洪天富译，商务印书馆 2004 年版，第 342 页。

② 高清海：《马克思主义哲学基础》上册，北京师范大学出版社 2012 年版，第 175 页。

③ 《习近平谈治国理政》第一卷，外文出版社 2018 年版，第 165 页。

改变了以往理论话语、学术话语的宏大叙事话语体系，话语建构和话语表达从抽象语境中抽离出来，并实现了生活化、图像化转变。可见，形式上的生活化诉求已然贯注到思想政治教育整体当中，渐渐地催促着思想政治教育理念、目标、内容等的整体性变革。

生活化转向旨在填充和夯实思想政治教育的生活根基，防止思想政治教育高悬于经院之阁，而将关注的目光投向生活中的个体、投向个体的生活。当生活化形式诉求已成为一种普遍期待甚至"过度追求"，形式与内容之间的矛盾又呈现出了新的表现。一则形式的生活化、碎片化容易造成对内容一元性的消解。一元性的内容在投向生活之时会被裁剪为片段化、个体化的内容，没有办法聚合为系统化、整体性的内容体系，那么内容的一元性就在分散、分离的过程中逐渐被离散化，其内涵的一元价值秩序也在这个过程中被解构，增加了多元主体形成认同、凝聚共同思想基础以及达成价值共识的难度。二则生活化形式确实达到贴近受众日常生活的效果，但也容易出现为了附和受众而日趋走向平庸化、娱乐化、媚俗化，过度迎合受众生活中的感性体验便会冲击或无视一元性内容所要求的理性引导，造成人们生活中意义和价值的缺失，致使思想政治教育内容中规范性因素和超越性因素的丢失，丧失对人们思想和行为的规约和引导。三则生活化形式促动思想政治教育方式多样化的同时，也增加了思想政治教育的形式主义倾向。思想政治教育实践工作中出现一些过度注重形式的现象，仅仅追求五花八门的方式、高调华丽的话语等，而淡化乃至忽视思想政治教育内容的丰富内涵。这就会造成思想政治教育在生活化过程中"'形'与'质'发生分离，'体'与'魂'发生分离，外部表现与价值寄托发生分离"①。

（四）差异性的统合：内容与形式接洽中的总体性重建

哈贝马斯是现代性坚定的捍卫者，并因此与福柯、德里达、利奥塔尔

---

① 孟宪平：《当下思想政治教育中的意义流失及聚合机制分析》，《学术界》2020年第4期。

等人的“后结构主义”观点展开了激烈的论战。“在哈贝马斯看来，社会生活中虽然存在差异性和特殊性，存在对中心的排斥和离异，但是，差异性中有共同性，特殊性中有普遍性，绝对的中心不存在，特殊领域中的理性根据却不可否认。”① 对总体性的反抗，造就了差异性的扩张，以至于人们忘却了总体性对差异性调和的理性力量，而且这种力量是社会发展所需要的。后现代性对差异性的推崇和放纵，让刚摆脱总体性困顿的社会又陷入到差异性的撕裂之中。从实质上看，仍然不出离对总体性与差异性的形而上学认知，表现为对矛盾双方的割裂及对矛盾统一性的否定。恩格斯论证了同一性与差异性之间的本质性联系，强调：“同一性自身中包含着差异，这一事实在每一个命题中都表现出来……与自身的同一，从一开始就必须有与一切他物的差异作为补充，这是不言而喻的。”② 现代性语境下，这里的“同一性”就呈现为一种总体性力量。哈贝马斯等人致力于进行的现代性重建，是在反思现代性基础上进行的现代性重建，旨在唤回和构建一种承认差异性、承认特殊性、承认相对性的总体性、普遍性、绝对性。在这种总体性之中，内蕴着承认、尊重和调和统合各种差异性的理性力量。

对于思想政治教育来说，总体性社会的解体促使其内容与形式都发生了适应性的变迁和创新性的发展，也开阔了思想政治教育“眼界”，让思想政治教育更多地关注到身处不同环境中的不同个人。当然，这样的改变不可避免地给思想政治教育带来了些许困惑和迷惘，内容与形式之间形成的多方面“错位”的不相适应情况，真实地反映出思想政治教育在适应总体性社会解体的过程中自身的现代性遭遇。思想政治教育内容与形式都在不同程度地发生了内部的分化发展，特别是改革开放以来，社会新阶层的不断生成，社会领域的细致分化，使“各行各业思想政治教育的异质性显现出来，分离倾向也得以呈现。于是，提出全国思想政治教育整合的任务。”③（至今，这一整合的任务仍然朝着更为充分、更为平衡的目标行

① 刘少杰：《后现代西方社会学理论》，北京大学出版社 2014 年版，第 247 页。

② 《马克思恩格斯文集》第 9 卷，人民出版社 2009 年版，第 476 页。

③ 孙其昂等：《思想政治教育现代转型研究》，学习出版社 2015 年版，第 107 页。

进。）思想政治教育自身的分化、碎片化，需要伫立于意识形态本性的基础上，在内容与形式的接洽配合中实现自身内部与外部的总体性重建。这就是说，思想政治教育内容与形式需要在坚守一元性、统一性、整体性的同时充分尊重、承认和吸纳差异性事实。

第一，要着力提升内容与形式的亲和力和针对性。习近平总书记特别强调，要不断“提升思想政治教育亲和力和针对性”[①]。（亲和力和针对性的提升表现在思想政治教育满足与契合教育对象的需要，这种满足与契合主要体现在内容上让人容易理解和消化、形式上让人容易接受和认可，使作为介体的内容与形式成为连接思想政治教育者与思想政治教育对象的良性桥梁。）这也成为缓解和解决思想政治教育内容与形式矛盾的重要着力点，当然这里强调内容与形式亲和力和针对性的同步提升。一方面是亲和力。从本质上看，亲和力是一种情感互动中主观体验的产物。这意味着亲和力的提升需要在教育者和教育对象之间架构起情感沟通的桥梁，以增强教育对象在思想政治教育过程中的情感体验。内容上要体现出对社会现实和日常生活的观照和切入，及时、正面地回应人们的各种疑问和诉求，促进主导性内容与主流性内容的充分融合和转化；方法上要体现对教育对象的尊重和了解，不断提升方法的技术性和时代性含量，使其更加符合教育对象接受特性和接受期待；话语上要体现出与大众生活的贴近，用平易近人、通俗易懂的话语传递思想政治教育内容，同时重视话语的与时俱进，善于运用当代流行话语，使用恰当的网络话语、游戏话语等进行表达。另一方面是针对性。提升针对性的本质就是要从教育对象的实际出发，针对不同人群的差异性来进行思想政治教育内容和形式的设计和革新，进而搭建起差异性个体之间的信息共通空间以寻求共识基础。需要注意的是，现代社会的常态流动性、时间加速性和空间融叠性都增添了提升针对性的难度。思想政治教育内容与形式需要转变理念，将针对性地提升置于对流动性、暂时性和不确定性的充分考量之上，以便做好应对场域或人群时刻转

① 《习近平谈治国理政》第二卷，外文出版社2017年版，第378页。

换的准备。

第二，要注重内容与形式的有效匹配。有效匹配，意味着思想政治教育内容与形式的变迁、变革步伐必须是一致的和能够进行对接、配合的，并且可以相互实现、相互成就的，落后或者超前都会造成由于内容与形式之间的不适应而出现的思想政治教育有效性的阙如。当然，正是内容与形式之间的"时间差"引致了它们之间的矛盾关系，而有效匹配就是要消除或弥合思想政治教育内容与形式之间存在的"时间差"。这就需要首先明确内容与形式之间的辩证关系。内容与形式总是相互依赖的，没有无形式的内容，更不存在无内容的形式。但内容始终处于决定性的位置，形式的变化需以内容的变化为前提。这并不是否定形式的相对独立性，而是强调即使形式"超前"，也需要内容的及时"跟进"，否则容易变成"旧酒装新瓶"的戏法，与时代脱轨，无法与接受者形成共鸣。内容变化同样需要通过相应的形式来匹配，否则也无法得到很好地表达和传递。其次在于差异性、多样化的内容如何与差异性、多样化的方式进行有效的对接、契合。这就要在充分认识和了解教育对象及其思想品德需要和思想品德实际的基础性上，找准内容与形式接洽的对接口，使之形成相应的"配套"。同时，也要积极探索各种内容与形式"配套"之间的互动，不同人群或不同领域中的思想政治教育内容和形式具有某些相似特征，可相互借鉴。再次就是要利用思想政治教育的系统性、整体性和其中携带着的总体性价值内涵协调、整合思想政治教育的分化格局，既肯定分化格局的存在事实和积极意义，又时刻警惕因分化造成的思想政治教育资源和力量的分散、离散，明确对思想政治教育的总体性重建亦是建立在对思想政治教育差异性的承认这一前提条件基础之上的。

四、思想政治教育个性化与社会化的矛盾

个性与社会两个维度的对立，表现出人们对思想政治教育认识存在一定程度的误解抑或偏失。所谓思想政治教育个性化，是指思想政治教育从

教育对象的个性需求出发，尊重和促进其差异性、主体性的形塑和发展的过程，是一种个性化培育理念在思想政治教育中的体现，表现出对个体发展的内在指向。即思想政治教育要关怀每个个体的个性化需求，致力于服务个性提升、培养具有鲜明个性的全面发展的人。而这里的思想政治教育社会化，不同于"思想政治教育与社会的发展趋势保持一致"[①]的外在社会化，是指思想政治教育从教育对象适应社会发展的要求出发，不断以思想改造和精神建构的方式促进其融入社会、参与社会和建构社会的过程，表现出对个体发展的外在指向。这里还需要厘清思想政治教育个性化与社会化，和思想政治教育个体价值与社会价值之间的区别和联系。个体价值与社会价值的研讨主体是从思想政治教育本身出发的，意在讨论思想政治教育与个体、社会之间的需要满足关系。而个性化与社会化议题的研讨主体是就个体本身而言的，即个体的个性化和个体的社会化，旨在讨论思想政治教育对个体发展产生作用的两个向度。也就是说，尽管两个议题紧密相关，但个性化与社会化的议题比个体价值与社会价值的议题论域要窄，更聚焦于个体身上，其背后仍然潜藏着对个人与社会关系的深层思考。随着现代化道路的开辟，人的主体意识和主体地位获得空前的解放，个体化问题开始从社会化命题中分离出来，由此生发出个体的个性化与个体的社会化问题并使之彼此对立起来。那么，我们应该怎样理解和阐释现代性进程中个性化与社会化矛盾出现的原因和意义？如何穿透个性化与社会化矛盾剖析其背后所折射出的个人与社会关系的对立偏见？又应该怎样在后现代性语境下探寻思想政治教育个性化与社会化矛盾的化解之道？这是本节要解决的问题。

（一）个性的喧嚣：社会群像中的个性化呐喊

个性化呐喊源于个体化社会的形成与发展。不管是欧洲的中世纪还是中国传统社会当中，社会总是以一种统一性、同一性的价值原则规约和塑

① 蓝江：《思想政治教育社会化研究》，湖北人民出版社2004年版，第19页。

造着社会中的个体。现代性吹响了启蒙的“号角”，驱散着宗教神学、封建传统笼罩在“人”上空的迷雾，唤醒了人的理性的强大主体性力量，也启动了社会的个体化进程。个体不仅拥有了生存和发展的权利，更有了选择和承担的权利。个体化的推进意味着扬弃原先生活世界的思考基础，因为这种思考诞生于大群体社会的传统范畴，例如阶级、等级或阶层。[①] 个体摆脱了传统社会编织的集体意识神话的围困和压抑，开始呼唤对个体个性化的关注。社会中的每个人都是独立、鲜活的个体，都应该受到相同的尊重，都不应该被淹没在社会群像当中。经济的发展、科技的进步、文化的开放，都在为个体的个性化创造着条件。而后现代性对同一性、总体性的深层次批判，是为了反思现代性将人从传统社会拯救出来的同时，又把人投向了新的“同一性陷阱”中。资本主义社会中文化的异化使得人们陷入新的社会提供的标准化和齐一化的围困之下，人的个性被再次吞噬。法兰克福学派的早期代表人物霍克海默、阿多诺、马尔库塞等人就对资本主义社会中的文化工业进行了激烈的批判，揭露了其利用所谓的“大众文化”操纵和控制大众的阴谋。霍克海默和阿多诺认为：“在文化工业中，个性就是一种幻象，这不仅是因为生产方式已经被标准化。个人只有与普遍性完全达成一致，他才能得到容忍，才是没有问题的。”[②] 这更加剧了个体对社会化的反抗和逃避以及对个性化发展的渴望。

从中国社会的现代化进程来看。改革开放以来，市场经济的确立和发展以及由此带来的社会结构转型，使个人追逐利益、索取权利获得了正当性和合法性，更进一步将人从原有的空间、单位、职业、观念等束缚中解放了出来，让个体的正当诉求得到了表达，也为个体的个性化发展创造了条件。个性得以在这一时期摆脱压制茁壮生长。这一时期的个性化呐喊，反映出改革开放以前社会层面个性观严重缺失的现实。“由于社会经济成

① ［德］乌尔里希·贝克：《风险社会：新的现代性之路》，张文杰、何博闻译，译林出版社 2018 年版，第 103 页。

② ［德］马克斯·霍克海默、［德］西奥多·阿多诺：《启蒙辩证法：哲学断片》，渠敬东、曹卫东译，上海人民出版社 2020 年版，第 158 页。

分、组织形式、物质利益、就业方式日益多样化，人们思想活动的独立性、选择性、多变性、差异性明显增加。"[①]这就意味着，思想政治教育需要以关注和了解人们思想的"独立性、选择性、多变性、差异性"为工作开展的前提，充分了解教育对象的个性化实际及其个性化发展需要并将其纳入到思想政治教育目标和内容当中。可是，这种个性化目标由于带有强烈的社会化批判精神，当其进入到思想政治教育内部后，就与思想政治教育中的社会化目标产生了对立和排斥。而对个性化的过分追求和抬举，则给思想政治教育带来了一些问题和挑战。

其一，一味满足教育对象的个性化需求，缺乏对其内含的社会化需求的揭示。有些秉持以教育对象为主体的思想政治教育者，为了迎合教育对象对社会化要求的反感和抵触的心理，故意抛掉思想政治教育内容中的社会化成分，而只顾培养教育对象脱离社会的个性，为教育对象遮蔽自身的社会化需求又筑起了一道"城防"，也使自身沦为助长个性膨胀的"帮凶"。其二，过分关注个性化需要，容易让个人主义、功利主义、相对主义和自由主义价值取向在社会泛滥。个性的高度释放，解除了社会对个性的规约，开启了个人对多元化生活的探索。人们为了个人利益不惜损害他人、社会的利益，并且自以为是地为"道德立法"，认为只要对于"我"来说有利的就是合理的，同时宣扬个人自由高于一切等思想。这也是当下中国社会诸多矛盾和冲突频发的内在原因之一。其三，对个性化追求的纵容，会使个体不断坠入意义缺失的迷网。个体在追求个性化意识、表达的过程中，往往只满足于感官刺激的体验，而忽视理性心灵的感受。有的人为了追求点击量、关注度，不惜发布虚假、暴力、低俗的信息；有的人推崇"活在当下"，提倡"游戏人生"，呼吁尽情纵欲、消费和享乐；有的人进行着无休止的"时尚竞赛"，盲目以更贵、更好、更新为标准进行攀比，以外在的充实填补内在的空虚；还有的人则效仿"犬儒"，宣扬"躺平"、心怀佛系、躲避崇高、得过且过。这些问题的出现，反映出思想政治教育

① 江泽民：《论"三个代表"》，中央文献出版社2001年版，第59页。

个性化与社会化的矛盾有着深刻的社会根源，是由社会结构转型带来的个性解放后的喧嚣所引发的。

（二）“重新编码”：聚焦个性后的社会价值秩序重塑

毋庸置疑，个体在现代社会中获得了空前的个人自由和个性解放，传统社会的价值秩序由于个体的多元对抗和总体的解构而开始瓦解，并且在日益高涨的反传统、反秩序情绪中把社会具有的集体意识和整合力量在观念层面给清除了。按照吉尔·德勒兹和费利克斯·瓜塔里的说法，早期社会秩序形成的过程称为“编码”的过程，为整个社会提供了一套规范体系，如国家、官僚体系、法律、宗教等；现代社会以来对传统社会秩序和社会规范的摧毁、对人的解放的过程，就叫作“解码”的过程；而他们则用“重新编码”来表示“他们力图重新创造那古老的规范”[①]的努力，以克服现代社会由于个性爆棚而导致的社会失序和失范的弊端。哈贝马斯也表达了通过重建总体性来继续完成现代性的计划。贝拉教授也曾指出：“如果分离化和个性化的精华即个人尊严和自主要得以维持，就必须实现一种新的社会聚合。”[②]这就是说，一种有别于传统社会秩序的新社会秩序的建立，是为了保障个性化抗争的胜利果实，以便更好地促进个体个性化的发展，而不是退回到传统去。

一个社会的秩序通常表现为价值秩序，为社会的运行、为社会中成员的活动和交往提供一种约束性的“集体意识”，表现为一定的社会规范。尽管这些社会规范并不一定得到人们的普遍认同，但却潜移默化地遵守着。而当个体将这些社会规范“踩在脚下”并宣告其为非法时，传统社会便被“解码”了，其原有的秩序规范逐一被抛弃或重释，也由此造成了诸多的社会失范现象。有学者就指出：“失范作为一种历史性现象，不仅牵

① ［美］詹明信：《晚期资本主义的文化逻辑：詹明信批评理论文选》，陈清侨等译，三联书店 1997 年版，第 281—282 页。

② ［美］贝拉等：《心灵的习性：美国人生活中的个人主义和公共责任》，翟宏彪等译，三联书店 1991 年版，第 429 页。

涉到集体意识的衰弱以及分化社会中个体与个人意识对社会和集体意识的挑战，还将成为现代性‘致死的疾病’，成为最大的‘虚无’。”① 这表明，一个社会仍然需要一个统一的价值标准，而这个价值标准并不能从个体身上产生。因此，对社会进行“重新编码”就迫切地被提上了议事日程，亦被视为“挽救”现代性的最佳方案，即在社会转型背景下进行社会价值秩序的重塑。这里的“重塑”旨在立足现代社会的发展实际，在充分尊重和保障个体个性化发展的基础上为社会构建起适应社会转型发展的价值规范，表现为新时期个体社会化的发展需要，实际上应是个体社会化与个体个性化发展的共同诉求。

于是，思想政治教育社会化的课题浮现出来。这里的“思想政治教育社会化”区别于外在视角的思想政治教育对社会的参与和融入，而是指运用一定的社会价值规范来引导个体个性的有序发展。从根本上看，这种社会化的要求并不完全是外在附加的，而是内在于个体自身的，因为个体的个性化本来就离不开个体的社会化，且需要通过充分的社会化方能展现。思想政治教育在经历个体化的熏陶后，以对社会的“重新编码”为使命，重拾社会化的目标，难免又会再次遭遇到个体化与社会化相悖的窘境。

一方面，高扬个性化的热情不退反增会激化个性化与社会化之间的矛盾。尽管从社会层面上来讲，对个体社会化的培育和促进已是迫在眉睫，但并未完全获得个体层面上的广泛认知，许多人并不认为“屏蔽”社会的个性化追求有何不妥。这就会造成思想政治教育的社会化要求一旦进入教育对象的视域就会因与个性化的相悖而遭到强烈的反感和抵触，抑或由于对教育对象的个性化了解不足而被教育对象无视或略过。另一方面，个性化与社会化矛盾的一个表现就是多样性与主导性的矛盾，主导性有遭到多样性吞噬的危险。当思想政治教育社会化所代表的主导性想要统合这些纷繁复杂的多样化个体时，会被其从内容、方法、载体、话语等方面的多样

① 孙帅：《神圣社会下的现代人——论涂尔干思想中个体与社会的关系》，《社会学研究》2008 年第 4 期。

化诉求中所“肢解”“稀释”或“吞没”。如内容的分散或重复、方法的杂乱或单一、载体的多样或无效、话语的庸俗和平淡等，都会影响到思想政治教育主导性力量的发挥。再一方面，个性化与社会化矛盾还表现为解放性与规训性的矛盾，现实条件的有限性还不能彻底消除解放性与规训性之间的对抗，有时还会加深这种对抗。在我国社会主义制度下，虽然“思想政治教育的规训性与解放性从根本上存在着非对抗的社会政治基础”①，但社会主义初级阶段基本国情以及在此过程中迸发出的各种社会矛盾、社会冲突和社会问题，可能会造成解放性对规训性的质疑以及规训性对解放性的无视等情况，从而使得解放性与规训性一直处于紧张的关系当中。上述问题又再次把思想政治教育个性化与社会化的矛盾凸显了出来，也表现出聚焦个性后对社会进行的“重新编码”是有难度的。

（三）单向度的偏见：个人与社会深层割裂的透视

个性化与社会化的矛盾，折射出深藏于思想政治教育背后的个人与社会的深层割裂事实，从而导致在个人与社会绝对对立的语境下形成的个性化与社会化的“单向度偏见”，即思想政治教育在个性化与社会化当中只能二选一而不能兼顾。特别是在现代性浸润下的现代社会中，多样性、差异性的个体在对总体性、统一性的社会进行解构的过程中，逐渐拉开了自身与社会的距离，逐渐遗忘了自身与社会的本源性联系。贝克曾经感慨：“现代性扎根后，上帝、自然和社会系统正在以或急或缓的步伐被困惑、彷徨、无助、茫然的个体逐步取代。”②可见，贝克的话语之间带有对个体化进程的讽刺和否定，认为社会“缺位”的个体化进程是脆弱性的，这徒增了现代社会的风险程度。涂尔干认为传统社会的稳定性源于集体意识的维护，但现代社会由于社会分工造成的表面上的分化并没有削弱社会团结的可能性，反而使其奠立于更加殷实的基础之上。涂尔干说：“有了分工，

① 董雅华：《思想政治教育哲学问题研究》，复旦大学出版社2019年版，第124页。

② ［德］乌尔里希·贝克、［德］伊丽莎白·贝克-格恩斯海姆：《个体化》，李荣山、范譞、张惠强译，北京大学出版社2011年版，第9页。

个人才会摆脱孤立的状态，而形成相互的联系；有了分工，人们才会同舟共济，而不一意孤行。”① 鲍曼则指出，个体以自由化和流动性多方位地攻击共同体的堡垒，得胜后却发现自己丧失了共同体的庇护而走向了高度的不确定性。这种高度不确定性却缔造了一个“道德模糊性的时代”②。与涂尔干相同，鲍曼也在个体的道德自我构建中探索突破现代社会以自我为中心的伦理观的道路。但这些方案仍然将矛盾的解决投向矛盾的其中一方，实则未能真正走出“单向度偏见”的视界。

马克思在开展现代性批判时，为我们提供了实现个人与社会“视域融合”的方法。首先要从现实的个人的实践活动出发来理解社会的生成，而人的现实性也只有在社会中才能呈现。马克思指出：“人的本质不是单个人所固有的抽象物，在其现实性上，它是一切社会关系的总和。”③ 这实际上揭示了个体必须处于一定社会关系当中，才是现实的、历史的、具体的，否则都只能是理论的抽象。对人的本质的把握，就在于他始终处于与他人的社会关系当中，是在特定历史条件下的社会关系当中。其次要认识到社会作为人的交往实践活动的产物，应该被视为一个现实的存在，但却不应是凌驾于个人且可以脱离个人的存在。马克思强调，我们“应该避免重新把‘社会’当做抽象的东西同个体对立起来。个体是社会存在物”④。社会本身并不存在与个体的对立，因为个体总是在社会中存在的。社会之所以产生了与个体对立，是因为不合理的总体性规则导致了人的异化。但这丝毫不能否定社会与个人之间的本质联系。归根结底而言，个人与社会之间更应该是一种相互建构、相互型塑的关系，彼此都内在于对方当中。“正像社会本身生产作为人的人一样，社会也是由人生产的。”⑤ 个人与社会原本就是统一的。个人需要在社会中证明自身的现实性，社会也需要个

---

① ［法］埃米尔·涂尔干：《社会分工论》，渠敬东译，三联书店 2017 年版，第 24 页。

② ［英］齐格蒙特·鲍曼：《后现代伦理学》，张成岗译，江苏人民出版社 2003 年版，第 24 页。

③ 《马克思恩格斯文集》第 1 卷，人民出版社 2009 年版，第 501 页。

④ 《马克思恩格斯文集》第 1 卷，人民出版社 2009 年版，第 188 页。

⑤ 《马克思恩格斯文集》第 1 卷，人民出版社 2009 年版，第 187 页。

人来佐证其实在性。我们对“单向度偏见”的消除就应该从根本上消除或弥合个人与社会之间的割裂，把握好两者的辩证关系。

从本质上看，“思想政治教育是调节个人与社会的思想政治关系，促进个人价值取向与社会价值导向同质发展，以实现个人与社会良性互动的活动。”[①]思想政治教育始终处于个人与社会之间，是个人与社会关系的“精神调节器”。但这种界定并不意味着在思想政治教育视域中个人与社会是分立两端的。思想政治教育实际内含着化解个人与社会矛盾的一种整合性力量，旨在促进个人与社会之间的互动、转化与互构。个人需要通过思想政治教育实现自身的社会化需要，个人要想实现自身个性化发展，就需要认识社会、融入社会进而参与建构社会，前提在于要使自己的思想观念不断趋近社会发展所需要的思想观念，通过思想观念的变化来带动和引导自身行为发生变化，进而与社会形成互动；社会需要通过思想政治教育实现自身个人化需要，社会要让自己的普遍性要求得到个人的接受、内化和外化，就需要通过思想政治教育来灌输和传播这种普遍性要求，因为社会的要求都要通过一个个现实的个人的具体行动来完成的，从而促进与个人之间的互动。于兹可见，思想政治教育作为一项以意识形态性为本质属性、以人的全面发展为终极目的的社会实践活动，必须将个人与社会都融合到自己的“视域”中，方能纠正和克服在对待个性化与社会化矛盾过程中的“单向度的偏见”。

（四）重叠性共识：个性化与社会化的互构关系确证

在某种意义上说，现代社会在一定程度上还原了社会的“原貌”，将一直被社会总体遮蔽的个体释放了出来，唤醒和赋予了其“主体”的地位，从而让社会多样性的本质日渐显露了出来。然而后现代对多元、差异和相对的偏爱，并没有影响其对一元、总体和绝对的认可，后现代的思想家们也始终在探索着个体与社会和谐共存的模式。泰勒提出了对“差异的

① 褚凤英：《思想政治教育活动研究》，人民出版社2011年版，第187页。

普遍认同”。艾森斯塔特更在分析现代文明走向时，提出了“多元现代性”的概念，以打破西方现代性模式的一元性和普遍性。哈贝马斯评判了利奥塔尔认为的语言游戏规则之间无法达至一种共识的观点，他把“合理化”的论述建立在“合理共识”的基础上，“合理共识”则基于交往的合理化。但哈贝马斯似乎并不认为存在着“合理分歧”一说，而这恰成为罗尔斯政治自由主义的核心概念之一。罗尔斯提出的“重叠共识”奠立于“合理多元主义的事实”的认知基础上，既包含“合理共识”，又包含“合理分歧”，表达了对“分歧”作为“共识”的前提的承认。换言之，“重叠共识”理念蕴藏着化解个性化与社会化矛盾的力量，是对矛盾双方的关系肯认和双向关照，其中不仅表达着对多元个体的尊重，对多元个体的多样个性的尊重，同时也表达着对多元个体融入社会、参与社会的期待。

如本节开篇所说，思想政治教育个性化与社会化是聚焦于个体思想政治教育价值的两个向度，但这两个向度亦是可以“重叠”且并行不悖的。从本质的方面看，个性本身是一种社会的品格，也唯有在社会的背景中，个性才能获得真正的发展并得到体现。[①] 所以，思想政治教育应在秉持“重叠性共识”理念的前提下，不断确证思想政治教育个性化与社会化之间的互构关系，以实现对个性化与社会化矛盾的解决。对于促进人的全面发展和社会的全面发展而言，“社会化与个性化的统一，体现了思想政治教育的理想”[②]。

第一，个性化是社会化的前提。思想政治教育面对的是身处现实社会中的众多个体，而每一个个体都是独立的、特殊的，都有着自己鲜明的个性，他们构成了社会赖以存在的基石。思想政治教育通过对人的思想品德和精神家园的建构和改造而达到促进人的全面发展的目的，这里的全面发展首先就是要培养和保持个体的个性。首先要培养个体的主体性。个体需要意识到自己是主体，才会运用主体意识来思考和行动。同时，个体还要

① 杨国荣：《成己与成物：意义世界的生成》，北京师范大学出版社2018年版，第228页。

② 徐志远：《现代思想政治教育学范畴研究》，人民出版社2009年版，第416页。

认识到自己个性的发扬必然受到外在客观条件的限制，但并非不能改变，而是可以加以利用。其次要培养个体的独特性。思想政治教育要培养的是个性鲜明且形态各异的个体，不是千篇一律、如出一辙的指令工具。所以思想政治教育必须充分尊重个性的独特之处，并且不断地形塑和强化其独特性。最后要培养个体的创造性。人类社会的每一次进步都离不开创造，创造强调的是对现存的否定和非重复性，是个性最突出的表现。思想政治教育应着力于个体创造力、想象力的培养和发挥，注重个体思维能力的提升和思想观念的解放。

第二，社会化是个性化的保证。个性化个体仍然离不开社会，离不开社会的规范和秩序，否则绝对的个性化则会导致社会的失序，并且丧失社会统一的价值标准。所以，需要思想政治教育社会化来为思想政治教育个性化保驾护航。马克思将 18 世纪称为产生“孤立个人观点的时代”，但却指认其正是生成于“具有迄今为止最发达的社会关系（从这种观点看来是一般关系）的时代”[①]当中。社会化成为个性化的生长园地，也是个性化养成的重要保障。前提在于，社会化的要求中包含着对不同群体个性的考量，有针对性地开展思想政治教育，要让社会化的过程也成为个性化的过程。继而，是准确地将特定社会的意识形态和社会发展要求灌输和传递给个体，使其个性化的发展更有目标和规范。当其个性化要求与社会化要求相契合时，个性化就能得到更好地推进。最后，思想政治教育社会化应含有对个体个性现状的超越，通过为个性的进一步完善和提升制定符合社会期待和个体发展要求的目标，并通过思想政治教育社会化学会观照和接纳“他者”、学会共同生活。

第三，个性化与社会化是相互建构的。当我们提出以“重叠性共识”来调和个性化与社会化矛盾时，我们需明确：“共识”就是强调社会化，“重叠性”中对“合理分歧”的尊重和承认则是强调个性化。而“重叠性共识”的达成，意味着思想政治教育个性化与社会化的统一。在这个过程中，个

① 《马克思恩格斯文集》第 8 卷，人民出版社 2009 年版，第 6 页。

性并没有因社会化而被掩盖，反而在社会化表现出的主导性中得到了保障。社会却也因个性化而变得丰富多彩，个性化表现出的多样性为主导性提供了广泛的社会基础。两者是相互促进、相互成全的互构关系。这也证明，个性化与社会化矛盾的产生，在于形而上学的认知方式和社会历史发展的特殊需要。当然，从某种程度来说，思想政治教育个性化与社会化总是会产生矛盾的，反映出社会发展要求与个体发展要求之间的张力，也正是在这样的矛盾解决过程中，才能推动个体和社会的全面发展，也不断推动着思想政治教育的变革、完善和创新发展。

现代性为思想政治教育发展带来了新际遇，也令思想政治教育面临着各种时空交叠引发的现代性挑战。思想政治教育仍处于现代性建构的进程当中，却也经历着后现代性对现代性的多重重构，同时刻画了思想政治教育现代性矛盾的多重面相。而从后现代性的语境出发，旨在超越现代性的视阈局限、穿透现代性的迷雾遮蔽，揭示和剖析思想政治教育系统内部隐含的现代性矛盾，并从中找到突破现代性矛盾重围的动力和机遇。对思想政治教育现代性矛盾的认识和审视，也成为新时代思想政治教育现代性重建的切入点。

主导性与多样性之间的矛盾，是对思想政治教育本质、地位和价值的矛盾性认知。在现代思想政治教育发展中，主导性与多样性的同一与斗争先后呈现出主导性的确立、多样性的显现、主导性底色的回归、辩证的共存等阶段。现代性推崇的理性主义将思想政治教育引向了“主导性”的误区，一定程度地把思想政治教育推向“孤立化”、“理论化”、“唯一化”的境遇。后现代性的介入，号召着“对总体性开战”，思想政治教育走向“多样性的显现”，但在对多样性过分强调的情况下走向了“主导性背离”的误区。这些发展阶段反映出现代性在对权威的合法性拷问过程中，也检视着思想政治教育的意识形态底色，以确证其主导性地位和价值的生成和锚定。马克思主义唯物辩证法的原则和方向则为思想政治教育提供了化解现代性矛盾之方，即在辩证共存中重识思想政治教育主导性与多样性之间的相互关联，达成两者之间的“和解”，实现两者有机的对立统一。

价值理性与工具理性之间的矛盾，表现出对思想政治教育价值的双重认知，也拓展了思想政治教育的合理性论域。现代性开启的“诸神之争”使合理性问题分化为价值理性与工具理性的对立。当代思想政治教育工具理性除传统的国家与社会指向外，更呈现出对经济理性、技术理性的崇拜，造成了思想政治教育中价值的“空场”，即对“人”的忽视。它导致了人们对目的的忘却，转向重视手段和过程。而人学的转场在实现对人的“救渡”的同时，推动了价值理性对工具理性的“反攻”，同时却也将思想政治教育领向了抽象的“云端”，忽视了人的现实性。后现代性则想要通过修复价值理性与工具理性之间相互依赖的记忆，来打通二者之间的矛盾淤堵。

内容与形式的矛盾，反映出思想政治教育现代性建构过程中的各种“时差”现象。社会的现代性推动着总体性社会解体的进程，也催促着思想政治教育对此回应并作出适应性的变革。这就引发了思想政治教育内容与形式之间的多重矛盾。不确定性的蔓延直接冲击了思想政治教育内容的稳定性，也使形式的发展滞后于内容的变化。微观生活的转向，让思想政治教育关注的目光转向了生活世界，大众化形式的诉求也不断挑战着思想政治教育内容一元化的内在要求。后现代性对差异性的尊重和统合，则要求思想政治教育在充分尊重、承认和吸纳差异性事实的基础上实现自身内部与外部的总体性重建，完成内容与形式的时代接洽。

个性化与社会化的矛盾，折射出思想政治教育对个体发展产生作用的两个向度。现代性对人的解放，使个性得以在社会群像中发出合理的呐喊，也迫使我们重新考量思想政治教育对于个体个性发展的意义。后现代性进一步推动了社会价值秩序的解构，意在通过“重新编码”将分散的个体重新聚合起来，因而思想政治教育社会化的课题得以显现。透过个性化与社会化的矛盾成像，折射出了深藏于思想政治教育背后的个人与社会的深层割裂事实，并逐渐形塑起了个性化与社会化的“单向度偏见”。后现代的思想家们则为思想政治教育个性化与社会化的矛盾提出了“重叠性共识”的尝试，为个体个性与社会秩序之间架起了沟通的桥梁，确证了个性化与社会化之间的互构关系。

综上，思想政治教育的现代性矛盾非但没有在现代性建构进程中得到很好的解决，反而日益激化，且呈现出一些新的特征，后现代性基于对现代性矛盾的批判，从系统内部探索思想政治教育现代性矛盾的化解之策。

第五章　转型论：思想政治教育的现代转型

做好高校思想政治工作，要因事而化、因时而进、因势而新。①

——习近平

思想政治教育现代转型是个复杂的系统论域，关涉“为何转型”、“如何转型”、“转向何方”、“怎样转型”等一系列问题。思想政治教育现代转型论是从整体上对现代思想政治教育变革、创新、发展的过程所做的专门性考察。现代性价值观念的变迁是社会结构变迁的根源，也成为思想政治教育现代转型的根据。在现代转型的进程中，观念形态的作用尤其突出。党的二十大报告指出：“中国式现代化是物质文明和精神文明相协调的现代化。”② 而思想政治教育作为社会的一个子系统，正是承担着推进观念形态现代化的重要任务，肩负着促进人民精神世界富足的时代使命。要促使观念形态的形成、发展以及调整、转换，作为推动者的思想政治教育就必须进行适应时代需要的现代转型，促进自身的现代化程度。因此，思想政治教育现代转型是社会转型的必然要求，其产生逻辑是在外在的现代性张力引致的思想政治教育现代性隐忧与思想政治教育系统内部生成的现代性矛盾的共同合力下发生的包括结构转型与功能转型在内的整体性跃迁。

---

① 《习近平谈治国理政》第二卷，外文出版社 2017 年版，第 378 页。

② 习近平：《高举中国特色社会主义伟大旗帜　为全面建设社会主义现代化国家而团结奋斗——在中国共产党第二十次全国代表大会上的报告》，人民出版社 2022 年版，第 22 页。

后现代性具有反思与超越的双重维度。“从传统反思到现代反思，再到后现代思维，反思的发展水平标志着人类思维的深度。”① 以后现代性反思为分析语境，为透视无处不在的现代性张力、破解现代性隐忧提供了可能。当前，处于高度时空压缩、“三性”（传统性、现代性、后现代性）历时共存的特殊社会转型期的思想政治教育饱受“存亡与否”、“有效与否”、“是否科学”、“有无边界”等一系列质疑和追问。要准确回答这些问题，必须从思想政治教育转型的社会基础、价值旨归、内容建构、实现模式等层面深入剖析，阐述环境、目标、结构、功能以及范式等“五大转型路径”，从整体上把握思想政治教育系统转型。因此，既直面风险解疑释惑，又主动建构顶层设计，从而在“反思中转型”，是新时代思想政治教育克服“合法性”问题，破解现代性隐忧的一种解困方案与现实路径抉择。

一、环境转换：思想政治教育现代转型的社会基础

环境转换向度回应思想政治教育“因何转型”的问题，也即探究转型的社会基础。环境是制约思想政治教育活动成效的重要因素。系统的开放性特征决定了思想政治教育系统与周围环境之间存在着不断的物质、能量、信息的交换，既相互影响又相互作用。所谓“思想政治教育环境，是指影响人的思想品德形成和发展，影响思想政治教育活动运行的一切外部因素的总和。”② 思想政治教育环境因素非常广泛，具有复杂多维性、动态可变性、隐性渗透性。若细分起来，依据不同的划分标准可有多种类型，如：依据影响范围或者作用场域可以分为宏观、中观、微观三大类型；依据内容差异可以分为经济环境、政治环境、文化环境等；依据影响性质不同可以划分为良性环境和恶性环境；依据存在状态不同可以划分为开放环

① 余乃忠：《后现代主义批判》，社会科学文献出版社 2012 年版，第 173 页。
② 张耀灿等：《现代思想政治教育学》，人民出版社 2006 年版，第 294 页。

境与封闭环境。[①] 社会生态环境系统就是由环境因素共同构成。虽然自然禀赋也会对思想政治教育系统产生一定影响，但是具有直接的、关键性影响作用的主要是上述社会环境。

当然，环境因素自身及其分类也会随着时代变迁而不断变化、发展、更新。环境转换是思想政治教育现代转型的社会动因和基础。社会环境与思想政治教育系统具有“互塑性”的关系特性，这也为现代思想政治教育发展环境的优化、创设提供了必要性和可能性。后现代性语境下，涌现出虚拟、媒介、信息网络化、竞争环境等新兴环境形态，形塑思想政治教育的社会环境。“社会系统结构与思想政治教育系统结构具有同构性。”[②] 后现代性语境下，社会结构的二次转型必然引发思想政治教育现代转型。思想政治教育现代转型的外部环境主要指其存在的社会环境。以其影响的直接性和影响程度而言，最为突出的社会环境转换包括思想政治教育物质环境的转换、时空环境的转换以及精神环境的转换。

（一）思想政治教育物质环境的转换

思想政治教育物质环境主要是指在社会生活中影响思想政治教育的各种物质因素的总和。思想政治教育物质环境会影响人的思想行为，进而影响思想政治教育目标的达成和效果的实现。这种影响作用既有积极正面的物质动力效应，也可能对人的思想行为产生一定的消极作用。思想政治教育物质环境主要包括“人化自然”形态的物质元素，如纪念碑、博物馆、历史革命遗迹、红色文化基地、校园文化设施等都对人的思想境界的提升起到教育作用；还包括“经济形态”的物质因素，如经济全球化、现代化、市场化等物质环境；也包括网络、大数据、新媒体等物质技术环境。其中，现代化无疑是对人类思想影响最为深远的社会物质环境。“现代化环境主要可以概括为由工业化、市场化、商品化、信息化、科技等作为标志

① 张耀灿等：《现代思想政治教育学》，人民出版社 2006 年版，第 296 页。

② 邢晓红：《系统论视域下思想政治教育现代转型动因探析》，《思想教育研究》2016 年第 9 期。

的物质化的客观环境。”①

后现代性语境下，思想政治教育物质环境发生了巨大时代变迁。这从中国现代化的进程中可见一斑并加以确证。当代中国的现代化进程是与现代化理论的发展同向同行、并道而驰的，正是在现代化理论的指导下，现代化进程迸发出强大的物质能量，营造了现代化的物质环境。回溯中国现代化的历史，自 1954 年周恩来首次提出“四个现代化”的概念以来，在中国共产党的领导下，中国始终跋涉在现代化之路上。1964 年底召开的第三届全国人民代表大会第一次会议上，将“四个现代化”正式确定为国家发展的总体战略目标；1987 年十三大上，邓小平提出把我国建设成为富强、民主、文明的社会主义现代化国家，即“中国式现代化”理论；党的十四大、十五大、十六大，根据我国发展新要求作出全面部署，继续推进社会主义现代化建设；党的十七大提出“两个一百年”的奋斗目标、十八大提出新型工业化、信息化、城镇化、农业现代化的“新四化”目标；党的十九大提出全面建成社会主义现代化强国的“两阶段论”；2020 年 10 月召开的十九届五中全会通过的“十四五”规划提出到 2035 年基本实现社会主义现代化远景目标；2022 年 10 月召开的党的二十大强调“以中国式现代化全面推进中华民族伟大复兴”，提出了基于中国国情特色的五个现代化特征，进一步推进和拓展了“中国式现代化”理论。中国现代化的历史变迁过程，体现了现代化理论在实践中的继承、发展以及创新，不仅形塑了现代化的物质环境，而且培育了现代性的精神环境。虽然中国现代化的目标始终未变，但是现代化的环境已经发生了翻天覆地的变化。社会物质环境变迁，作为社会子系统的思想政治教育必然也深受影响随之变迁。

不同的时代条件下，社会对思想政治教育的支持和接受程度并不是一成不变的。现代化的物质环境为思想政治教育的发展提供了物质动力，当然随着中国现代化进程的阶段性推进给予思想政治教育的物质支持也越来

① 邢晓红：《构建与超越：思想政治教育现代性研究》，中国社会科学出版社 2014 年版，第 169 页。

越多。新时代的历史方位下，中国已经实现了从站起来、富起来到强起来的转型。现代化作为一种物质层面的现代性，在我国主要体现为工业化和经济建设的巨大发展。根据国家统计局数据显示，2022 年中国国内生产总值（GDP）已超 121 万亿元，经济总量稳居世界第二位。“制造业规模、外汇储备稳居世界第一……基础研究和原始创新不断加强，一些关键核心技术实现突破，战略性新兴产业发展壮大，载人航天、探月探火、深海深地探测、超级计算机、卫星导航、量子计算、核电技术、大飞机制造、生物医药等取得重大成果，进入创新型国家行列。”① 但是特殊之处在于，中国的现代化属于后发外生型，在赶超世界其他国家现代化的道路上，现代化历时短、发展快、挑战多，可谓错综复杂。

后现代性语境下，当代中国的现代化事业虽然尚在路上，但是前现代性、后现代性的现象与特征却交错叠加，并塑构思想政治教育的物质环境。传统的思想政治教育物质环境类型单一、功能简单、性质相对封闭、影响范围有限。随着社会现代化的发展，特别是科学技术的日新月异、信息现代化的强势来袭，思想政治教育物质环境从传统向现代转换，具体转换向度表征为物质环境形态多样、功能复杂、性质开放、地域差异大、发展不平衡。一方面，后现代性语境下，后工业化社会、高度发达的市场经济、科技社会、消费社会是人们对现代社会丰富的物质基础的另一种表述。经济全球化和我国社会主义市场经济深化发展取得的成就为思想政治教育发展提供了强大的人、财、物条件。坚实的经济基础与物质支撑有利于促进思想政治教育内化与外化活动的完成。科技现代化带来的物联网、大数据、新媒体等物质技术支持促进了思想政治教育“硬件”设施等物质手段载体的转换，为网络思想政治教育奠定了物质技术基础。而社会物质文化景观、大型公共展览场馆、历史遗迹及爱国主义教育基地、校园文化设施的大发展丰富了思想政治教育的物质资源。这些物质环境的转换都为

① 习近平：《高举中国特色社会主义伟大旗帜　为全面建设社会主义现代化国家而团结奋斗——在中国共产党第二十次全国代表大会上的报告》，人民出版社 2022 年版，第 8 页。

思想政治教育现代转型提供了巨大的物质保障。另一方面，后现代思潮也带来诸多不确定性、混沌的、不稳定的特征，对思想政治教育形成一定的消极影响。相较于快速发展的物质基础，思想政治教育的发展的实际效果还不尽如人意，转型势在必行。思想政治教育系统本身具有对社会环境的适应超越性。思想政治教育物质环境发生变化，思想政治教育系统也随之发生“适应性”的变化，但是思想政治教育对于物质环境也具有能动性，并在反映物质环境基础上进行创新，体现“超越性”的一面，思想政治教育反作用于物质环境为其提供精神动力。综上，思想政治教育环境的复杂性、不确定性、差异性加大，因此更要促进环境的转型，即做好环境的创设和优化工作，发挥思想政治教育塑造环境的功能。

（二）思想政治教育时空环境的转换

就其性质与存在状态而言，思想政治教育时空环境既包括现实时空也包括虚拟时空。从时空观转型的视阈来看，思想政治教育既面临时代的变迁，也面临空间的转向。所谓时间转换，它指向历史的变迁，主要是指思想政治教育的萌芽、产生、发展是一个时间因素累积的动态过程；时间转换也指向思想政治教育的时代性所具有的“时代动力”。随着时代变迁，思想政治教育的理念、内容、目标、方法、规律、结构、功能也不尽相同。所谓空间转换，主要是指思想政治教育主体、对象及其实践活动存在的范围、场域的变化。思想政治教育时空环境的转换标示着对时空关系的深度理解和广度拓展。

后现代性语境下，时空性质高度压缩、时空结构高速流动。后现代主义者齐格蒙特·鲍曼正是以“流动的现代性”来指代“后现代性”的这种时空特征。鲍曼指出：“当今的现代性是轻快的、流动的、网络状的现代性，而此前的现代性是沉重的、固态的、系统性的现代性。”①因此，后现

① ［英］齐格蒙特·鲍曼：《流动的现代性》，欧阳景根译，三联书店2002年版，第37—38页。

代性在时空观上表现出时间的无序性、空间的混沌性、时空的杂糅性。后现代性引致的这种时空环境转换深刻影响并传导到思想政治教育发展过程中。思想政治教育时空环境从传统社会的简单、稳固、封闭性时空转向现代社会的复杂、动态、开放性时空；随着后现代性的“侵入”，当代中国社会出现前现代性、现代性、后现代性混合压缩、“历时空”社会结构“共时性”存在的特殊时空景观，即戴维·哈维首次提出的“时空压缩性”特征。卢岚将其称为追求高质量、低风险、和谐发展的“后转型时代”。① 因此，应时空变迁的特征思想政治教育时空环境发生二次转型，呈现出压缩性、多维性、叠加差序化、虚拟性等后现代向度。

恩格斯指出：“一切存在的基本形式是空间和时间。”② 思想政治教育作为人类思维的结晶也一样具有时空性。时空是标刻思想政治教育演化变迁、规律运行及未来路向的两大维度。具体而言，“思想政治教育时间表现为‘积累性发展时间’、‘施教时间’、‘主观体验时间’。”③ 后现代性语境下，思想政治教育时间尺度转向“新时期”、“新阶段”、“新形势”、“新时代”、“信息时代”、“网络时代”、“后现代”、“消费时代”等新的语词表述。思想政治教育空间环境不仅包括传统的物理空间，还出现了交往空间、网络空间、技术空间、新媒体空间、精神空间等等新的空间形态。时空环境的转换使思想政治教育现代性矛盾成为常态，这也是后现代性语境下思想政治教育呈现出复杂性的重要社会原因。时空环境的转换使思想政治教育现代转型处于一个立体式全方位的时空网络中，即时时处处都需要思想政治教育。新时代，思想政治教育的时空得以无限延展，现代社会与现代人比以往更需要思想政治教育，而不是否定思想政治教育。无论是现实社会环境还是虚拟社会环境都需要思想政治教育的“出场”、“在场”。后现代性语境下，思想政治教育时空环境向复杂、

① 卢岚：《思想政治教育在社会转型时期的困境与出路》，《湖北社会科学》2017 年第 2 期。

② 《马克思恩格斯选集》第 1 卷，人民出版社 2012 年版，第 428 页。

③ 潘一坡、项久雨：《思想政治教育时空论》，《思想理论教育》2020 年第 11 期。

多维、立体转变。网络开辟了人类的第二时空——虚拟时空。大数据则开启了人类历史上又一次时代转型。“人们的生存时空变成了复杂的信息符号环境。”① 新媒体加持的全球化背景构成思想政治教育现代转型的时代动力。耗散结构理论认为：一个远离平衡态的开放系统，在外界条件变化达到一定阈值时，经“涨落”发生突变，通过不断与外部环境进行物质、能量、信息的交换产生一种自组织现象，通过非线性动力学机制，从原来的无序状态转变为一种时间、空间或功能的有序状态。② 全球化为新媒体的应用推广、类型创新、极速更迭提供了极为宽广的宏观场域，在两者交叠的立体时空条件下，思想政治教育兼具时代性与开放性的现代向度，主动进行面向现代化的时空转型。思想政治教育如何在新的时空观中进行理论重构从而与立体化的社会生活相适应是个关键问题，也是后现代性语境下思想政治教育现代转型必须直面的首要问题。我们要从后现代性错综复杂、多层叠加、混沌无序的差异化时空观影响中找到思想政治教育时空环境转换的“密匙”，汲取有益启示，摒弃不利因素，在适应中促进时空环境的优化。

（三）思想政治教育精神环境的转换

“思想政治教育系统转型的外部环境不仅有物质环境，也包括精神环境。”③ 包括情感、态度、风气、舆论氛围等。后现代性语境下的精神环境是促使思想政治教育从传统——现代——新型现代性转型的重要精神动因。思想政治教育精神环境形成的实质在于人对精神生活的需求。提升教育对象的精神生活质量也是思想政治教育实践的重要价值目标。高质量的精神生活分别体现为心理生活的“健康”、文化生活的“丰富”和心灵

---

① 张毅翔：《信息时代、虚拟时空与思想政治教育》，《学校党建与思想教育》2012 年第 5 期。

② [比] 伊·普里戈金、[法] 伊·斯唐热：《从混沌到有序——人与自然的新对话》，曾庆宏、沈小峰译，上海译文出版社 1987 年版，第 228 页。

③ 单连春：《思想政治教育现代转型中环境因素的功能悖论》，《安徽理工大学学报》（社会科学版）2011 年第 3 期。

生活的“充实”。[①] 通常来说，精神环境主要通过社会文化、教育、科学、艺术等文化类成果以及理想信念、思想舆论、道德风尚、心理认知等思想性产品作用于思想政治教育活动。思想政治教育作为社会系统的一部分，与外在精神环境是双向互动的关系。后现代性的精神环境影响、塑造思想政治教育精神环境的存在状态、内容乃至发展演化。

新时代的中国正处于全面实现社会主义现代化的物质环境中，市场化、新型工业化、信息化是其鲜明表征。当然还面临中华民族伟大复兴战略全局与世界百年未有之大变局，“两个大局”交织的复杂情势，遭遇全球化、后转型时代、消费社会交叠的混杂社会环境。与此相伴生的是现代性、后现代性的舆论环境、观念文化环境等软环境。后现代性蕴含的精神因素导致思想政治教育主体的思想、行为、生产、生活方式发生颠覆式变革，对思想政治教育要素产生广泛影响。新媒体就是后现代性社会技术革命的直接产物，新媒体是后现代性语境中的重要组成部分，因新媒体价值理性而生的新媒体哲学深刻反映了个体对世界的看法、态度和感知方式。新媒体本身负载的信息、时间、空间等多种价值蕴含巨大的精神力量对主体思维、观念、心理形成深刻影响，进而决定着主体的价值选择，甚至形塑媒介意识形态。概言之，精神环境的转换变迁必然促使思想政治教育发生现代转向。思想政治教育系统正是在后现代性精神环境形成的反思与批判的双重动力下发生现代转型。

综上所述，思想政治教育现代转型离不开其赖以生存的社会土壤。特定的社会结构、社会空间、社会关系、社会制度以及社会文化形塑的社会基础构成思想政治教育系统的外部社会生态环境，成为推动其现代转型的社会动力。后现代性语境下思想政治教育环境转换的总体趋向是开放性、流动性、多维性、复杂性。

---

① 童世俊：《意识形态新论》，上海人民出版社 2006 年版，第 141—142 页。

二、目标转换：思想政治教育现代转型的目标向度

目标转换向度回应的是思想政治教育“转向何方”的问题，是思想政治教育现代转型的价值旨归。所谓思想政治教育目标，是指一定时期内实施思想政治教育活动所期望达到的预期结果。思想政治教育目标既是思想政治教育活动的出发点，也是归宿点。思想政治教育目标体系的确立、运行、优化、转型内隐地体现出思想政治教育的本质规定性与发展向度。思想政治教育的目标一经确立，就成为整个思想政治教育系统的灵魂与核心。“思想政治教育活动的内容、方式、方法以及效果，都是由思想政治教育的目标决定的。”① 思想政治教育目标并不是单一孤立地，而是体系化、层次化的存在。思想政治教育目标是一个具有层次性的动态多维结构体系，“从空间上看，具有多维性与层次性。从时间上看，则具有顺序性与阶段性。”② 其中，最基本的类型就是个体目标与社会目标，会随着时代发展、经济社会发展需求、个体思想状况、人的认知能力的变迁而发生转型。在中国，思想政治教育目标还伴随党在不同时期中心任务的演化、思想宣传使命任务的变化而转型。

目标转型是克服思想政治教育发展中遭遇的“适应性瓶颈”的关键举措和有效路径之一。当然，思想政治教育目标结构体系的转型也并非随意为之，而是要遵循一定的规律。如目标的稳定性与阶段性的统一、继承性与创新性相结合、普遍性目标与特殊性目标相结合、结构性目标与价值性目标相统一等规律。现代转型是新时代中国思想政治教育在特定的“三性叠加”、“两个大局”交织的现代化新征程，通过开展思想政治教育实践活动达成符合个体与社会发展需要的目标的外在必然路径，同时也体现出现代思想政治教育自身的发展逻辑。当前，思想政治教育发展面临社会转型

---

① 张世欣：《思想教育规律论》，浙江大学出版社2008年版，第122页。

② 张耀灿等：《现代思想政治教育学》，人民出版社2006年版，第258页。

期的特殊阶段，体现为深受社会流动加速、社会空间无限拓展、社会利益多样以及社会文化多元激荡等时代症候的影响。社会转型期，结构转型与体制转轨交错进行，社会的基础要素集中变迁，出现多样化、散在化、混乱、庞杂等后现代性现象，思想政治教育系统在此种情况下也出现分化，体现多样性。为破解现代社会的“分化危机”实现思想政治教育的社会整合，后现代性语境下思想政治教育现代转型的目标向度主要包括现代化、人本化、规范化、信息化、生活化。

（一）现代化

现代化是中国人孜孜以求的社会理想。现代化一方面指社会从传统走向现代的变迁过程；另一方面指现代社会在现代化道路上获得现代性的发展过程。党的十九届五中全会强调指出：“推动形成适应新时代要求的思想观念、精神面貌、文明风尚、行为规范。”① 这是现代思想政治教育发展的时代使命，也是思想政治教育现代化目标向度的具体价值表达。思想政治教育现代化是一个变革与发展相结合的系统整合运行的动态过程。实质上，思想政治教育现代转型的终极诉求和目标旨归就是实现思想政治教育现代化。因为思想政治教育现代转型应现代性社会而生，离不开现代化向度标志和现代性精神风尚。思想政治教育现代转型是由人的现代化和社会的现代化共同决定的，包括思想政治教育思维理念、内容、手段、方法等要素的现代化。具体表征为思想政治教育学科体系的科学化路向、理论知识体系的时代性路向、实践活动体系即思想政治教育工作系统的社会化路向。

1. 科学化向度的思想政治教育学科体系

从学科制度形态而言，一方面，社会系统中知识体系与科技的飞跃给思想政治教育子系统插上了科学化的双翼。自 1984 年我国思想政治教育

① 《中共中央关于制定国民经济和社会发展第十四个五年规划和二〇三五年远景目标的建议》，人民出版社 2020 年版，第 25 页。

学科建立以来，思想政治教育的地位不断提升，学科的科学化发展迅速，但因学科建制较晚，发展阶段不足、体系化发展不够、科学化水平不够，进而导致思想政治教育学科体系现代化程度不高。另一方面，受后现代性解构科学、主张分化的、混沌、不稳定观念的影响，思想政治教育在科学化的道路上出现随意借鉴其他学科方法、思维、内容的现象，导致思想政治教育学科专业性遭受诟病、边界不清、方法不专、缺位失语现象突出。因此，立足于“解题效能”的学科学术研究、学科共同体的“协同”、学科的系统分化研究构成需要迫切强化研究的前沿问题。所以，正是在不断克服上述“科学化危机”的过程中思想政治教育学科获得内生动力，科学化目标指明了思想政治教育学科的发展方向。

2. 时代性向度的思想政治教育知识体系

从理论知识形态而言，后现代性语境下，思想政治教育面临“创新性危机”。问题是时代的声音。后现代性知识观在与现代思想政治教育理论知识体系的交会、交流、交锋中形成一系列冲击，成为思想政治教育知识系统与时俱进的“创新动力”，体现为时代性向度。一是思想政治教育知识体系的要素随着时代变迁而创新。后现代性知识观倡导的多元性、差异性、发散性、融合性等创新思维赋予思想政治教育知识系统新元素，如：隐形渗透方法、虚拟实践、网络、大数据思想政治教育、思想政治教育生活化等等元素成为研究热点、知识增长点。二是思想政治教育知识理论结构的发展体现出时代性。思想政治教育知识理论结构并不是一成不变的，而是映射出时代脉搏的跳动，呈现为知识结构优化、知识能力水平不断提升的动态变迁过程。后现代性解构了传统知识的垄断地位和等级权威，质疑现代主义知识和真理的先验性、普遍性和稳定性，在此基础上，构建起追求多样性、动态性、生成性与批判性的知识观。这种后现代性知识观促进了知识的及时更新和动态发展，促使思想政治教育知识理论结构更具开放性、包容性、科学化，更趋完善与成熟。概言之，后现代性思维、观念、态度、价值作用于思想政治教育的知识理论结构、知识生产过程以及知识认知范式，促进了思想政治教育知识体系的结构优化与能力提升，打下了深刻的时代印记，从而构成思想政治教育现代转型的认知动力。

3. 社会化向度的思想政治教育实践体系

思想政治教育生态系统还包含思想政治教育实践体系，也即思想政治教育工作子系统。整个人类社会在本质上是实践的，思想政治教育实践体系的结构也恰恰是由社会实践的需求决定的。换言之，思想政治教育工作具有社会化变迁的一面，思想政治教育工作的内容、本质、方式要满足不断变迁的社会实践需求，也即表现为思想政治教育的社会化过程。思想政治教育实践系统必须加速新型社会化路向的转型。后现代性语境下，思想政治教育系统一方面要积极回应后转型时代社会的需求，根据现代化社会物质环境的信息反馈进行自组织、自控制、自协调的运行活动；另一方面，思想政治教育主体通过发挥主观能动性，在主体、内容、方式、载体等结构元素上主动融入现代性、后现代性精神环境的特征，统摄国家、社会、学校、家庭、网络等各方力量，实现引领社会思潮、培育现代人格、维护现代社会稳定、促进现代社会发展的功能。

（二）人本化

马克思主义哲学非常重视人的地位和价值，强调人是社会发展的根本目的，人的自由全面发展是社会发展的最终体现。因此，社会发展应当坚持以人为本，努力促进人的全面发展是社会主义的本质要求。思想政治教育的主体与对象均是人，因此，促进人的自由全面发展构成思想政治教育的根本价值目标。人的全面发展主要是指人的素质的全面提高，有赖于社会生产力、社会关系、社会交往以及教育的充分发展。可见，思想政治教育根本目标的实现不是一蹴而就的，而是一个长期的历史过程，因此，根据所处的时代背景和社会条件，思想政治教育实现人的全面发展有具体的、特殊的目标和任务。1985 年，全国共青团思想政治工作会议上提出培养“四有新人”的具体目标，即有理想、有道德、有文化、有纪律的共产主义新人。2018 年 8 月 21 日，习近平在全国宣传思想工作会议中将“育新人”作为新形势下宣传思想工作的“五大使命任务”之一。2019 年 3

月 18 日，在全国学校思想政治理论课教师座谈会中，习近平再次强调指出："努力培养担当民族复兴大任的时代新人，培养德智体美劳全面发展的社会主义建设者和接班人。"① 无论时代怎样变换，"人"始终是思想政治教育的核心范畴，培养什么人、怎样培养人、为谁培养人始终是思想政治教育的最根本任务。

因此，后现代性语境下，思想政治教育的目标不是舍弃人，而是围绕人，实现人本化的现代转向。一是思想政治教育目标实现从"社会本位"到"人本位"的转向，关注历史现实生活中的"人"的利益需求与价值诉求。二是实现定位的"人性化"转向。从传统到现代的思想政治教育转型过程中最重要的背景转换就是人性化的研究趋向。因此，培养人的主体性是"人性化"趋向的题中之意，思想政治教育现代转型首先要促进"人"的转型，即满足人的物质、道德、精神、心理、交往等多种需求，通过思维理念、行为习惯、价值取向以及心性结构等的教化，"增强人的主体意识，培植人的主体精神，开发人的主体能力，塑造人的主体人格，从而实现人的全面发展。"② 三是纠正"理性回归偏差"，实现人的德性与理性的价值统一。思想政治教育现代转型的目标之一必然是重塑"人"的主体性，建构人的信仰、价值、道德。总之，人的全面发展的思想政治教育根本目标要借助新时代现代化社会的思想政治教育具体目标来实现。无论思想政治教育的根本目标，还是具体目标，都体现人本化这一实质，这也构成后现代性语境下思想政治教育现代转型的目标向度之一。

（三）规范化

规范化是经济、政治、科技、管理、文化等社会实践活动取得最佳社会效益、达到有序发展的重要途径。所谓思想政治教育的规范化是指适应当代法治中国的社会要求，通过一整套引导人思想行为的价值观念体系，

① 《习近平谈治国理政》第三卷，外文出版社 2020 年版，第 328 页。

② 单玉：《人的主体性与思想政治教育的现代转型》，《学校党建与思想政治教育》2003 年第 4 期。

按照“人性定理”确立、发布、执行一定的制度约束和规程管理，从而实现思想政治教育系统运行的有序化、系统化发展。后现代性倡导无序、不确定的思维与行为方式，这对于思想政治教育功能与作用的发挥提出极大挑战。后现代性语境下，思想政治教育领域的失序、失范现象也逐渐显现。与传统思想政治教育的经验范式主导不同，现代思想政治教育强调科学化的发展目标。要实现科学化、可持续发展，思想政治教育工作必须制度化、规范化。现代思想政治教育理论、学科、实践的发展并非追求一种失序、随性、可有可无的发展状态，而是要实现科学的可持续发展。因此，系统化、规范化是思想政治教育现代转型的重要目标向度。一是建立一整套被广大人民群众认可的、具有约束能力的、标准化的思想政治教育工作制度，包括日常活动机制、管理政策、考核评估制度等；二是形成体系完善、环节配套的决策、组织、实施、反馈、调节、控制、检测等要素结构系统；规范化目标转换不仅仅是转向制度化、法制化，更主要的是在此基础上应该有自己的一套价值理念；三是生成一系列防止思想政治教育系统出现失序、失范、软化、失效等“后现代性”现象的思想价值理念，从而激发思想政治教育系统自我免疫、自我修复的机体“疗伤功能”。

（四）信息化

信息化是当今世界发展的最新趋势，也是中国共产党在十八大确立的中国特色“新四化”之一。党的十八大报告强调要推动信息化和工业化深度融合、四个现代化同步实现。而后现代突出的表征就是信息科技革命浪潮席卷而来的新媒体、大数据、虚拟消费等新态势、新技术、新思维等。后现代性语境下，思想政治教育濒临“新媒体危机”。新媒体导致思想政治教育主体多元泛滥、内容、价值、功能式微，权威地位弱化、主导性分化，消解其有效性，从而构成“新媒体危机”。新媒体彻底改变了教育对象的时空观念，引发了虚拟与现实的矛盾。矛盾既是压力也是动力，在一定条件下进而转化为思想政治教育现代转型的动力。思想政治教育学科正是在直面矛盾、化危为机中实现可持续发展的。新媒体发展的变迁迭代过程也是思想政治教育与时俱进转型发展的过程。从唯物辩证法的角度看，这也符合事物发展的内在规律。人所在的时空思想政治教育也必须进入并“在场”才能发挥作用。新媒体的发展所带来的虚拟环境拓宽了思想政治教育的空间、途径、载体，形成了以“互联网 + 思想政治教育”为标志的新的教育形式，出现了新的分支与交叉学科。再有，后现代性“拟像化”的符号操纵与消费逻辑操控了人与物的关系，进而支配着人际关系的变迁。思想政治教育必须转型，运用网络技术、新媒体技术、大数据等信息化手段，实现“虚拟世界”中的“在场”，才能超越波德里亚所谓的“迪士尼乐园”般的虚假“拟象”世界。因此，信息化转向是思想政治教育现代转型的又一目标向度和现实愿景。

（五）生活化

现代思想政治教育发展不仅要“顶天”进行高屋建瓴式的“顶层设计”，而且要“立地”扎根人间烟火式的“生活世界”。思想政治教育强调要用新时代中国特色社会主义思想铸魂育人，以实现其立德树人、凝心聚力、引领价值、稳固政权的功能。然而现实中，这与实际情况差距较大，对思想政治教育的重视程度与实效性之间并不成正比，思想政治教育的传统手段、方式、内容难以满足新时代群众的心理期望。人们思想上的多样性需求与现实的单一价值教育也产生了巨大反差，思想政治教育的现实“解题能力”不足。当然，这并不代表社会不需要思想政治教育，相反，现实生活世界中的“人”更需要思想政治教育。后现代性游戏人生的生活态度、反主体、去中心、追求“佛性”、极端“感官刺激”的人生观、价值观导致思想政治教育宣扬主导价值、维护阶级统治、培育全面发展的人的正当性被削弱，导致其“合法性”受到各种质疑，甚至出现“去意识形态化”、“意识形态终结论”等误区。为了应对“合法性危机”，思想政治教育只能加强，在沿袭既有发展路径时做出适时的“生活化”目标转换，促进人的个体性目标与社会化目标的有机统一，从而使德性回归“生活世界”，达成人在现代社会中“诗意栖居”的美好境界。

三、结构转型：思想政治教育系统结构的现代转型

结构转型回答的是思想政治教育“如何转型”的问题，也即探究思想政治教育现代转型的系统结构效应。系统论为人类认识宏大世界图景提供了新的思维路径。思想政治教育自身是一个具有相对稳定结构的复杂系统。思想政治教育系统转型首先是结构的转型。思想政治教育系统同样也具有强大的结构效应，因此要追求系统结构的优化，才能最终促进系统功能的升级。诚然，思想政治教育现代转型还是一项未竟的事业。以创新思维推进思想政治教育现代转型的顶层设计，并进行可行性论证，从而在构建思想政治教育现代转型模型的同时践行转型蓝图是新时代思想政治教育发展的必然趋向。后现代性语境下思想政治教育结构的现代转型既有可行性，也有具体的实现路径。归结到一点，思想政治教育结构现代转型是破解时代困境、化解思想政治教育现实挑战的有效路径。

（一）后现代性语境下思想政治教育系统结构转型的可行性

将可行性分析引入思想政治教育系统结构转型中，旨在确证转型的必然性和可行性，试图找到后现代性语境下思想政治教育系统结构转型的解释路径。从社会形态、研究形态两种解释学的维度来考察后现代性语境下思想政治教育现代转型的可行性具有重要现实价值。对于思想政治教育学科的科学化发展、思想政治工作的实践指引、思想政治教育研究的理论拓展都具有重要的理论意义和前瞻预设。

1. 社会形态维度

从社会动因来看，社会形态的变迁与更替是确证思想政治教育现代转型可行性的必然路径。按照历史唯物主义的观点，社会的根本变革和进步是通过社会形态的更替实现的，人类社会是遵循社会发展的基本规律按照低级到高级的发展阶段不断变迁的。而科技革命是推动社会发展的“历史的有力的杠杆”。20 世纪 50 年代以后，以信息技术革命为标志的科技革

命使人类步入信息化的现代社会，依托互联网、智能化、数字化技术的新媒体迅猛发展，彻底改变了世界。后现代性语境下思想政治教育系统结构转型的社会形态解释路径主要包括三个层面：

第一，从宏观层面来看，思想政治教育属于社会大系统中的子系统，社会系统转型，思想政治教育系统也必然发生转型。具体来说，后现代性语境下的社会形态是一个充满现代性张力的“风险社会”，社会变迁频繁、社会流动加速、利益主体多元、社会控制力弱化，这就导致出现了风险全球化、突发的全球性问题、生态危险、制度化风险等现代性风险景象。面对宏观层面的社会转型，党中央指出：“深刻认识和准确把握外部环境的深刻变化和我国改革发展稳定面临的新情况新问题新挑战，坚持底线思维，增强忧患意识，提高防控能力，着力防范化解重大风险”①，为实现中华民族伟大复兴的中国梦提供坚强保障。转型社会中出现的问题，也传导并映射到了思想文化领域，表现为社会文化的多元化、价值认同的碎片化、网络思潮的无序化，从而导致思想政治教育感召力和实效性被弱化。由此可见，思想政治教育系统结构转型是社会转型的必然要求。

第二，从中观层面来看，社会基本结构由经济形态、政治形态和意识形态三者构成。社会结构转型是社会转型中最为核心的部分。思想政治教育属于社会基本结构中的意识形态，属于上层建筑的范畴。随着社会结构的变迁，建立在社会经济基础之上的意识形态具有适应超越性的特点，也相应发生变迁。社会结构变迁既有纵向的历史交替，也有横向的分化整合。从纵向结构变迁来看，不同的社会形态，思想政治教育的结构不尽相同。历史审视，从中国古代的思想政治教育到现代思想政治教育的发展变迁，虽然在不同的时代条件下，思想政治教育的结构具有相对稳固性，而随着社会形态的变迁，又出现结构性的动态跃迁。从横向的结构变迁来看，社会形态的性质集中体现在社会制度上，一定的制度安排决定了思想政治教育的内容结构，根据制度变迁的路径依赖理论，在确定的制度安排

① 《习近平谈治国理政》第三卷，外文出版社2020年版，第219页。

下，思想政治教育结构也相对保持稳定。后现代性语境下的社会是现代化社会，伴随着信息现代化的进程，整个社会的制度安排和制度结构都发生了彻底的变化，无论是强制性制度变迁，还是诱致性制度变迁，都会影响思想政治教育内容、形式、方法等结构元素，进而引发思想政治教育现代转型。

第三，从微观层面来看，思想政治教育实践活动的子系统是思想政治教育生态系统之一。在狭义上，社会形态维度对应的是实践层面的思想政治教育工作系统，包括“思想政治教育专业活动、思想政治教育职业活动、思想政治教育社会实践活动等”。[①] 整个人类社会在本质上是实践的，思想政治教育实践活动体系的结构也恰恰是由社会实践的需求决定的。换言之，思想政治教育工作具有社会化变迁的一面，思想政治教育工作的内容、本质、方式要满足不断变迁的社会实践需求。也即表现为思想政治教育的社会化过程。在新媒体时代，思想政治教育系统一方面要积极回应信息现代化的社会形态需求，随着社会环境的信息反馈进行自组织、自控制、自协调的运行活动；另一方面，思想政治教育工作的主体，通过发挥主观能动性，实现社会化的目标。具言之，在思想政治教育实践活动的内容、方式、载体等结构元素上主动融入信息化社会的特征，统领社会各场域力量，以系统合力实现引领社会思潮、培育现代人格、进行舆论引导、凝聚价值共识的功能，从而更好地促进社会发展。

以上从历史唯物主义观点、制度变迁理论到系统论的思维出发阐明后现代性语境下思想政治教育现代转型的可行性路径，更好地解释了思想政治教育现代转型的结构动力和社会原因。

2. 研究形态维度

从学术动因来看，思想政治教育研究形态的发展是思想政治教育现代转型的可行性的重要解释路径。思想政治教育研究是思想政治教育系统的

---

① 孙其昂、黄世虎主编：《思想政治教育学基本原理》，河海大学出版社 2015 年版，第 88 页。

三大子系统之一，是型构思想政治教育系统结构的重要部分。“思想政治教育研究是思想政治教育科学化和思想政治教育价值实现的重要动力和基础。思想政治教育研究成为现代转型的重要方面。”① 后现代性语境下，转型与改革交错的时代背景，传统、现代性、后现代性历时共存的世界图景以及舆论传播生态的颠覆式变革引致思想政治教育研究形态发生了重大变迁，主要体现在研究环境、研究重点、研究方法三个层面的转向。

第一，研究环境的转换。后现代性语境下，随着信息现代化，社会的发展，新媒体层出不穷，系统信息交换的外部环境更为开放、便捷、自由、平等。响应后现代性语境的思想政治教育系统发生适应性变化，总体性社会转向为复杂性社会，“单位人”转换为“个体”，“封闭性”转向“开放性”环境，思想政治教育系统在内外部环境的变化下出现科学化、现代性进路。而决定思想政治教育科学化水平的最关键因素就是学术研究基础。新媒体环境下，思想政治教育学术转向研究的精细化、科学化、前沿性、国际化、未来化以及网络化。“思想政治教育研究正在由工作研究为主要特征向科学研究为主要特征转型，思想政治教育研究的现代形态正在逐步形成。”②

第二，研究队伍的组织化。思想政治教育研究是一种特殊的社会实践活动。实践活动必然离不开主体，需要遵循活动规律，从而达到科学化的目标旨归。因此，思想政治教育的研究重点应聚焦学科内部化问题，切实提高思想政治教育研究的组织化程度。新媒体构筑的高效、交互、平等、虚拟的时空网络平台打破了“身份壁垒”，消除了时空限制，极大限度地聚合了各类学术研究人员，有效整合了研究的硬件、技术、制度以及学科、机构等组织资源，整体融合了政府组织、科研机构、学术交流团体、学者等各方力量，从而形成“大合唱”的研究合力，实现了人、财、物的有效调度和最大效用，提升了组织化。要全面落实意识形态责任制，加强

① 孙其昂等：《思想政治教育现代转型研究》，学习出版社 2015 年版，第 389 页。

② 孙其昂等：《思想政治教育现代转型研究》，学习出版社 2015 年版，第 389 页。

对虚拟空间思想政治教育研究的人员、成果、交流等的组织监督，培育壮大哲学社会科学人才队伍。

第三，研究方法的转型。从“形态学”层面来看，思想政治教育研究形态是以科学研究为实践活动形式展现出来的具体样态。而研究方法是科学研究的重要中介，也是学科成熟度的重要标识。研究方法转型是思想政治教育研究形态现代转型的重要环节。新媒体技术的推陈出新，促进了思想政治教育的场域、载体、手段、方法的现代转向。特别是在后现代性语境下，思想政治教育研究方法的理论、范式、规则、应用都发生了急遽的革新。后现代性之于思想政治教育研究方法，犹如“催化剂”，推进了思想政治教育研究方法从传统走向现代。具体而言，思想政治教育研究方法由单一学科、经验主导、文献综述为主的研究范式转向由学术共同体主导的跨界的学科交叉、理论建构与实践经验结合、注重实证研究、系统论方法的开放交融的体系化、科学化研究范式。

上述通过后现代性对思想政治教育研究环境、队伍、重点、方法等的影响分析，可见思想政治教育研究形态是诠释思想政治教育系统结构转型可行性的重要维度，是促使思想政治教育现代转型的学术动力和关键环节。

综上所述，可行性分析试图找到后现代性语境下思想政治教育系统结构转型的解释路径。然而，无论是从社会形态抑或研究形态维度的分析，都是立足“形态学”理论展开的对后现代性语境下思想政治教育系统结构转型的可行性分析的解释路径，仅仅停留在思想政治教育系统结构的外围和表层。若要从深层次透视思想政治教育系统结构现代转型的生成机制，还要回到后现代性与思想政治教育系统两者的互动机理中去寻找，只有洞悉结构元素的相互作用、相互影响，才能把握思想政治教育系统结构的整体运行变化，才能真正理解后现代性语境下思想政治教育现代转型的内在结构维度的可行性。

后现代性是把“双刃剑”，关键在于如何运用。透视后现代性时空环境下思想政治教育传统效用受到的挑战，现代性社会，思想政治教育如何充分利用后现代性的新理念、新元素、新动力不断提升针对性、增强实效性，达到有效性，实现现代化目标，是本书研究的核心内容。要实现这一终极目标，不仅要有解释路径，而且更重要的是要有可行性的具体操作路径，即后现代性语境下思想政治教育结构要素的现代转型。系统结构正是由一系列元素有机组合、相互作用而形成的。因此，构建思想政治教育结构现代转型的路径必然要从系统要素的现代转型开始。

后现代性与思想政治教育是两个相互独立的开放系统。我们可以找到两者之间的深层次结合点，从而剖析两个系统之间的要素联系、结构运行、结构互动，把握系统之间相互“进入”产生的“化学反应”，从“结构效应”维度深度解析现代信息化社会，进而探索后现代性语境下思想政治教育的现代转型。具体而言，树立跨界思维，运用传播学、系统论、思想政治教育学等多学科交叉的研究方法，提出实现思想政治教育现代化的具体结构性路径。构建起与后现代性系统诸环节（主要包括主体、内容、话语和方法）对应的思想政治教育结构的系统转型（主要包括主体转型、内容转型、话语转型与方法转型等）。这里的结构转型并未囊括所有思想政治教育系统元素，原因在于侧重性地说明核心的结构要素的转型，并不意味着其他元素不重要。而是从直接相关角度选择与后现代性联系最紧密的系统元素展开思想政治教育系统结构转型的分析。为了更为直观、清晰地把握两者之间的“结构联动”，可以绘制出后现代性语境下思想政治教育结构运行机制图，阐明后现代性语境下思想政治教育现代转型的可行性路径。

（二）后现代性语境下思想政治教育主体转型

马克思主义实践论和主体论理论告诉我们，主体、主体性不是先验和预成的，而是在实践中生成、确证和提升的。在现代性社会，随着网络信息化和新媒体技术的日新月异，思想政治教育主体遭遇虚拟媒介性境遇，出现了通过新媒体等数字化媒介系统在“虚拟世界”开展的双向互动的主体对象化活动，即所谓的“虚拟实践”。所以，区别于传统的思想政治教育，现代思想政治教育在后现代性语境下发生现代转型的基础是包括“虚拟实践”在内的一切社会实践活动。具体而言，后现代性语境下的思想政治教育主体转型的目标是建构主体间性思想政治教育，主要涵盖思想政治教育主体身份地位转型、主客体关系转型以及主体交互模式转型三个层面。

1. 思想政治教育主体身份地位的转型

任何一种意识形态的传播都离不开传播主体。传统媒体格局下，主流意识形态传播主要是通过国家、社会组织以及学校等主体进行。后现代语境下形成的媒介舆论生态，“人人拥有一个麦克风”，主流意识形态传播主体走向多元化，主流意识形态传播可以通过国家、群体乃至个人进行。① 同时，高度社会化环境也使思想政治教育主体的地位也发生了转变。尤其是新媒体的自由便捷降低了主体的“身份门槛”，受众也成为传播主体。总之，新媒体的价值意蕴使其具有塑造主体的效能，不仅激发了人的主体意识、主体能力，而且开发了人的主体自觉性。思想政治教育身处“数字化生存”的新媒体虚拟空间，主体拓展为网络宣传、传播、推介思想政治教育的主体。新媒体使个体的交往主体性得到极大发展。

2. 思想政治教育主客体关系的转型

思想政治教育主体性的获得需要到思想政治教育主客体关系中加以确定、认可。因此，主客体关系的现代转型也是后现代性语境下思想政治教育主体转型的重要内容。具体而言，后现代是由科技革命赋能的智能化社会，迅猛发展的新媒体早已打破了传统主客体之间牢固的“身份壁垒”，信息传播的传受双方不再是稳固的、等级森严的主客体关系，而是平等交互的主体间关系。这对现代思想政治教育主客体关系带来深刻的启发。在后现代性语境下，思想政治教育主客体关系走向“主体间性”的现代性超越。回溯思想政治教育主体性的发展历史，经历了单一主体、双主体、多

① 邢晓红：《新媒体境遇下提升我国主流意识形态传播力的研究》，《南京师大学报》（社会科学版）2016 年第 6 期。

主体到主体间性的转变。因新媒体的即时交互、自由便捷、虚拟平等等特征而孕育的“交往性主体”在思想政治教育结构的现代转型中集中体现为倡导“交互主体观”。或者通俗地说，思想政治教育主客体关系在新媒体的“虚拟实践”活动中正发生交互式“主体间性”的现代转型。

3. 思想政治教育主体交互模式的转型

后现代性语境下思想政治教育主体转型还必然涉及承载、衍生以及反映主客体关系的思想政治教育活动的主体性。思想政治教育活动本质上是一个整合了教育者与受教育者的主体性活动。因此，基于思想政治教育主客体关系的主体际交往模式是衡量思想政治教育活动主体性的主要指标。传统媒体格局下，思想政治教育主体进行自上而下的单向传播，体现为在传播的控制阶段，传统的权威机构的“政治灌输”模式，从而造成很长时期以来思想政治教育呈现“你说我听、你打我通”的“一边倒”威权格局。新媒体的共享性和海量性特征创新了思想政治教育主体的交互模式。新媒体的低“进入成本”呈现出自由表达、平行松散、人人即媒体的复杂社会图景，教师不再是唯一、权威、主导性的教育主体，而是形成了由思想政治理论课教师、科研工作者、政工人员、思想宣传者、辅导员甚至大学生在内的多元发布主体。新媒体的海量立体化信息资源彻底分化了以政治化、教材为主要传播内容的思想政治教育主体的主导性“中心地位”，弱化了其权威性和话语权。总之，后现代性语境下，主流意识形态传播主客体间的关系由“中转传播”转变为多向度的“交互传播”。主流意识形态传播可以通过国家、群体乃至个人进行平等的多向度传播。思想政治教育主体交互模式由传统自上而下“灌输模式”转向平行发散“关心模式”。[①] 人民日报微信客户端、抖音版主播说新闻、政府公务微博、微课、MOOC、疫情防控微视频、学习强国、在线开放课程、学习通、云班课等各类新媒体思想政治教育平台的急遽增长和发展证明了主体交互模式

① 邢晓红：《新媒体对大学生思想政治教育影响的SWOT分析及战略研究》，《教育理论与实践》2017年第36期。

已然转型。

综上所述，思想政治教育主体的现代转型是在遵循思想政治教育发展基本规律的前提下，进行的“适应性转型”，主要体现为思想政治教育主体的身份地位、主客体关系、主体交互模式根据“适应超越规律”发生现代转型。现代性社会，新媒体构筑的“虚拟社会”中，以交互性、开放性、间接性为特征的“虚拟实践”极大地提升了个体的自主性、创造性、能动性，拓宽了思想政治教育的主体范围，为思想政治教育主体性的发展提供了多样化的场域。因此，后现代性语境下思想政治教育主体现代转型成为时代的必然。后现代性语境下，思想政治教育主体转型的主题和旨归就是主体间性思想政治教育。信息科技革命下新媒体的高歌猛进极大地压缩了“时空距离”，为思想政治教育主体间的交往提供了技术条件；新媒体平台的飞速发展，极大地增强了对象主体的主体性，为思想政治教育对象主体获取、发布、分享信息提供了便捷，提高了对象主体解放的程度和全面发展的水平。信息化时代具有复杂性、开放性的特征，思想政治教育主体也应时代之变发生主体的现代转型，表征为坚持守正创新原则和问题导向，从主体性思想政治教育转向主体间性思想政治教育，从而使思想政治教育主体具有了平等性、开放性、互动性、自塑性、差异性等显著特征，这种现代转型更能体现以人为本的终极关怀理念，更能回应现代人的现实需求、培育现代人格，更能促进人的全面发展。

（三）后现代性语境下思想政治教育内容转型

思想政治教育内容是思想政治教育系统结构中重要的基本要素。思想政治教育内容不仅决定着思想政治教育的性质，也直接影响思想政治教育效果。传统思想政治教育曾发挥“生命线”作用。后现代性语境下，处于“时空压缩”中的中国现代化社会，思想政治教育深陷“现代性困境”，在内容建构上出现了一系列与时代不相适应的新状况：思想政治教育内容理想化、社会化、泛政治化，缺乏稳定性、连续性和层次性。这些状况直接或者间接导致思想政治教育理论与实践脱节、内容传播的有效性低，认同感不高、教育实效性差，加剧了思想政治教育在现代信息社会的“合理性”危机。时代困境、思想政治教育科学化发展要求、人的变化、传统思想政治教育的不足等因素，都促使思想政治教育现代转型，以增强思想政治教育内容的适时性与针对性。“系统建构思想政治教育内容必须依据社会发展、个体心理变化特征与品德规律等进行”①，也即思想政治教育内容要与现代转型社会、新媒体舆论传播环境、信息化智能社会相适应，要与人的现代化相适应，满足多样性的教育对象对自身素质完整性的需求，并在遵循思想政治教育规律的基础上根据客体接受力渐进性的特点做出适当的调整与优化。

新媒体自产生以来就搭乘信息革命的“快车”疾驰猛进，推陈出新，它在潜移默化中彻底颠覆了人们的生产、生活、消费、交往方式甚至思维方式。新媒体技术、信息、思维、价值在各个层面促进了思想政治教育内容的现代转型，具体表征在：后现代性语境下思想政治教育内容生产方式由“经验总结为主”转向“经验、理论、学术研究、实践”多元融合生产；思想政治教育内容层次结构由统一的通用性、普遍性层次转向特殊的专业化、多样化的复杂层次结构；思想政治教育内容展现形式由文本为主转向音频、图片、视频等丰富多元的形式。

1. 思想政治教育内容生产方式的转型

信息技术革命主导下的现代性社会是一个信息化、知识化、智能化的社会。新媒体作为信息技术革命的产物，大大拓展了信息传播的手段。新媒体传播内容具有形式多样、范围广泛、传播速度快、传播效率高、更新及时等特点。新媒体带来的新技术、新思维、新知识、新价值为思想政治教育内容转型提供了创新思路，直接促进了思想政治教育内容生产方式的现代转向。思想政治教育内容的存在形态通常是以知识形态呈现的，如政治知识、思想知识、道德知识、法律知识、心理知识等构成内容系统的内涵。因此，一方面，思想政治教育内容生产的方式符合一般科学知识积

① 刘璟等：《现代思想政治教育内容建构刍议》，《思想政治教育研究》2007 年第 1 期。

累、生产的规律和范式；另一方面，思想政治教育是一门实践性很强的学科，其理论内容来自实践也运用于实践，所以实践知识主导是其独特的知识生产方式。这在传统的思想政治教育中尤为明显，决定了传统思想政治教育知识积累、生产模式主要依靠体验、经验、实践的总结以及政治文件、政策、文献的引入、解读、记录等。特别是在教材中这种“经验型知识”的痕迹非常明显。而现代社会，科学化成为一门学科成熟程度的重要标志。新媒体实现了教育资源的即时共享、为学科交叉提供更大空间从而产生新的知识增长点、新媒体开放、多元、包容的载体平台，为知识的交流、比较、融合生产提供了契机；思想政治教育知识生产不再局限于传统的经验型理论、实践知识主导的模式，而是转向更加系统化、科学化的理论抽象、学术研究、实践体验等多种方式融合生产的新型模式。因此，随着知识生产方式的转向，相应的思想政治教育内容也体现出整体性、互洽性、科学性的现代性特征。

2. 思想政治教育内容层次结构的转型

思想政治教育内容也是一个体系化的稳定结构，内容的主次轻重、层次布局、结构安排都会直接影响思想政治教育效果，影响思想政治教育现代化目标的最终实现。后现代性语境下，我国社会结构时空压缩特征更趋明显、利益格局复杂多变、社会需求多样化。面对深刻变化后的社会环境，传统思想政治教育内容层次结构呈现出许多局限性：第一，内容设定上高度抽象化和理想化，与现实社会脱节，没有关照人性基础和生活根基，过于强化政治性内容，造成内容窄化、结构失衡；第二，对思想政治教育内容系统中的科学方法、基本理论不够重视，对“思想”、“政治”、“品德”等核心概念的认识缺乏稳定性；第三，过于强调通用性、普遍性的特点，未从个体思想差异出发分层次、分阶段地进行思想政治教育活动；第四，思想政治教育内容层次之间的关联性、逻辑性不强，交叉重复现象明显。因此，现代思想政治教育要吸取新媒体传播内容丰富多样、平行发散、精准化传播的优势进行转型，实现内容层次结构的升级和优化。

具体而言，新媒体促进了思想政治教育的内容创新，海量信息资源丰富了思想政治教育内容，加快了内容更新速度。思想政治教育内容创新要体现贴近生活、贴近实际、贴近群众的“三贴近”要求，提升内容的真理性、科学性、专业性，增强内容的解疑释惑能力。首先，内容设计要根据个体需求分阶段。“思想政治教育内容系统结构设计要由浅入深、由表及里、逐层推进，遵循受教育者思想意识产生和接受规律，精准化设计，达到各种类型、各个阶段教育内容的统一协调”[①]其次，要明确、稳定认识内容系统中的基本内容。后现代性语境下思想政治教育内容信息与时俱进，不断丰富，但是作为其基本内容的思想意识、道德规范以及价值观念必须有明确的范畴和科学稳定的认识。基本内容的科学性是思想政治教育现代性的一个标志。思想政治教育内容只有具备了彻底的科学性，才能具有真理性力量，发挥其潜在的功能。再次，内容要依据全面性分层次。内容层次结构上既要有意识形态内容，也要有关乎人性发展的非理性内容，既要注重价值层面的内容，也要关注符号层面的内容。最后，内容建构要符合逻辑、体现时代性、树立跨界思维，融合发展。积极推进思想政治教育哲学、思想政治教育社会学、思想政治教育传播学等交叉学科的研究，优化网络思想政治教育内容，如增加网络中的道德、法律修养方面的内容。

3. 思想政治教育内容展现形式的转型

一定的内容总是借由一定的形式而展现出来的。不同的时代赋予思想政治教育内容不同的表达形式。传统思想政治教育的内容的主要通过文件、记录、文献、理论、教材、论文、报告等文本的形式来展现。后现代性语境下的现代社会，信息化、智能化是核心标志，随着科学技术的发展，特别是信息革命浪潮下新媒体的高歌猛进，信息的形式丰富多彩，复杂多样。“数字化生存”的现代人离不开新媒体，甚至形象地说这是一个碎片化的“读图时代”。新媒体的形式很多，信息的展现与传输灵活便捷、

① 邢晓红：《构建与超越：思想政治教育现代性研究》，中国社会科学出版社2014年版，第120页。

形式多元，这为思想政治教育内容提供了更多、更好地展现形式，如：音频、动画、短视频、慕课、在线开放课程、微课、微电影、图片、可视化案例、电子文献、网站、客户端等电子化资源与素材等，不再局限于纸质化的书本、教材、文件等。后现代性语境下，思想政治教育内容展现形式从“唯上”、“唯书”的传统“文本范式”转向“以人为本”、“接地气”的音频、图片、动画、视频一体的现代“符号范式”。概言之，思想政治教育内容展现形式实现了从简单单一到丰富多元的现代转型。这也体现出思想政治教育内容既要立足专业化、科学化，同时也必须关照内容所处的现代化社会、新媒体语境以及现代人的多样化需求。因此，我们要运用新媒体技术，打造思想政治教育内容展现形式的全方位多元立体格局。“将枯燥、乏味的思想政治教育理论变成为集视、听、读一体的全方位、立体化的形式。”① 可以利用新媒体关注“微小生活”的特点将思想政治教育内容由“宏大叙事”转向“生活世界”，展现形式由千篇一律的严肃呆板正统化形式向生动活泼大众化形式转变。例如，广受教育对象欢迎的“马克思主义·青年说”、思想政治教育脱口秀“宝哥说”、“大国方略”系列品牌课程、“马克思是个90后”、“社会主义有点潮”、“全国大学生同上一堂疫情防控思政大课”、“学习强国”、“E起学习”大型互动式融媒体课堂之“思政微课堂”、《百家讲坛》中国精神等等思想政治教育内容的新兴展示形式。

综上所述，后现代性语境下，高度的信息化、现代化，科技革命迅猛推进成为社会的时代标识与主要特征，尤其是新媒体的发展已经进入WEB3.0时代，为思想政治教育内容的现代转型提供了创新机遇，也提出挑战性问题。为了适应现代化社会、新媒体语境、教育对象多层次的需求，思想政治教育必须适时调整、动态更新系统内容，也即进行内容的现代转型。这个转型过程主要包括构建多元融合的思想政治教育内容生产方式；升级与优化思想政治教育内容层次结构实现完整性、多层次、有序

① 刘晓天：《新媒体时代思想政治教育传播的新境遇及其应对策略研究》，东北师范大学硕士论文，2018年。

性、协调性目标；打造全面立体的思想政治教育内容展现形式。总之，思想政治教育要树立开放性、多样性的后现代性思维、借鉴学科交叉融合的方法进行内容的科学建构。在系统内容的转型中“应当体现时代性、注重科学性、坚持系统性，根据个体发展轨迹，遵循人性、阶级性、民族性以及职业性的社会整合目标”，[①] 坚持“立德树人”的根本任务，在培育“时代新人”的思想、政治、道德、心理和法治素质的基础上，可以适当性地引入时政热点内容，充实文化自信、社会主义核心价值观、科学创新精神、竞争与合作精神、合理义利观等内容。“合力开放多层次的内容、夯实内容指导性、注重内容服务性、传递青春正能量。”[②] 思想政治教育内容创新反映了现代性社会教育对象的层次性需求，是一个逻辑性、层次性、发展性、协调性的内容结构系统。

（四）后现代性语境下思想政治教育话语转型

“思想、观念、意识的生产最初是直接……与现实生活的语言交织在一起的。”[③] 话语是搭建人与世界关系的桥梁，话语实质是一种权力资源。话语是思想政治教育结构系统中的要素和中介之一，行之有效的话语是保证思想政治教育有效性的关键介体，两者之间是正相关的。具体而言，“思想政治教育话语的类型、性质、内容、呈现形式、密度以及精确度都深刻地影响了人们思想互动、观念沟通、情感交流的有效性。”[④] 后现代性语境下，思想政治教育话语传播呈现出结构断裂的状况，陷入了话语滞后、话语空场、话语替代、话语失效等时代困境。为摆脱人们对思想政治教育话语的传统印象。为凝聚社会共识，引导社会价值、有效发挥思想政治教育的意识形态功能。现代思想政治教育必须进行话语创新，实现话语转型。具体而言，

---

① 邢晓红：《构建与超越：思想政治教育现代性研究》，中国社会科学出版社 2014 年版，第 121 页。

② 陈志勇：《新媒体时代的大学生思想政治教育》，中国文史出版社 2014 年版，第 34—35 页。

③ 《马克思恩格斯选集》第 1 卷，人民出版社 1995 年版，第 72 页。

④ 孙其昂等：《思想政治教育现代转型研究》，学习出版社 2015 年版，第 282 页。

面对新媒体话语传播的强势冲击，要趋利避害，积极借鉴新媒体话语亲民性、通俗化、多元化、情境化、生活化的话语优势，有效消解新媒体话语碎片化、去中心化、解构分化、信息圭臬的消极影响，在众声喧哗、群体极化的新媒体话语中走出困境，化危为机，找到话语转型路径。思想政治教育话语转型是关涉话语主体、受众、内容、沟通、语境诸要素的系统转型。思想政治教育话语传播目标的实现以及话语权的获得是依赖话语的解释力、吸引力、认同感以及感染力，从而达到既定叙事效果的过程，最终得以落实的。后现代性语境下，思想政治教育话语转型主要表征为话语色彩、话语方式、话语设置与话语体系等维度的现代转向。

1. 思想政治教育话语色彩转向“平等对话”

话语色彩是影响受众对话语内容认同的重要因素。不同时代，话语的主导色彩也不尽相同。后现代性语境下，思想政治教育话语主导色彩已由传统封闭的独白式“强制说教”转向现代开放的互动式“平等对话”。这主要是基于时代背景、技术条件、社会环境以及学科发展的原因。首先，后现代性语境下的社会是开放复杂性的社会，思想政治教育要适应社会化的需求，其话语色彩由“封闭”走向“开放”；其次，后现代语境下的社会是高度信息化社会，新媒体破除了主客体之间的身份壁垒，权威中心地位被解构，人人都是拥有一个麦克风的“传播者”，这促使思想政治教育话语色彩从“灌输型的官方规范话语”向“多样化的自由平等话语”转型。例如，传统思想政治理论课的教育主体采用的仍然是以上对下、以上压下的身份姿态来“灌输”、“传达”党和国家对受教育者的思想道德要求与价值准则。话语色彩多采用政治性话语、文件式话语等官方权力话语，容易引起受众的“逆反”。后现代性语境下的思想政治教育话语则更多关注主体多层次的需求，采用平等的多样化话语色彩。再次，网络通信技术构筑的“虚拟世界”，话语传输便捷、即时、自由，受众既是传播者、又同时是受众、转发者、评论者甚至反馈者。新媒体等“全天候媒体”的出现确保“资讯无屏障”，这促使搭载新媒体平台的思想政治教育的话语色彩也发生适应性转型，即由“点对点”的“独白”色彩向“交互式”的“对话”色彩转向。最后，新媒体加速了后现代性话语的传播速度，引致新一轮的话语变迁。后现代性主导的流行化、网络化、草根化、通俗化、个性化的话语色彩促使思想政治教育话语表达色彩更趋丰富多元，转向“话语间性”，实现了话语色彩网络化、民生化、大众化、开放化的现代转向。

2. 思想政治教育话语方式转向“生活叙事”

话语方式是实现思想政治教育目标的重要助力，具有很强的实践意义。因此，新媒体舆论生态环境下，话语方式的创新是整个思想政治教育话语现代转型的重要一环，也是关键的话语系统结构元素之一。新媒体时代，谁掌握了新媒体，谁就赢得了世界。“要加强传播手段和话语方式创新，让党的创新理论‘飞入寻常百姓家’。”① 面对新的媒介格局和意识形态传播场域，思想政治教育要实现思想教化、舆论引导、维护社会稳定和执政合法性的规范、导向、保证功能，必须根据教育对象的特征创新思想政治教育话语方式。后现代性主张主体回归“生活世界”，其关注“微小生活”的特点启示思想政治教育话语方式由疏离的“宏大叙事”走向亲民的“生活叙事”。“最高限度的马克思主义 =(Umschlag) 最高限度的通俗化”② 要增强思想政治教育内容的说服力，除了理论自身的真理性，话语表达的方式也非常重要。通俗性、大众化的话语更有利于思想理论的有效传播，从而获得受众的心理认同。因此，以马克思主义理论为指导思想，社会主义意识形态为主要内容的思想政治教育必须进行话语转型，增强由知到行的转化效率。因此，就要求我们在具体的教育教学实践中“摒弃结论性的‘宏大叙事’……结合民族语言、时代语言、群众语言，认真‘陈情’和‘说理’，创造具有中国特色、中国风格、中国气派的话语方式。”③ 后现代性语境下，各种思潮交融交锋、价值多元化、利益诉求多样化，差异性需求

① 张晓松、黄小希：《习近平在全国宣传思想工作会议上强调 举旗帜 聚民心 育新人 兴文化 展形象 更好完成新形势下宣传思想工作使命任务》，《光明日报》2018 年 8 月 23 日。

② 《列宁全集》第 36 卷，人民出版社 1959 年版，第 468 页。

③ 孙明增：《创新话语方式让话语亲近生活》，《光明日报》2018 年 9 月 20 日。

与无限包容成为思维时尚。这启示我们在主流意识形态的传播实践中，思想政治教育必须时刻关注不同目标群体的差异化精神需要，运用通俗话语方式来解决教育主体的精神关切。创造一种即时在线的“存在感”以解决“失语”、“空场”的难题，从而提升理论的解释力和影响力，获得教育对象的认同并转化为实践行动。

3. 思想政治教育话语设置转向主动“议程设置”

“议程设置”是大众传播媒介影响社会的重要方式。这一理论由马尔科姆·麦克姆斯、唐纳德·肖在 1972 年提出，阐释了社会事件是怎样经由媒介报道而成为舆论中心的。这也就意味着公众对“社会事件”的认知程度与重要性判断与大众媒介的“议题”报道活动之间存在一种正向的高度对应的关系。受众会因传播媒介提供议题而改变对事物重要性的认识，对媒介认为重要的事件首先作出反应并进而外化为行动。思想政治教育实质上也是一种特殊的传播实践活动，为提升对主流意识形态的传播力，也应借鉴大众传媒“议程设置”的能力，从而实现思想政治教育现代化的终极目标。党的二十大报告指出：“要加强全媒体传播体系建设，塑造主流舆论新格局。”① 后现代性语境下，新媒体的极速发展、推陈出新彻底改变了舆论生态，相较于传统传播媒介，新媒体具有更强的互动性、便捷性、平等性、共享性、虚拟性，极大提高了信息传受双方沟通的有效性。虽然新媒体空间庞杂的信息洪流、分众化的传播、即时更新“无延时”的速度可能会弱化“议题”的重要性、淹没“议题”的讨论空间，甚至缩短受众对“议题”的关注时间，但是，面对“数字化生存”的现代人，新媒体仍然是迄今为止保证“议题设置”效果发挥最好的载体。这种显著优势令思想政治教育的话语设置能力今非昔比，“台阶式”跃升，并由传统的被动反应转向现代的主动进行议程设置，为思想政治教育的话语转型提供了新动力。传统思想政治教育面对的是总体性、封闭性社会、单位人。因此，

---

① 习近平：《高举中国特色社会主义伟大旗帜　为全面建设社会主义现代化国家而团结奋斗——在中国共产党第二十次全国代表大会上的报告》，人民出版社 2022 年版，第 44 页。

话语设置基本上以“上传下达”式的统一文本、统一规范、统一行动为主；传统思想政治教育培养的是“听话人”，因此针对“个别”的质疑、异议也多以被动反应为主，类似“救火”式的应急回应。而后现代性语境下的现代思想政治教育面对的是分化的、开放性的转型社会、多层次性需求的“个体”。因此，思想政治教育话语设置必须与时俱进、适应新媒体时代、适应转型社会、适应多样化的对象主体，进行事先性、预估性、创新性的主动的话语“议题设置”。

具体而言思想政治教育要恰当地、巧妙地运用新媒体双向互动性，塑造专业的传播主体，采用优化的传播策略，积极搭建多平台解释框架，促使马克思主义意识形态理论由传统的“硬性”传播走向“软性”传播，从而产生“集聚效应”，形成正确的舆论引导格局。例如，在2020年抗击新冠肺炎疫情中微视频、微纪录片、原创MV、直播、云监工、云课、云会议等多样态新媒体共同“战”疫占据“流量高地”就是一次生动的“议题设置”彰显了中国的制度优势。思想政治教育要借助各种传播媒体，开展积极主动的话语“议题设置”，实现话语转型，回应民生需求，解疑释惑，这也是破解传播困境，解决失语难题的有效路径。

4. 思想政治教育话语体系转向“创新主题”

一定的话语体系的生成必然存在赖以生存的土壤，也就是“语境”。后现代性语境下，话语体系结构也会发生相应的变化。随着时代条件、话语环境的变化，思想政治教育话语体系也随之发生变迁。通过发展史回溯的方法，可以确认的是在一段时期内思想政治教育话语传播的主题是相对固定的，其话语体系具有稳定性。概括起来，思想政治教育话语体系先后经历了“革命话语——建设话语——创新话语”的转换。新民主主义革命时期，社会的核心主题是“革命”，相应的思想政治教育话语体系的传播主题是“革命型意识形态”，以“战争”、“革命”、“阶级斗争”等话语为主导话语。改革开放以来的社会主义建设时期，社会的核心主题是“改革”，相应的思想政治教育话语体系的传播主题是“建设型意识形态”，以“改革”、“建设”、“生产力发展”、“解放思想、实事求是”等话语为主导话语。进入21世纪以来，社会的核心主题是“发展”，相应的思想政治教育话语体系的传播主题是“坚持和发展中国特色社会主义意识形态”，以“科学”、“创新”、“共享”、“协调”、“和谐”等话语为主导话语。后现代性语境下，面对网络“虚拟时空”的挑战，关注“宏观现实世界”的思想政治教育话语体系已经无法满足“微观虚拟世界”的需求，必须进行话语系统创新以破解“话语结构断裂”、“话语场域疏离”的困境。

具体而言，后现代性语境下进行思想政治教育的话语转型，创新话语体系，树立话语自觉，增强其吸引力和感染力，要重点关注几个层面的创新。一是借鉴新媒体话语主体无“身份壁垒”、跨界沟通的优势，促进思想政治教育宏观、中观、微观等不同话语场域间的流通和互动，形成全领域、立体式的话语创新环境；二是借鉴新媒体话语传播多模态，发挥融合互通的技术优势，促进政治话语、理论话语、学术话语、生活话语、网络话语等不同思想政治教育话语类型间的融通，促进话语系统结构的整合优化，实现话语类型的同频共振，协同创新；三是借鉴新媒体话语形式多样化、话语沟通更具人性化、契合性的特点，促进不同话语体系的转换，打造融通中外的新范畴、新表达。采用开放性话语、国际共通性话语进行马克思主义理论、社会主义意识形态理论的内外传播，塑造中国影响力；将思想政治教育理论传播中的官方话语、文本话语转化为大众话语，以民生化的话语表达贴近群众生活体现话语温情、获得情感共鸣，增强话语认同感；运用富有中国特色的话语体系讲好“中国故事”，提升传播力。

综上所述，话语转型是思想政治教育结构现代转型的关键性路径。要发挥思想政治教育塑造现代人格、引领社会思潮，凝聚社会价值的功能必须创新话语系统。要充分运用全媒体话语优势，推动思想政治教育话语以系统思维全面转型：“话语主体蕴生气、话语表达接地气、传播载体增动力、话语内容亮底气，话语语境现代性。”[①]

① 邢晓红：《习近平社会主义意识形态话语创新的五重维度》，《中学政治教学参考》2017年第1期。

（五）后现代性语境下思想政治教育方法转型

方法是人们达到预期目的的一种手段、工具、途径、技术和范式。[①]方法是人的认识活动和实践活动的中介，是认识客观世界也是改造现实的武器。毛泽东曾用“过河要有桥与船”来形象类比在完成目标任务与做好工作中方法的重要性。所谓思想政治教育方法则是指教育主体为了实现思想政治教育目标，在思想政治教育内容教化的过程中对教育对象所采取的一系列思想方法、工作方法以及研究方法的总和。在整个思想政治教育过程中，是否采用并选择恰当的方法、能否运用科学、有效的方法是决定思想政治教育效果的关键因素。思想政治教育方法也会随着时代变迁、主客体的变化而发生适应性变动，在相对稳定的结构中发展创新。后现代性语境下，由解构方法、批判方法、超越方法、反思方法、对话方法、语言游戏方法以及体验方法等共同构成的后现代性哲学方法论对传统思想政治教育方法形成了巨大的影响。后现代性方法带来的机遇与挑战体现在对思想政治教育者、课程教学、教育模式、教育过程及学科范式产生的积极建构与消极解构。

新媒体传播方法体现了很多后现代性的思维方法。新媒体急遽压缩了“时空”距离、碎片化扁平化的传播，立体交互的主体际交流都对思想政治教育产生深刻影响。特别是对传统的“正面灌输”、“单向填鸭”、“我讲你听”、“一言堂”式的教育方法形成巨大冲击，甚至导致有些传统教学方法的“滞后”“失灵”，乃至消失现象。因此，后现代性语境下，要发挥后现代性教学方法、课程方法、实践方法等的优势，克服其消极影响，要发挥新媒体即时性、互动性、开放性以及移动性等优点，引入新媒体传播方法，促进思想政治教育思想方法、研究、实践方法的交叉融合，达成思想政治方法系统的现代转型。

---

① 张耀灿等：《现代思想政治教育学》，人民出版社2006年版，第363页。

1. 思想政治教育思想方法从封闭静止走向开放动态

方法是人类思维活动的产物。后现代性不仅改变了生产、生活、交往方式，更为重要的是改变了人们的思维方式，也即改变了人们看待世界的视角、方法。思想政治教育方法中系统的思想方法是描述思想政治教育认识对象、认识环境等认识活动的中介与工具。新媒体带来的开放性、灵活性、自由便捷、即时交互等创新思维促进了思想政治教育思维方法的彻底变革，从传统的封闭静止思想方法转向现代开放动态的思想方法。这既源于社会结构转型带来的多元思想意识的交流、交锋、交融，也得益于信息科技革命浪潮席卷下产生的思维革命。后现代性语境下，思想政治教育思维深受后现代性哲学思维方法的影响而发生了一系列的现代转向。具体表征为从传统的单一实体思维、主客二分思维、先验性思维、单向灌输思维转向具有高度现代性思维特征的复杂关系性思维、主体间性思维、生成性思维、双向互动思维。

后现代性语境下，深刻的社会信息网络技术革命已经使世界成为一个互联互通的“地球村”，人类的命运休戚与共。传统的封闭的、固定的、静止的程式化的思维已经无法适应开放化的现代社会、无法适应“网络化生存”的现代人的需求。因此，我们要善于突破陈规、因时制宜、创新思想政治教育思想方法。在从事思想政治教育认识活动的过程中提高科学思维能力、战略思维能力、辩证思维能力，全面地、发展地、系统地、普遍联系地洞察思想政治教育的规律，善于把握思想方法发展的总体趋势和前进方向。

2. 思想政治教育研究方法从散在化转向系统化

思想政治教育研究方法也是思想政治教育方法论系统中的一个体系。它是一个具有多层次、多类型的系统，包括研究方法范式、研究方法规则以及研究方法的应用等。现阶段所用的思想政治教育研究方法，主要是思辨型的理论分析。[①] 这是思想政治教育研究的传统方法，一般而言主要产生理论性、思辨性的研究成果。然而，后现代性语境下单纯思辨的研究方

① 孙其昂等:《思想政治教育现代转型研究》，学习出版社 2015 年版，第 411 页。

法已不能满足学术研究之要求。思想政治教育研究方法必须进行创新。概言之，研究方法发生从散在化到系统化的现代转向。

具体而言，研究方法总是一定的思维理念的具体体现。基于传统思想政治教育思维理念的研究方法总体来说类型单一。通常以较为直观的“经验总结法”，抽象思辨的“理论概括法”这两种方法类型为主导。这种研究方法的形成主要是由于传统的思想政治教育环境是封闭性的，受环境性质影响，思想政治教育思维方法也具有静止封闭的特征，进而传导到思维理念指导下的研究方法也呈现出单一、分散、具体的特点。现代社会具有开放性、多样性，科学化、现代化的特征，思想政治教育因外部环境的转换而转型，汲取了现代性的思维理念，因而也具有了现代性的创新方法。具体而言，现代社会环境的开放复杂性使思想政治教育的研究方法也趋向多样性、复杂性、多样化、组合化的现代向度，这也反映了现代人的本质属性和自然性、社会性以及精神性需求等多样化的需求。因此，这个时期，科学化、学科化、逻辑化是现代社会对现代思想政治教育研究方法的转型要求。然而，随着社会现代化程度越来越高，特别是后现代性语境的出场，信息化、网络化、消费化、智能化、差异性、不确定性等新的思维理念开始影响思想政治教育研究方法。特别是信息网络化以及媒介生态的彻底变革带来的“虚拟实践”、“虚拟交往”的出现启示现代思想政治教育研究方法也要创新超越，进行自我优化与完善。具体而言，后现代性语境下的跨界思维、差异性思维、碎片化思维、虚拟化思维、对话沟通思维以及语言游戏思维冲击着现代思想政治教育系统，促使其发生思维转型，进而实现研究方法的现代性超越。综合来看，后现代性语境下，思想政治教育研究方法在由传统到现代的“一次转型”后，又在“适应超越规律”的作用下发生现代转向后现代的“二次转型”。我们可以将这一转型过程的特点做一凝练表达，即“浅层组合——系统综合——专题深入”的思想政治教育研究方法演化路线。换言之，规范化、专业化、体系化构建是现代思想政治教育研究方法论的现代转换路向。

综上所述，思想政治教育系统在后现代性语境下的“结构转型”既有社会形态、研究形态两种“解释学”维度来确证其可行性，也有主体转型、内容转型、话语转型以及方法转型等结构要素的转型来阐明其现实必然性。

四、功能转型：思想政治教育功能的现代转型

思想政治教育转型是一种集结构功能于一体的系统转型，终极目标是实现思想政治教育的现代化。结构转型是思想政治教育现代转型的核心和本质，是从理论上对学科发展困境的求索；功能转型解答的是社会现实诉求，是从实践上对思想政治教育活动过程中遭遇的现代性矛盾的具体回应。思想政治教育功能转型是包括主题、地位、价值、目标等元素在内的整体转型。如果说思想政治教育结构现代转型本质上是一个动态的“过程”，那么，因思想政治教育系统的结构效应随之带来的思想政治教育功能的现代转型则是一个静态的“结果”。解读思想政治教育结构与功能的辩证关系，从后现代性哲学的视域分析思想政治教育功能的发展，有助于从功能维度厘清后现代性语境下思想政治教育现代转型的可能性。

诚然，思想政治教育是一个由结构与功能构成的整体系统。后现代性语境下思想政治教育结构的现代转型固然重要，是运用系统结构优化效应克服“合法性危机”的必要路径，并且受后现代性影响较多的主体、内容、话语、方法等思想政治教育系统元素的转型也为我们认识结构转型提供可行性论证。但是，结构的优化效应还需要功能的有效发挥来体现。因此，要破解现代性难题，应对后现代性提出的挑战，还需要探索思想政治教育功能现代转型的可能性途径，从而为思想政治教育获得现代性的增长，实现思想政治教育现代化奠定功能基础。

（一）后现代性语境下思想政治教育系统功能转型的可能性

可能性（possibility）多见于数理统计用词，也被不断扩展运用于管

理决策、金融风险评估等领域。事实上，可能性是我们无法避免的一种普遍性存在的现象。这里，将可能性分析引入思想政治教育系统功能转型中，旨在确证转型的现实性、趋向性和发展性。我们可从环境优化、动力支持、形态拓展三个阐释维度来透视后现代性语境下思想政治教育系统功能现代转型的可能性。

1. 环境优化维度

信息、能量、物质是当今世界的三大资源，① 信息恰恰是物质与能量相互转化的媒介。后现代性语境下的社会，网络通信技术、新媒体的迅猛发展已然使社会进入信息时代，毫不夸张地说，新媒体已经融入人类社会生活的方方面面。思想政治教育系统也是在与外部环境的信息、能量以及物质的交换过程中不断获得发展的。思想政治教育面临的环境在后现代性语境下随着信息现代化的发展，集中表征为信息环境。因信息环境的变迁，思想政治教育系统功能也发生了重大转向，其中后代性语境下出现的产物——新媒体就具有环境营造功能，为思想政治教育新功能的产生和发挥提供了开放的环境。我们要充分利用新媒体信息数据即时共享的特点，对信息内容进行甄别，发挥新媒体正向价值，优化信息环境，挖掘新媒体潜在的意识形态功能，为提升思想政治教育的传播力、实效性，实现思想政治教育现代化，提供环境优化的可能性。不仅新媒体塑造的信息环境，科技产品营造的物联、泛在环境，消费文化浸染的“符号逻辑”的消费环境等，都充分诠释了因环境优化而导致思想政治教育功能拓展创新发生转型的可能性。

2. 动力支持维度

后现代性给予思想政治教育功能体系新元素，形成新的动力支持。具体而言，后现代性社会出现的技术赋能现象使主客体间的身份壁垒消失，去中心化、碎片化的扁平化传播结构，不仅消弭了“知识鸿沟”与“话语位差”，而且精简化的“裂变式”传播促进了思想意识的发酵，能够迅速

---

① 梁建宏：《大数据时代思想政治教育环境新论》，光明日报出版社2015年版，第240页。

形成“群体极化效应”。例如，新媒体的优势对于思想政治教育在“虚拟的网络社会”更好地发挥网络舆情引导、价值规范、协调沟通、思想教化等功能提供了技术支持与载体平台；同时，后现代性的正向价值、积极效用以提供新元素、供给新内容、拓展新场域的形式促使思想政治教育的功能体系得到进一步开发、发展与创新。例如，后现代性哲学倡导差异化、多样化思维，通过影响人的思想产生新的社会意识，进而使思想政治教育功能也多样化发展，既有意识形态功能，又兼具非意识形态功能，实现从“单一型主导”功能向“多样型功能”的转换。思想政治教育认知功能、交往功能、心理调节功能都是后现代性正向价值动力支持的反映。思想政治教育融媒体传播功能、生态净化功能以及“三微一端”为主的思想政治教育宣传功能，都是新媒体意识形态价值的反映和体现。后现代性是一把“双刃剑”，我们要趋利避害，运用其正向价值、影响和效用，使其切实契合并转化为思想政治教育功能转型的动力支持，赋予其现实可能性。

3. 形态拓展维度

后现代性信息社会，新媒体赋予思想政治教育功能一系列与现代信息社会相适应的新特征。新媒体媒介意识形态功能与思想政治教育功能相互进入、相互作用引发的创新性“化学反应”激发了思想政治教育传播力，为促进思想政治教育功能的现代转型，实现人的全面发展和最终走向思想政治教育现代化之路，提供了现实的可能性路径。“新媒体具有言论自由化、形式多样性、传播即时性、受众广泛性、交流互动性、平等虚拟化等特征。”① 在这些特征的相互作用下，思想政治教育的主体复杂化、对象细分化、内容多样性、方法体系化、载体“迷你化”、手段“融合化”。这些思想政治教育系统元素的变化共同决定了结构运行和水平，进而决定了思想政治教育功能的多样化、体系化、科学化、现代化转向，在功能形态、层次以及结构水平上都有了进一步的拓展与优化。这是后现代性语境下思

① 邢晓红：《新媒体境遇下提升我国主流意识形态传播力的研究》，《南京师大学报》（社会科学版）2016 年第 6 期。

想政治教育系统功能现代转型在形态拓展维度上的可能性。在现代化环境和后现代性语境下，萌生出发展功能、享受功能、交往功能、教育反馈等思想政治教育新功能。

综上所述，后现代性带来的虚拟时空、新媒体技术以及价值效用分别对应环境优化、动力支持、形态拓展三个现实可能性维度，为探索思想政治教育系统功能的现代转型提供了一个阐释路径。

思想政治教育功能是思想政治教育结构与社会需求之间的媒介。“功能除了是实体范畴更是反映思想政治教育系统对社会的关系范畴。”[①] 而作为转型诉求其一的思想政治教育实效性，恰恰需要在思想政治教育现代转型过程中，回到包括人与人、人与自然、人与社会的关系的社会实践中，去追求、获取乃至确证其现实性。后现代性语境下思想政治教育功能的现代转型不仅有可能性的阐释维度，而且有可能性的实现路径。具体而言，后现代性思维、态度、观念、价值等元素“进入”思想政治教育系统功能体系，从而激发思想政治教育在战略地位、主题、价值、目标等层面，作出功能的拓展及其现代转向。这些功能上的拓展与创新，从本质上而言，反映出思想政治教育功能的具象化形态和抽象化的媒介意识形态功能的衍生。虽然思想政治教育功能的现代转型是多要素、多层面的、多形态的整体系统，但是最能集中体现后现代性语境下思想政治教育功能转型的就是主题转换、价值重构和目标转向，它们共同构成思想政治教育功能现代转型的“三维”路径，并一致性地指向人的全面发展和思想政治教育现代化的终极价值目标。

（二）后现代性语境下思想政治教育的主题转换

主题指向的是思想政治教育的核心任务、重点任务，主题在思想政治教育功能系统中居于中心地位，决定着思想政治教育系统其他要素的选

① 孟超：《论新媒体时代思想政治教育的现代转型》，《山东农业工程学院学报》2015年第5期。

择，规定了方向，指明了道路。主题不明晰，核心任务含混模糊，将可能导致思想政治教育发生方向性错误，更不用奢谈持续性发展。作为社会子系统，社会转型，思想政治教育也随之发生转型。纵观人类社会政治生活历史变迁的各个阶段，思想政治教育体系的生成过程都体现出与社会根本政治制度要求“适应性一致”的特征。可见，思想政治教育的主题因社会政治生活的主题变迁而必然发生适应性变化，从而以精神动力、思想引领以及智力支持推动所处社会的发展进步。后现代性社会是信息化社会，为了适应信息化的社会生活中“数字化人”及其虚拟实践的需要，思想政治教育主题因而具有个性化、内在化、开放性、科学性、发展性的现代向度。因政治生活的变迁，思想政治教育主题由单一的自上而下的“政治动员”走向多样化的平行的“人与世界的协同发展”。

究其本质，思想政治教育的根本属性是阶级性，通过意识形态功能去维护并巩固统治阶级的执政合法性。在不同的社会结构与时代背景下，正是通过不同的中心任务的确定来达成思想政治教育意识形态功能的。历史审视，主流意识形态随着媒介生态环境的时代变迁而发生主题转换，因时代变换而确立不同的传播主题，实质上是一个主动调整与适应性变化的动态过程。中华人民共和国成立以来，主流意识形态历经一个与时俱进、逐层递进、不断深化的理论创新过程，在不同的历史阶段，呈现出不同的表达方式，侧重不同的内容。从“围绕中心、服务大局”到“两个巩固”的根本任务以及新时代“高举旗帜、引领导向，围绕中心、服务大局，团结人民、鼓舞士气，成风化人、凝心聚力，澄清谬误、明辨是非，连接中外、沟通世界”的使命任务的变化，新时代意识形态工作以“建设具有强大凝聚力和引领力的社会主义意识形态”为战略主题，“自觉承担起举旗帜、聚民心、育新人、兴文化、展形象的使命任务”，①，这也是新时代思想政治教育的核心任务。当然，在后现代性语境下，构建网络空间命运共

① 张晓松、黄小希：《习近平在全国宣传思想工作会议上强调　举旗帜　聚民心　育新人　兴文化　展形象　更好完成新形势下宣传思想工作使命任务》，《光明日报》2018年8月23日。

同体，做好网上舆论引导，提升意识形态领导权、话语权，也是新时代思想政治教育的使命责任。

思想政治教育是党的工作的重要组成部分。在中国共产党的发展史中，思想政治教育一直并始终发挥着“生命线”的作用，这是党的光荣而优良的传统，也是中国共产党的优势。例如，在革命战争年代流传的“长征是宣传队、长征是播种机”，实质上就生动形象地展现出思想政治教育功能的发挥。基于中国共产党的中心任务的不同，党的思想政治教育的主题在不同时期也相应不同。回溯党的思想政治教育历史，在社会主义革命、建设、改革、发展的不同历史时期相继出现了服务革命战争、服务阶级斗争、服务经济建设、服务中华民族伟大复兴的“中国梦”和社会主义现代化强国的实现的主题。也即在不同历史阶段，思想政治教育以不同的“核心任务”主导社会的思想和行为。思想政治教育主题转型的提出，一方面是基于信息化时代、新媒体环境、现代性社会的思维、感觉、生存、交往以及行为方式的变换应时而生；另一方面是思想政治教育的主题与社会生活实践主题并不总是恰好同时、同步一致的，当两者脱节、错位时，旧的思想政治教育主题必然发生转型以适应社会生存的标尺。例如，若社会发展由政治向经济及社会、文化、环境等转变时，如果还故步自封坚持一成不变的思想政治教育主题，就会导致思想政治教育滞后于时代，与社会人为割裂、理论脱离社会实际，失去发展的实践根基，自然也难以发挥思想政治教育功能，达不到预定的效果。

（三）后现代性语境下思想政治教育的价值重构

思想政治教育的价值产生于人与对象的肯定的意义关系之中：一是表现为在社会关系中，思想政治教育是否合乎社会发展的要求，即“相适合”关系；二是表征为思想政治教育与价值主体的全面发展需求是否相一致，即“一致性”关系。从现实来看，思想政治教育的社会价值属性体现在为社会提供思想引领，以主流意识形态理论为核心内容凝心聚力。意识形态正是蕴含于特定的社会价值体系中：首先，一定的社会意识形态是主体价值观念、思想意识、精神主旨的反映；其次，要发展完善优化社会价值体系，也必须坚持发挥社会意识形态的导向与规范优势，这样才能实现对价值主体的精神指引，实现社会核心价值体系的有效传播。由此可见，社会价值体系是思想政治教育价值的根源与社会基础。

后现代性语境下的社会是高度现代化的信息社会，新媒体作为信息技术的产物加剧了价值冲突，思想政治教育主要面临一元价值与多元价值、道德价值与利益价值、社会价值与个体价值、理想价值和现实价值、绝对价值与相对价值的冲突五类价值冲突。价值冲突本质上就是挑战，挑战也能转化为机遇，成为思想政治教育价值转型的推动力。后现代性语境加剧了社会价值的多元激荡，交汇交锋。在这样的价值风险增长迅速、价值选择高度受限的社会，所谓价值转型就是促使思想政治教育的个体价值与社会价值等对立性价值在分化与背离中趋向一种动态平衡的关系。究其本质，“就是寻找到思想政治教育的工具理性目的（人对社会的有用性——社会发展）和价值理性（生命意义和精神成长——幸福人生）的最佳结合点。”① 后现代性的虚拟化、碎片化、差异性、去中心化导致价值判断、选择的迷茫和价值行为的冲突。从一定意义上说，后现代性语境下的价值冲突最为核心的体现就是价值观的对立冲突，也体现在价值观基础上的价值目标与价值选择的对立冲突。在思想政治教育价值体系中，对社会价值与个体价值的科学认知对主体的价值选择具有关键性作用。而主体的价值选择是思想政治教育价值转型的题中之意和中心环节。后现代性信息社会中产生的智能媒体以多元性、即时交互性、平等性、自由化的特征为多元化的价值交流、交融、交锋提供了无限的虚拟时空场域，而且造就了多样化的价值主体。可以说，多元价值冲突是后现代性语境下的必然产物，也反映了社会的进步、开放和包容。

明确主体是理解思想政治教育价值的前提。促进人的全面发展是思想政治教育价值最核心的目标。在“主客二分”的传统思想政治教育“两极化”

① 盛跃明：《思想政治教育转型论：现代性的观点》，人民出版社 2015 年版，第 197 页。

教育模式中，价值内化的教育过程通常呈现为“主体—客体”的单向过程，或者呈现为“主体—中介—客体”的基本环节贯通型的教育过程。显然，在后现代性语境下的现代社会，这种教育模式已经远远不能满足主体的需求。一个主体，也就是说只承认教育者，而忽视了教育对象，带来的后果就是主体地位和个体价值因被漠视而失落，培养出社会化的“统一人”。究其实质原因，这是在思想政治教育价值中过于强调普遍性的社会化价值目标而导致的。因为忽视了思想政治教育的主体性，忽视了人的“三重属性”，特别是社会属性与个体属性之间的差异，从而造成了危机。

这种模式更多地看到人的类主体形态和社会属性，但是却没有考虑到若离开人的个体价值，社会性价值与人类性价值都将因无处安放而无法实现。因此，必须培养人的主体精神，关注人的实际需要。而现代性的核心价值原则之一就是主体性，在主体性高扬的过程中走向丧失意义、价值的极端化后果——“主体性的黄昏”。因此，后现代性倡导差异化思维，关心人的个性化需求，试图将人从科技理性、工具理性造成的桎梏中“救赎”出来。这对思想政治教育价值的重构具有积极的启示意义。在后现代性语境下，思想政治教育的价值从“工具理性”到“价值理性”进行转向，从突出“人的工具”思维到强调要重构以“自我为对象”的价值思维，在价值转向与重构中推进思想政治教育现代化。这种价值重构要摒弃单纯倾向一端的理性模式，遵循目的性与规律性相统一、个人价值与社会价值相统一的价值原则，实现道德价值与科技价值的协调平衡，克服工具理性倾向下现代思想政治教育的缺陷，促进价值目标的最大化。

（四）后现代性语境下思想政治教育的目标转向

“思想政治教育目标是一定时期内实施思想政治教育活动所要达到的预期结果。”① 众多不同类型的目标构成一个多层次的集合体系。后现代性语境下，思想政治教育的价值重构必然引致目标转型。当代中国已进入

① 张耀灿：《思想政治教育学前沿》，人民出版社 2006 年版，第 251 页。

"后转型时代"，呈现出现代性为主导，时空高度压缩，前现代性、现代性、后现代性交错共生的复杂图景。社会价值目标与个体愿景目标往往存在着错位，形成了"价值断裂"现象。而协调思想政治教育宏大社会长远理想与社会成员微观的个体生活理想的最有效途径就是重构思想政治教育目标。思想政治教育目标的形式或许是主观的，但是内容却是客观的。思想政治教育目标关注政治认同、确立规范与涵养道德。在后现代性语境下的现代社会，不能再坚持陈旧、落后、不合时宜的目标，必须重构思想政治教育目标。后现代性不仅是一种态度、精神气质，也是一种思维方式。思想政治教育目标的制定过程中也体现着后现代性思维，融入了后现代性的正向价值，体现后现代性的特征。例如，思想政治教育目标具有了层次化、社会化、开放性、系统化以及生活化的新特点，具体表征为后现代性元素的深刻嵌入、渗透，使思想政治教育目标由"两分、笼统、云端"转向"融合、精细、落地"的转换。从思想政治教育目标系统的构成元素来分析，主要包括人性化、生活化、层次化三个路向的现代转型。

五、范式转换：思想政治教育系统转型的实现趋向

范式转换回应的是想政治教育"怎样转型"的问题。在思想政治教育发展历程中，一直伴随着范式的转换。范式转换描述的是思想政治教育系统转型的实现趋向。后现代性语境下，现代思想政治教育发展中面临范式存废与否？有无必要？范式转换的意义、必要性为何？范式转换的类型与层次及其划分依据是什么等等一系列问题构成的"范式危机"。后现代性语境下，思想政治教育范式转换的现代性超越包括三个层面：一是学科研究范式的现代性转换；二是理论知识范式的现代性转换；三是实践工作范式的现代性转换。这种转换对应的是构成思想政治教育大系统的学科、理论、工作三个子系统。后现代性语境下，思想政治教育范式转换具体路径为：传统范式——现代范式——"优化型"现代性范式。

（一）学科研究范式的现代性转换

托马斯·库恩出于科学研究的需要，最早提出“范式”这个概念。随后“范式”一词被运用于各个学科领域。所谓思想政治教育范式是系统中共同体对理论、学科、实践活动领域中的问题持有的共同的思想理念、观点意识和行动规范。范式具有示范性、引领性与事前规范性。思想政治教育范式也是一个体系，依据不同的划分标准具有不同的类型。例如，思想政治教育生态范式、思想关系学范式、政治社会化范式、政治传播学范式、行为科学范式等，不一而足。其中学科研究范式是与工作范式相对而言作出的类型区分，主要是指学术共同体遵循的共同的学术理念与研究规范。因此，研究范式的确立对一门学科而言是成熟与否的重要标志。

自 1984 年学科建制以来，我国思想政治教育学科经历各种分化整合，从无到有，形成了独立的二级学科，具有真正的学科地位。三十多年的学科发展历程中研究范式也逐渐建立起来，并经历从经验型分散化范式向生成性系统化范式的转换，克服了“学科范式危机”，具有了现代性趋向特征，图示如下：

转换内容：文本思想政治教育范式	→	人本思想政治教育范式
哲学依据：本质性思维方式	→	生成性思维方式
理论基础：社会本位论	→	重个人本位
教育价值：工具价值	→	以人为本
教育本质：规范性	→	发展性
教育功能：消极适应性	→	适应与超越并存
表现形式：统一化、模式化、命令化	→	多样化、个性化
教育方式：单向灌输	→	平等对话
特点概述：封闭、片面、守旧	→	开放、全面、创新

思想政治教育研究范式现代转型趋向特征

（二）理论知识范式的现代性转换

就理论动因而言，知识形态的创新为思想政治教育现代转型的可行性提供了认识论证成。循此路径，知识生产的成果最终转化为思想政治教育理论并以体系化的思想政治教育学的形态展现出来。后现代性语境下，后现代性知识观促使人们运用新媒体、大数据等多种理论和技术工具去挖掘新的知识、开拓新的课题，为人们获得新的知识理论结构提供前所未有的便捷和海量化知识资源。后现代性思维、态度、价值通过直接影响主体、客体、手段、载体、方法等思想政治教育系统要素，进而间接作用于人的思想，促使人的思维方式、生产、生活、行为方式发生彻底性变革。最终促成了由知识理论结构、知识生产以及知识认知三个层次构成的思想政治教育理论知识范式的现代转型。

1. 后现代性思维创新思想政治教育知识理论结构

若以形态学概念“结构”维度来分析，“思想政治教育知识的内部组成和外部呈现形态”[①]，就是思想政治教育知识理论结构，实质上是知识形态的存在状态。就实现结构元素而言，“思想政治教育的知识体系……包括实现社会控制的政治性知识、促进思想转变的教化性知识、引导实践生存的体验性知识。”[②] 当然，知识理论结构并不是一成不变的，而是一个结构水平和能力不断优化的动态发展过程。后现代性语境恰恰成为推动思想政治教育知识形态转型的重要动力。后现代性的多元性、开放性、交互性、融合性、差异化等创新思维使思想政治教育知识理论结构更具开放性、包容性、科学化、丰富性。后现代性信息社会，网络新媒体等多元信息转化为思想政治教育内容；后现代性与思想政治教育的交叉互动中产生新的学科分支，如大数据思想政治教育、思想政治教育传播学、思想政治教育社会学等；后现代性知识观、课程观、教学观等新思维赋予思想政

① 孙其昂等：《思想政治教育现代转型研究》，学习出版社 2015 年版，第 372 页。

② 邓纯余：《思想政治教育学科的知识论视角》，《内蒙古社会科学》（汉文版）2011 年第 4 期。

治教育知识系统新元素，使结构更趋完善、成熟，产生新的理论生长点，如：网络思想政治教育内容、方法、载体、话语等元素都成为丰富思想政治教育知识理论系统的研究热点。再有交往式思想政治教育、主体间性思想政治教育、“诗性德育”等都成为新的思想政治教育知识理论增长点。

2. 后现代技术拓展了思想政治教育知识生产领域

就“地位”而言，知识生产与积累居于基础地位，本质上是一个处于动态发展的过程，是思想政治教育知识形态发展的前提。

一般而言，思想政治教育知识形态主要包括技术知识与实践知识两种类型。当然，也有学者从呈现形式上将知识形态区分为“明确知识”与“默会知识”。思想政治教育与其他学科不同的地方还在于其知识形态中还存在大量经由文献记载、日常活动而来的经验知识。新媒体技术则主要对应于思想政治教育技术知识的生产，当然也为实践知识的生产提供展示平台和技术支持。思想政治教育技术知识主要体现为普遍性、准确性的思想、政治、道德、法制观念、原则、体系等。因后现代性信息社会的海量信息资源、即时交互、去中心、碎片化特征为思想政治教育知识生产提供了知识内容来源、交流渠道、认同空间以及技术方法。后现代性语境下高新科技的发展，物联网、大数据、虚拟消费以及新媒体技术，既为思想政治教育知识生产提供了信息来源、生存环境，又扩展了思想政治教育知识认同、传递的场域，提供了共情、共鸣的空间。

3. 后现代新价值赋予了思想政治教育知识认知范式

“认识论”视角下的思想政治教育知识形态也是在一个在实践中螺旋式前进的事物。后现代性语境下的“现代社会是一个知识化、智能化的社会……知识已经成为学科成熟度、发展度、贡献度的重要标志。”① 因此，基于后现代价值内生的知识性质、知识层次的变化成为思想政治教育知识形态转型的精神动力。“思想政治教育知识形态转型的时间应该至少从20

① 孙其昂等：《基于新理论框架的思想政治教育系统建构》，《河海大学学报》（哲学社会科学版）2020年第1期。

世纪80年代开始……本质上是一种思想政治教育知识形态的塑造过程。”① 在这个过程中，实质上蕴含着思想政治教育知识认知范式的转型。智能社会下新媒体的时间价值、空间价值以及信息价值蕴含的精神力量形塑了媒介意识形态。媒介意识形态通过影响人的思想、观念从而形成不同的知识形态。后现代性语境下，思想政治教育知识形态认知范式由简单稳定的、经验型主导的一元认知范式转向复杂流动、科学型主导的多元交叉认知范式。这种知识认知范式的转型归根到底来源于新媒体价值赋予思想政治教育的不同思想、意识存在形式、呈现形态。

综上，通过后现代性思维、后现代技术、后现代性价值三个层面对思想政治教育知识理论结构、知识生产以及知识认知范式的深刻影响，我们可以管窥知识形态维度下思想政治教育现代转型的可行性解释学路径，洞悉“反思中转型”的认知动力和思维原因。

（三）实践工作范式的现代性转换

思想政治教育活动中的工作方法、手段、模式、环节构成实践工作范式。后现代性语境下，思想政治教育实践工作范式从专业具体转向交叉融合。

思想政治工作方法是指教育主体“具体实施思想政治教育活动、促进受教育者思想政治品德形成发展的方法”②。“纽带”是思想政治工作方法的连接作用的生动类比，对任务和目标的实现具有重要意义。正如皮亚杰所说：“好的教法可以增强学生的效能，甚至加速他们的精神成长而无所损害。”传统思想政治教育实践活动中，通常采用的是被普遍使用的一般性方法，如哲学、社会科学、历史、逻辑方法等，在专门领域，也会根据活动的目的、对象采取专业性的具体学科方法，如疏导结合的工作方法、理论与实际结合的方法、教育与自我教育的方法等。后现代性语境下的社

---

① 孙其昂等：《思想政治教育现代转型研究》，学习出版社2015年版，第374页。

② 张耀灿等：《现代思想政治教育学》，人民出版社2006年版，第362页。

会转型期、时空压缩明显、利益格局复杂、社会流动加快、思想意识多元、社会需求多样化，思想政治工作方法势必与时俱进，进行现代转向：从专业化、具体方法转向交叉融合的综合工作方法体系。具体而言，新媒体促进了媒介融合发展，为大学生思想政治教育工作提供了载体平台。新媒体还提供了跨界思维，促进了思想政治教育工作方法的多学科交叉借鉴。思想政治教育方法正是在继承中创新，在借鉴中发展的，如建构主义方法、隐形教育法、情境熏陶法、咨询服务法、法规自律法等都是方法交流借鉴的产物。新媒体灵活多样、高效交互的传播方法启示思想政治教育创新工作模式。更为重要的是思想政治教育承担着“立德树人”的重要使命，因此在继承思想政治教育基本方法和原则的基础上，还要根据现代人的思想状况、特点、问题采用科学有效的工作方法。

立足后现代性反思语境，探索思想政治教育转型是一个复杂的系统工程，不仅涉及“为何转型”、“转向何方”，还涉及“如何转型”、“怎样转型”。一是环境转换向度回答的是思想政治教育因何转型的问题，也即探究转型的社会基础。二是目标转换向度回应的是思想政治教育“转向何方”的问题，是思想政治教育现代转型的价值旨归。三是结构转型回答的是思想政治教育“如何转型”的问题，也即探究思想政治内容建构的结构效应。四是思想政治教育功能转型回答了“如何转型”的问题，也即探究思想政治教育现代转型的目标、作用、价值。五是范式转换回应的是思想政治教育“怎样转型”的问题，描述了思想政治教育系统转型的实现趋向：传统范式——现代范式——“优化型”现代性范式。

上述五个转型维度有助于我们从整体上把握思想政治教育系统转型。诚然，这里的转型仍然是指“现代转型”，而不是指转向后现代性，只是借助后现代性反思维度，提出化解现代性隐忧的解困方向与现实抉择，那就是——“反思中转型”。实质上，思想政治教育现代转型是过程与结果的辩证统一，我们既要关注转型的过程，更需探寻转型的终极目标。无论是哲学厘定“后现代性效应”、辩证解读后现代性与思想政治教育的互动机理、继而反思现代性隐忧、接续对思想政治教育现代性矛盾的批判，最终的归宿点还是解决“后现代性语境下思想政治教育怎样实现现代化”的问题。“转型”与“超越”正是思想政治教育回应时代困境、化解现代性危机的“双维路径”。

第六章　超越论：思想政治教育现代性的重建

> 代替那存在着阶级和阶级对立的资产阶级旧社会的，将是这样一个联合体，在那里，每个人的自由发展是一切人的自由发展的条件。①
>
> ——马克思

习近平指出："要用新时代中国特色社会思想铸魂育人。"②新时代思想政治教育的使命是落实立德树人根本任务，实现思想政治教育现代化的终极目标。而"一个国家思想政治教育现代化程度的高低主要体现在思想政治教育现代性的增长方面。"③在"反思中转型"是新时代思想政治教育直面时代困境、构建系统现代性、化解"合法性"危机的有效途径。现代思想政治教育过程不仅具有适应性、传承性，还具有超越性、发展性，④思想政治教育现代转型本身也具有追求"超越"的气质与品格。

新时代的十年实现了现代思想政治教育发展中新的超越，体现在一方面坚持守正，继承中国共产党思想政治工作百年来的优秀经验和传统政治优势，为创新打下坚实的理论基础；另一方面持续创新，自十八大以来的十年，党中央高度重视思想政治教育，坚持以立为本、立破并举，坚持理

① 《马克思恩格斯选集》第 1 卷，人民出版社 2012 年版，第 422 页。

② 《习近平谈治国理政》第三卷，外文出版社 2020 年版，第 328 页。

③ 邢晓红：《构建与超越：思想政治教育现代性研究》，中国社会科学出版社 2014 年版，第 48 页。

④ 刘烨：《现代思想政治教育过程研究》，中国社会科学出版社 2009 年版，第 274 页。

论创新与实践创新的有机结合，发扬历史主动精神，持续不断推动理论创新，取得了一系列伟大成就。新时代以来，我国意识形态领域形势发生全局性、根本性转变，人民的精神面貌更加奋发昂扬。这无疑是思想政治教育现代化进程中的重大超越。

然而，现代性是把双刃剑，受现代性负面效应的影响，思想政治教育现代化进程中呈现出一系列的现代性悖论，呈现出思想政治教育主导性与多样性、价值理性与工具理性、内容与方式、个性化与社会化等四对来自系统内部的现代性矛盾。虽然后现代性批判思维为认识思想政治教育现代性矛盾提供了"解构"思路，但并未提出解决矛盾的方案。"'批判'固然不可少，但'建构'更为重要。"① 特别是后现代性语境下，当前思想政治教育面临地位式微、领域分离、主体的"失落"、理性的"吊诡"、道德迷失"疏离"生活世界、精神世界扁平化、娱乐化遮蔽"崇高"，价值虚无诱发"信仰危机"等难题。这更加剧了思想政治教育合理性的自我证成，对思想政治教育是否正当？是否有价值？是否发挥功效？等"合理性"追问此起彼伏。思想政治教育现代性的"重建"与"再构"就显得尤为必要与紧迫。新时代，无论是思想政治教育理论、工作，还是实践更应该加强，从而探索实现现代化的超越之路，进而为社会现代化和人的现代化提供精神动力、智力支持、思想引领和价值共识。

思想政治教育现代性超越同思想政治教育现代转型一样，也是一个复杂的系统工程。思想政治教育超越论研究是基于思想政治教育现代性矛盾与现代社会发展要求之间的辩证关系而展开，是系统分析、寻求破解思想政治教育内部范畴之间运动变化产生的现代性矛盾的专门性议题。因此，超越论关涉现代思想政治教育发展中取得的突破性进展和历史性功绩，思想政治教育系统中要素的现代化，马克思主义现代性批判视角下的思想政治教育的现代性生成以及思想政治教育现代性的系统构建等等问题。

后现代性"超越"维度是破解思想政治教育现代性矛盾、化解"合理

---

① 陈嘉明:《现代性与后现代性十五讲》，北京大学出版社 2006 年版，第 352 页。

性”危机、“重建”思想政治教育现代性的重要分析框架。虽然后现代性对于现代性持有不同的态度与批判程度，表现形态各异，然而具有一致性的是在否定、突破和超越现代教育这个层面上。如何在批判矛盾中实现超越是新时代思想政治教育实现现代化目标的解决方案，同时也是本章重点探索的议题。思想政治教育现代性的重建，抑或说基于“超越”维度的思想政治教育在基本理念、主客体关系、研究视角、实现模式层面，分别以人性倾向、主体间性、交往理性、生活原则为愿景目标构成的“四重超越模式”，是借鉴后现代性有益启示下思想政治教育现代性的超越之路。

一、人性取向：思想政治教育基本理念的现代性超越

后现代性本身蕴含“反思”与“超越”双重维度。虽然反思维度的现代转型针对思想政治教育现代性隐忧提出了破解“合法性危机”的方案，但若要破除思想政治教育现代性矛盾引致的“合理性危机”，还必须在后现代性批判维度中实现思想政治教育的人性化超越。“人是一种具有自我意识的生命存在，人的这种特性使得其能够建构起超越现实的更为完满的意义世界。”① 人性化超越是后现代性语境下思想政治教育现代性重建的关键要素和核心环节。现代人的思想与行为是思想政治教育系统的中心范畴。因此，在思想政治教育实践中要做到目中有人，情景化人、思想育人，一切以人的需要和发展为起点和归宿。

思想政治教育发展本质内蕴“超越性”特质。传统、现代、后现代社会对人的观点不同，思想政治教育在不同的发展阶段对“人”的认知与实践也经历侧重点的转型与超越。从传统思想政治教育“被忽视的人性”转向现代思想政治教育的“人本化”原则，再由思想政治教育现代化发展中

① 祝青山：《承继与超越——高校思想政治教育的马克思主义人学照观》，《浙江万里学院学报》2011 年第 1 期。

呈现出的“人的异化”转向后现代性语境下思想政治教育的“人性化倾向”，对人的认知与实践经历了传统社会“漠视人性”、现代社会“高扬人的中心化”、后现代主义者高喊“人死了”的历史变迁。人作为历史活动的前提条件，始终是思想政治教育的出发点和归宿点，这一点始终未变。“所谓人性化超越，是指现代思想政治教育……实现其自身理论与实践向合乎人性方面的变化发展”①，具体体现为：人性思维的现代性超越、人的本质的现代性超越、人的需求的现代性超越以及人的活动的现代性超越等“四重维度”。上述对于思想政治教育基本理念的现代性超越可从马克思主义哲学“人性论”中得到确证。

（一）人性思维的现代性超越

观念、思想、价值的变革是思想政治教育调整、转换、创新乃至发展的风向标。基本理念的现代性超越是新时代思想政治教育获得可持续发展、实现现代化的首要前提条件。当前，我们处在一个急剧变革的现代性风险社会，后现代性语境下，思想政治教育的基本理念也发生了适应新时代的变化，如开放、现代性、多元化、层次化、创新、共享、人性化、互动融合等等一系列新理念的出现与使用，其中人性化思维是现代思想政治教育发展中最基本、最突出的理念超越。究其原因，主要是思想政治教育是关于人的思想与行为的理论、学科与实践。因此，以“人”作为研究对象的人性思维是思想政治教育发展中最首要的环节，没有思维的创新与超越，也就没有思想政治教育系统的整体现代化。

后现代性“人性观”对思想政治教育理念的创新具有深刻的启示意义，即实现思想政治教育基本理念的现代性超越。尊重个性、认同差异、倡导多元、注重人文关怀的后现代性核心精神，为思想政治教育现代转型提供新思维、体现新动力、增加新元素，是对思想政治教育现代性的一种创

① 雷骥：《现代思想政治教育的人性化与现代性超越》，《济南大学学报》（社会科学版）2007年第11期。

新。后现代主义者的人性思维认为，现代性的“个人中心主义”已经走向泛滥的极端，使人绝对的工具化，失去了主体性，失去了作为人生存的意义和自由价值。尼采提出了一个反现代性、具有超强个性的“超人”概念，并宣称“上帝死了”，人类生命的意义走向“虚无主义”；卢卡奇提出“物化”理论揭示现代资本主义社会“人的物化”及丧失“超越能力”的现代性后果；海德格尔则提出“人是存在的看护者”并描绘了现代人的“无家可归”状态；福柯提出“规训”的现代社会与“权力造就的主体”，并进而在消解“人道主义”中宣称“人死了”；弗洛姆指出现代社会人处于“消极自由”的孤岛；马尔库塞提出“单向度的人”；詹姆逊则在反对“人文主义”的基础上提出“主体的非中心化”理念。上述所有后现代主义者的“人性”思维都指向犀利批判现代社会人的生存困境，这启示新时代思想政治教育必须重建“人”在日常生活领域的存在意义，走出“生存陷阱”，摆脱迷茫的“个体孤岛”，实现“人性思维”的现代性超越。

思想政治教育基本理念的人性化超越解决的是思想政治教育个体化与社会化的现代性矛盾。马克思主义唯物史观认为，“现实的个人”是历史的前提。马克思人性论既反对依赖于人的生物、自然本性的旧唯物主义，也反对将人性抽象为纯粹的思维、精神本性的唯心主义哲学，实现了对这两者的现代性“超越”。马克思主义人性论认为个人与社会是相互依存、相互制约、相互促进的辩证统一关系，其背后反映的本质上是个人利益与社会利益的关系。因此，作为思想政治教育核心范畴的“人”，既是社会历史中具体的、现实的“个体”，也是社会化存在的普遍个体。后现代性语境下，现代化社会的跨越式转型与发展，为人的现代性超越提供了强大物质基础与社会动力。因此，新时代的思想政治教育必须关照现实的个人的生存境遇：一方面，关注人的个体化目标、个性化需求、个体价值的实现，引领个体超越当下的“物化”、“工具化”、“片面化”、“停滞化”的现代性困境，实现每个人自由而全面发展的现代化之路；另一方面，关注人的社会化目标、社会化需求、社会价值的实现，引领个体超越“极端个人主义”、“拜金主义”、“享乐主义”等人生观误区，为人类社会的现代化的实现提供正确的价值引导。因此，党的十九大提出，“培养担当民族复兴大任的时代新人”，并指出青年一代有理想、有本领、有担当，国家就有前途，民族就有希望。[①]这实质上从本质要求层面对人作出规定，强调个人价值与社会价值的有机统一。在这一马克思主义“人性思维”指导下，在2018年8月21日召开的全国宣传思想工作会议上，习近平强调：“必须自觉承担起举旗帜、聚民心、育新人、兴文化、展形象的使命任务……育新人，就是要坚持立德树人、以文化人，建设社会主义精神文明、培育和践行社会主义核心价值观，提高人民思想觉悟、道德水准、文明素养，培养能够担当民族复兴大任的时代新人。”[②]这是对现代思想政治教育发展中坚持个体化与社会化有机统一的最好注脚。“人性思维”的现代性超越体现在尊重人的主体性、塑造现代人格、培养人的主观能动性、培铸人的现代性精神、促进人的思想内化、引领人的价值等“人性取向”的目标任务；也体现在新时代思想政治教育服务于人的社会化需要，特别是新时代的美好精神文化需求，实现认识、规范、调节、导向、保证、开发功能等；甚至关照后现代社会的“新媒体人”、“数字化人”等人的新的生存境遇，生成并发挥生态功能、交际功能等新兴功能，从而重建思想政治教育现代性，实现思想政治教育现代化和社会现代化的双重同构目标。

后现代性社会是信息化社会，随之产生“数字化生存”的人。信息现代化的产物——新媒体通过作用于人的思想、行为，影响人内在思想的变化，从而影响人的道德行为和道德实践。从这个意义上而言，“媒介即意识形态”。新媒体培育人的主体意识和自觉性，塑造个体行为，通过虚拟的数字化时空塑造出新时代的“网民”、“新媒体人”，因其自由化、平等性、主体性、碎片化、虚拟化等新媒体思维而与“传统人”的思想行为模式割裂开来。后现代性语境下，人的因素的变化对实践活动提出新要求。按照马克思人的本质理论，新时代思想政治教育转型的主体性目标是培育

① 习近平：《决胜全面建成小康社会　夺取新时代中国特色社会主义伟大胜利——在中国共产党第十九次全国代表大会上的报告》，人民出版社2017年版，第70页。

② 《习近平谈治国理政》第三卷，外文出版社2020年版，第312页。

适应现代化社会的具有现代人格、现代性精神素质、现代化价值的“人性化”的时代新人。当然马克思主义“人性思维”并不是西方现代性哲学坚守的人本主义原则。按照马克思人的本质理论，人是自然属性、社会属性、精神属性的统一体。因此，这里的人性不是现代社会推崇的个人主义原则下物化、异化的人。后现代性在批判“人的单向度”的现代性人性危机的同时，又提出人的自由的发展，但是却走向了放任失控的极端。后现代性的人性观点启示我们：要以人为核心，但是这里的人是多属性、多层次的人，是社会存在中的现实的人。人的现代化是一体两面，既包含了个人自由全面的发展，也体现了人生存的社会的现代化。人与社会的现代化是同构的、有机统一的。

（二）人的本质的现代性超越

人对自身的认识问题是古老而常新的。对人的认识，核心在于认识人的本质。马克思认为：“人的本质不是单个人所固有的抽象物，在其现实性上，它是一切社会关系的总和。”[①]思想政治教育中的人正是在客观存在的、不断变换的社会关系中自我生成、自我塑造、自我完善的具有主观能动性的独特的“个人”。因此，认识人的本质既非“神启”，也不能陷入“抽象人性论”，而要回到具体的、历史的社会关系中去寻找。而无论家庭关系、经济关系、政治关系、道德关系以及学缘、地缘、业缘关系等，都是在一定的社会实践活动中产生的。实践是人的社会关系的基础，人正是在创造人的“社会本质”中成为“社会存在物”。

在实践形态中，思想政治教育的现代转型是一个特定系统的现代转向过程。无论是思想政治教育理论还是思想政治教育学科，归根结底最终都是将理论认识成果外化为工作实践。一言以蔽之，思想政治教育本质上是处理人与人、人与社会、人与自然等一切社会关系的有意识、有目的一种实践活动。

---

① 《马克思恩格斯文集》第1卷，人民出版社2019年版，第505页。

后现代主义者虽然反主体，但是也试图寻求主体合理性的范式，希望促进主体与社会的和谐。“经过对个人主义的反思，社群主义确立的人的共生共在，成为现代性的新起点。”① 哈贝马斯将人类社会的本质理解为“通过交往而达到协调”；笛卡尔认为人作为主体，本质在于“自我”，将人与世界的关系解释为主客体二元对立的形而上学关系；海德格尔则认为“精神是人存在的根本”，指出现代性世界正是由于精神的溃败而表现为“诸神逃遁”的没落与危机景象，他主张使人成为存在的看护者，实现人与自然的和谐相处；拉康用“语言中心主义”、鲍德里亚用“符号中心主义”去探寻人的本质，最终走向“反本质主义”的思维陷阱；维特根斯塔坚持“唯名论”，认为“本质对我们隐藏着”②。但是，综合上述观点，后现代性关于人的本质的观点虽然启发我们关注人的生命、生存意义、人的本质属性，但是终因把人归因为某种“存在”、“权力”、“精神”……或走向新的形而上学，或在反主体、反本质中走向新的虚无主义，因此并未能解决人与世界的关系问题。马克思在批判现代性“主体性危机”的基础上，提出个体主体性、群体主体性和社会主体性三个层次的主体性。虽然马克思主义哲学在一些后现代主义者眼中也是现代性“总体性”哲学的代表，但是正是马克思主义人性论从生存视域揭示出人之为人最根本的社会属性，实现了人的本质的现代性超越。

人是思想政治教育的主体，思想政治教育的起点、目标都是围绕人、为了人。人的本质是在思想政治教育实践活动过程中得以呈现的。思想政治教育主体性同样不是先验固有的，恰恰是在鲜活的“生活世界”、在生动的思想政治教育实践活动中生成并确证的。思想政治教育实践活动体系指向具体的思想政治教育工作。“思想政治工作从根本上说是做人的

① 冯建军：《超越“现代性”的中国教育现代化：人的现代化视角》，《南京社会科学》2019 年第 9 期。

② ［英］维特根斯坦：《哲学研究》，陈嘉映译，上海世纪出版集团、上海人民出版社 2005 年版，第 50 页。

工作。”[①]可谓人在哪里，思想政治工作就在哪里。而人的特殊性在于人是具有思想行为的、能够发挥主观能动性的主体。因此，思想政治教育社会实践活动过程就是通过作用于人的思想的教化活动，促使人的思想、观念发生适应社会要求的变化，并内化为自身思想道德素质，体现为人在思想观念指导下的良好的社会行为习惯。因此，思想政治教育的关键要素是作为主体的人，人的变化成为现代性超越的“主体性动力”。作为教育者的思想政治教育工作者、作为受教育者的思想政治教育对象都是主体组成部分。因此，主体性动力也相应地来自思想政治教育者、受教育者以及思想教育活动的动态变化。后现代性语境下的特殊现代化社会，作为社会最小细胞的人在思想行为、心理需求、生存状态、组织形式等层面都发生了巨大变化：人的思想观念由“同一”走向“分化”；人的生存状态由“现实”转向“虚拟”，生存空间由国家、民族转变为“地球村”；人的组织形式由“单位人”转向自由的“个人”，社会关系也由“紧密”转变为“松散”。概言之，后现代性语境下，“传统人”变化为网络化、数字化、分化、碎片化、个体化特征汇聚一体的所谓“新媒体人”、“数字人”、“技术人”。人的各种变化构成思想政治教育现代转型的系统内在制约环境，为解决现代性矛盾提供了“人性化”的超越路径。

（三）人的需求的现代性超越

“在自古及今的一切社会里，人的需要及其满足都是历史存在和发展的‘第一前提’。”[②]人作为一种生物性存在，必须首先获取自然界的物质资料以满足生存需要。这是个体主体最直接的需求。但是人也是一种具有社会意识的特殊存在物，在实践中人会超越直接的生存需要指向更高层次的需要。这意味着主体实践的目的具有“超越性”，并且这种对既定目标的超越是永无止境的。因此，人的需求的现代性超越也是现代社会终极理

① 习近平：《论党的宣传思想工作》，中央文献出版社2020年版，第276页。

② 《马克思恩格斯文集》第1卷，人民出版社2009年版，第531页。

想实现的重要途径。当然，思想政治教育主体需求也要符合“适应超越规律”，正是在人的需求的转型与超越路径中，思想政治教育得以实现现代化的终极目标。

从思想政治教育现代性重建的动力机制维度来看，个体需求的满足是思想教育实践中重要的着力点，也成为实现思想政治教育现代转型与超越的内推力。后现代性语境下，生活在信息现代化中的人是在虚拟与现实交错的时空网络中寻求发展的具有现代性特征的个体。这些具有即时交互、多元共享、扁平碎片化等新媒体思维，崇尚自由、理性、人本精神的现代人以反思与批判的视角追求多样化的发展，构成了思想政治教育现代转型的现实对象。这些被现代社会形塑的个人是思想政治教育过程中最具活力的因素。他们不仅对思想政治教育者的网络素质、传播能力、知识水平、教育艺术等提出挑战，也极大地推动了思想政治教育工作者的职业化、专业化、专家化等现代转向。再者，人的需求由单一性转向多样性。现代人的需求不仅包括物质需求也包括精神需求。面对全球化、消费社会裹挟而来的“物欲横流”、“享乐至上”以及信息网络社会构筑的“虚拟交际”、“游戏人生”，现代人陷入“物质世界之得”与“精神家园之失”、“技术理性统摄”与“价值理性失落”等现代性悖论。现代人在享受富足的物质世界时却被囿困在虚无的“精神荒岛”。而思想政治教育作为培育人、尊重人、理解人、关心人的理论与社会实践活动，必须直击现代人的心灵，提供思想引领与精神动力，满足现代人对精神生活的多样化需求。不仅如此，按照马克思人性论，人是社会性的存在，因此人的需求既包括个体需求，也包括因各种社会关系而生的社会需求，如认同、尊重、交往、人际等社会化需求。因此，思想政治教育的人性化超越也体现出关注人的需求，以人为本，遵循个体的思想需要与社会需求相一致的规律，促进制度结构的优化，完善思想政治教育系统功能，激发思想政治教育结构与功能之间的联动效应，从而在思想政治教育现代转型中适应人的需求变化，满足多样化需求，从而达到协调平衡的个人价值与社会价值、人的发展与社会发展的良性互动关系，进而实现人与人、人与社会、人与自然的和谐状态，在现代性张力、后现代性冲突与悖论中重构现代性的“人的需求”的超越。

（四）人的活动的现代性超越

“历史不过是追求着自己目的的人的活动而已。”[①] 任何人都是处在一定社会关系中从事社会实践活动的人。思想政治教育也属于人改造思维世界的实践活动。发展与超越是实践的基本内涵。思想政治教育活动从属于社会历史实践，也是一个不断生成、发展、超越的动态过程。只有从实践出发，才能对现代思想政治教育的本质、特征、矛盾、规律等基本问题作出说明，[②] 才能在反思思想政治教育现代性危机、批判思想政治教育现代性矛盾、促进思想政治教育现代转型中真正实现思想政治教育现代性超越，实现作为“实践主体”的人的全面发展的现代化和思想政治教育系统的整体现代化。

后现代性语境下，人的活动突破了现实生活的边界，进入“虚拟世界”，生成“虚拟实践”。现代思想政治教育必须与时俱进，既发挥实然的“适应性”，与现代社会统一步调，“同频共振”，又寻求应然的“超越性”，面向未来“彼岸世界”，才能真正具有生命力、吸引力、实效性，达成超越性发展。实践活动正是超越性得以展现的现实基础。因此，首先，我们要洞悉人的活动所处的现代化环境、现代性与后现代性语境。正确分析现代化社会人的实践活动的场域、类型、中介的变化。针对互联网、大数据、信息技术、新媒体构筑“虚拟世界”带来的人的实践活动的中介系统的颠覆性变革，思想政治教育的场域也不断扩展，实现了活动时空的跨越、学科思维的跨界。如互联网思想政治教育、大数据思想政治教育、思想政治教育传播等新的实践活动领域和学科分支。其次，要认识到后现代性境遇中潜藏的人的生存困境与发展风险，透视人的活动背后的“物质动因”。在反思性批判中摆脱“思想泥沼”，构建自我超越的自觉意识，培育

① 《马克思恩格斯文集》第 1 卷，人民出版社 2009 年版，第 295 页。

② 刘烨：《现代思想政治教育过程研究》，中国社会科学出版社 2009 年版，第 145 页。

超越的个体素养，在思想政治教育实践中找到可行性的、恰切的人的活动的现代性超越路径。最后，遵循人的活动的规律性，如思想政治教育个体思想品德需求与社会要求之间矛盾发展规律；把握思想政治教育多样性与主导性的合力张力、适应与超越之间的协调规律。处理好新时代思想政治教育“统一性”与“多样性”诉求的博弈，“价值性”与“知识性”之间的关系，“显性教育”与“隐形教育”的关系，“建构性”与“批判性”的关系。一言以蔽之，思想政治教育具有深厚的人文关怀意蕴，培养人、塑造人、转化人、发展人、完善人是其实践活动目标。“现代性重建”必须在主体的实践活动中体现“人性取向”，合乎人性基础，反映人的本质，满足人性需求，实现思想政治教育的人性化超越，这是现代思想政治教育超越性发展的必由之路。

二、主体间性：思想政治教育主客体关系的现代性超越

思想政治教育主体的现代转型可谓是思想政治教育现代转型的逻辑起点与关键路向。寻找“合理性证从”的主体性超越在整个思想政治教育现代性超越体系中同样居于重要地位。“思想政治教育超越是受教育者在价值选择和价值追求中，不断提升主体自觉性，形成超越发展取向的过程。”① 审视古今中外的思想政治教育史，思想政治教育主体历经单一主体、双主体、多元主体、主体间性，主客体关系历经壁垒森严的等级关系、一边倒的“主体中心”权威关系以及主体互动的平等关系等历史演进和变化。所以，思想政治教育主体也是随着时代变迁和社会实践活动的变化而不断转型并实现自觉超越的。与思想政治教育主体现代转型中身份地位、主客体关系以及主体交互模式三个层面的转型相对应，思想政治教育的主体性超越也表征为主体类型“三位一体”的现代性超越、主体主导性

① 邓纯余：《思想政治教育超越论》，武汉大学博士学位论文，2012 年，第 32 页。

重构的现代性超越、主客体关系“主体间性”模式的现代性超越三个层次。

（一）三位一体：思想政治教育主体类型的现代性超越

“主体”属于哲学本体论的范畴。在后现代性语境下，针对现代思想政治教育发展中呈现出的一系列现代性矛盾，将哲学主体论、本体论运用于思想政治教育实践活动过程中，是增强思想政治教育的实效性、破解“合理性”质疑的重要途径。事实上人的主体性不是先验就有的，而是在人类历史中得以确立并不断发展的。近代西方哲学开始思考人的主体性问题，笛卡尔提出著名的“我思故我在”，将主体性确立为哲学的第一命题；康德提出“人为自然立法”，奠定了主体性哲学的基础；费希特提出“绝对自我”；莱布尼茨提出“单子”观点。这些思想迎来了哲学史上主体性的辉煌，并带来生产力的极大提高，推动了社会发展。然而，随着现代工业社会的发展出现了主体性的高扬，表现为片面、单向度的“占有式”人格，在自我关系上体现为人的物化、异化境遇，在人与自然的关系上表现为“人类中心主义”，导致一系列全球性的环境问题引发的生态危机。伴随着主体“工具理性”的极端膨胀，主体性也逐渐走向了黄昏。

主体性是现代性的灵魂，但是随着主体性的“膨胀式发展”，却成为破坏社会现代化成果的“罪魁祸首”。后现代主义者在批判现代性“主体性危机”的同时，也不断探寻着摆脱“现代性的黄昏”，从而使主体性进入黎明的合理性范式。后现代主义者认为，主体是唯一的肇事者。现代化社会个人与社会的关系可以归结为个人的主体化问题。因此，后现代性哲学通过解构主体，试图摆脱主体性困境。“从尼采的‘上帝之死’、福柯的‘人之死’、再到拉康的‘镜像主体’的理论学说”①，形成了反主体性哲学的“后现代性”题域。然而“福柯自我关注式的个人自救，终究不过是一种道德意识的生产。这种与物质关系、世界历史割裂的个人解放，既客观

① 宋伟：《后现代转向与哲学思维方式变革》，吉林大学博士学位论文，2006年，第114页。

救不了他人，也主观救不了自己"[①]。消灭主体性的做法仅仅是让我们看到了现代社会的绝望，并未实现人的"救渡"，反而因为丧失了主体性而失落了意义、价值，从而走向极致化自由、不确定的虚无主义。另一些对现代性呈肯定或者温和态度的后现代主义者试图探究为现代性病症疗伤、修复的积极方案。现象学家胡塞尔首次提出"主体间性"一词，尝试用"交互主体"来取代主体性；伽达默尔也从解释学的角度肯定了主体间的"视域交融"；哈贝马斯则进一步指出"主体间性"是主体在语言交往中达成相互理解与共识的主体新形态，并诉诸于"交往理性"来表达其可行性。

建设性后现代主义者的"主体间性"主张的是一种关系范畴的主体性。这与马克思的主体性观点、人的本质理论中对主体类型的划分不谋而合。这为思想政治教育主体性超越提供了新的思维和路径。马克思在《德意志意识形态》中早已指出："每一个单个人的解放的程度是与历史完全转变为世界历史的程度一致的。"[②]马克思认为除了自然力，现实历史活性中的主体同时拥有"超越自然物"的精神能力，包括理论知识、经验知识等知识性因素，也包括情感、态度、意志等非知识性因素。就构成而言，个体主体、群体主体和人类主体构成主体的基本形态。哲学从"单一主体"到"主客二分"中心化主体再到"主体间性"的转型迎来了主体性辉煌——主体性黄昏——主体性黎明的艰难前行。同样思想政治教育在发展中也经历了传统思想政治教育到主体性思想政治教育再到主体间性思想政治教育多次转型，从而实现现代性超越。

主体性是哲学本体论的问题。思想政治教育知识与价值的对立、理论与实践的断裂、意识形态性与非意识形态性之争等一系列问题的出现都是衍生自"主客二分"的模式。为破解这些现代性矛盾对现代思想政治教育"合理性"的消解，必须找到主体性超越的路径。依据马克思主义"人性论"、"本体论"理论，"人的自由全面发展不是抽象的人的发展，自由也

① 余乃忠：《后现代主义批判》，社会科学文献出版社 2012 年版，第 124 页。
② 《马克思恩格斯选集》第 1 卷，人民出版社 1995 年版，第 89 页。

不是脱离社会的抽象自由"[①]，而是深刻揭示了现实生产关系、交往关系中的人的生存理想。即人的自由而全面的发展。思想政治教育主体是在思想政治教育活动中具有主体性的有认识和实践能力的人。"人"是思想政治教育第一位的因素。事实上，没有作为主体的"人"的现代化就没有思想政治教育的现代化。思想政治教育现代性超越的主体是人，这里的"人"既是指群体性的人、社会化的人，也包括个体性的人，构成"三位一体"的主体类型。思想政治教育归根结底是人的有目的的思想行为活动，思想政治教育的根本属性是阶级性，意识形态性。因此在主体性目标中最核心的是"立德树人"，培育德智体美劳全面发展的有理想、有本领、有担当的时代新人。因此现代思想政治教育内容中既有知识性内容，传递的更是价值性内容。思想政治教育的多元主体包括青年大学生、党员干部、军人、思想宣传者、政工干部等等各类群体、社会组织等。多样化的个体具有目的性的个体决定了多样性的主体需求、主体价值选择。因此，我国从国家层面确定"大思政"的"三全育人"格局，形成小中大学阶段教学的一体化螺旋式上升教育，构建"思政课程"与"课程思政"同向同行、协同发力的大合唱格局，构筑线上线下交叉互动的立体思想政治教育网络。

（二）主导性重构：思想政治教育主体主导性的现代性超越

主导性重构是解决思想政治教育意识形态性与非意识形态性之间矛盾的重要途径。思想政治教育主体是具有思想意识的有目的性的"人"。因此，思想政治教育实践是由特殊性主体从事的一种特殊性的实践活动。类似现代思想政治教育主体有无主导性？是否需要主导性？等关于"合理性"的追问，可以说伴随着思想政治教育发展的始终。从马克思人的本质理论、主体性理论出发，思想政治教育主体必然是一定社会关系中的主体，并且主体的活动有其"物质动因"。正如马克思所说："'思想'一旦离开'利

① 邹萍：《个体日常生活领域超越之维的重构——在当下语境中对思想政治教育个体价值的思考》，《大学教育》2019年第8期。

益'，就一定会使自己出丑。"[①]隐藏在思想、观念、意识形态背后的根本动因正是"物质利益"。所以，主体的活动必然反映社会的物质存在，反映在物质资料上占据统治地位的统治阶级的意志。因此，思想政治教育从产生之初就被赋予了主体主导性。

后现代性语境下，现代思想政治教育的环境、动力、主体、内容、方法、手段、模式都发生了变化。但是主体的主导性不能取缔，否则思想政治教育就失去了根本属性，失去了存在的意义和价值，还何谈合理性危机呢?！当然现代思想政治教育主体主导性的超越并不是否定多样主体，否认多样化价值，否认主体的差异性需求，而是从传统思想政治教育的权威性"单一主导"走向平等的"多样性中的主导"，这是一种现代性的超越。主体的主导性也决定内容的主导性。主体主导性避免了后现代性价值带来的无限自由、无序、混沌、不稳定状态。在思想政治教育的主体、内容等系统结构要素的现代转型中要树立底线思维，坚守思想政治教育的意识形态底色。当然这里的坚守"意识形态红线"并非回到"意识形态泛化"的困境中去，而是要克服"意识形态刚性"危机，化解"去中心"、"去权威"、"去意识形态化"的后现代性困境，从内容与功能层面赋予主体主导性以"合理性"确证。

思想政治教育主体主导性的重构还需要关注思想政治教育受教育者的精神需求与价值选择。"作为思想政治教育超越的主体，受教育者具有价值判断、价值选择、价值建构的自由和自觉。"[②]所以，思想政治教育的主体主导性还体现在主体的价值超越层面。在思想政治教育实践活动中必须关注因外部环境与系统内在环境变化而产生相应变化的具有主体性的"人"。伴随科技发展而生的新媒体，就其技术内涵而言，是思想政治教育主体改造世界的方法与工具，正是在新媒体的技术价值下思想政治教育的载体、模式、方法、时空、内容、目标等系统要素都发生相应转型，甚至出现了新

① 《马克思恩格斯文集》第1卷，人民出版社2009年版，第287页。
② 邓纯余：《思想政治教育超越论》，武汉大学博士学位论文，2012年，第33页。

媒体思想政治教育等新的实践生长点。概言之，后现代性为破解思想政治教育意识形态性与非意识形态性的现代性悖论提供了“多样性共存”的和解之道。沿此思路，在马克思主义哲学理论的方法论指导下，新时代思想政治教育得以构建满足现代人美好精神生活需求的主体主导性超越路径。

（三）间性关系：思想政治教育主客体关系的现代性超越

主体与客体是哲学中的重要范畴，不仅构成关系形态，而且发生相互作用，表现为主体客体化和客体主体化的双向运动。主体间性转向是思想政治教育克服现代性“主体性危机”、修复主体的“现代性病症”、构建健康和谐的主客体关系的主体超越之路。思想政治教育主体间性并不是对思想政治教育主体性的决然否定，而是对思想政治教育主体性的超越与突破，或者说思想政治教育主体的现代性重建。“主体性迷失”、“主体性黄昏”的现代性悖论问题需要回归思想政治教育主体性超越去解决，从而寻求思想政治教育主客体关系的合理性证成。按照马克思主义哲学观点，主体是个人主体、群体主体以及类主体的统一。主体性是人的社会存在方式与状态。我们提倡主导性的主体性，不是无序化、不确定、混乱的主体性，应该将主体性放在一定的社会关系维度中去考量，也即放在主体生成的人与人、人与社会的关系中去探究思想政治教育主体性的发展。这也意味着，思想政治教育的主体性超越正是通过主体生存的现实生产、生活以及交往关系而实现的。因此，体现主客体关系本质性的“间性关系”成为思想政治教育主体现代性超越的关键环节与终极向度。

后现代性哲学解构传统哲学中的主客体关系，否定并批判“主客二分”，提出“主体间性”，启示着思想政治教育构建灵活动态的主客体关系，倡导多主体交互的教学观、主体主动建构选择的有机教学模式、开放多元差异性的教学目标，并重视资源、环境、手段载体等情境化教学元素。[①]

① 王新举：《后现代背景下的高校思想政治教育》，知识产权出版社2016年版，第132—134页。

究其根源，主体性思想政治教育是主体间性思想政治教育的发展源头。根据马克思关于实践主体类型的划分，“主体间性”实质上体现的是“人类主体性”。“人的依赖”、“物的依赖”、“人的自由全面发展”是马克思对人的发展过程作出的阶段性划分，它们分别对应的恰是人的群体主体性、个体主体性以及类主体性。因此，人的全面发展的“类主体”阶段真正实现了人与人、人与社会、人与自然的关系的“统一交融”与“和谐共生”，是主体自觉性超越的现实表征。历史唯物主义哲学中关于“主体之谜”的阐释，犹如一把“思想密匙”，开启了主客体关系的现代性超越之门。在此理论指导下生成的“主体间性思想政治教育更能够体现以人为本的终极关怀理念，更能够促进人的全面发展。”①“主体间性”蕴含的“交互主体性”确立了思想政治教育“以人为本”、“以生为本”的合理性，并奠定了主体性原则在现代性社会的新基点、新模式。

三、交往理性：思想政治教育研究视角的现代性超越

后现代性不仅有解构、批判的维度，还具有重建、超越的维度。若谈到对现代性的批判，必然要关注后现代性对理性的犀利批判。在后现代性思潮席卷全球的进程中，取消理性、反理性、解构理性的声音不绝于耳。这是研究“思想政治教育现代性”问题不得不提、无法绕开的后现代性语境。因不同派别的后现代主义者对现代性的态度不同，相应地对现代性的核心原则“理性”的理解与态度也不尽相同：激进的后现代主义者认为现代性已经走向末路，宣称“现代性的终结”，主张全然否定、解构理性；温和的、建设性的后现代主义者则认为现代性远未终结，宣称要“重建现代性”，主张寻求建立新的理性模式修正现代性“理性危机”，为此，海德格尔、吉登斯、哈贝马斯等哲学家、社会学家在

① 马万宾：《论主体间性思想政治教育的现代建构》，《理论学刊》2009年第6期。

批判现代性的高风险、强张力的同时，在反思中提出通过人们之间的对话、交流、沟通、交往、语言、游戏等方法建立以交往理性、主体间性为核心的研究理念与模式，经由此，达成生活世界与系统世界的和谐统一的美好愿景。

的确，“现代性超越”不仅是现代性的重要思维观念，也体现为现实行动。在后现代性语境下，思想政治教育也遭遇一系列现代性矛盾，其中价值理性与工具理性的矛盾已经成为消解思想政治教育“合理性危机”的重要矛盾。纵观思想政治教育发展历程，理性分立带来的“诸神之争”、工具理性对价值理性的遮蔽形成的价值“空场”以及对人的“救渡”模式的争议等一系列“理性危机”的现代表征将思想政治教育“合理性”问题从现实生活世界推到学术理论的前沿。因此，我们试图从后现代性对现代性理性特征的超越中寻求破解思想政治教育“合理性危机”的方案。建设性后现代主义者提出的“交往理性”理论无疑为我们撬开思想政治教育发展中“理性悖论”的“冰山一角”提供了有益的视角启示与重要的思维工具。具体而言，我们可从思想政治教育现代性矛盾的剖析入手，回溯思想政治教育现代化发展历程中对理性的探寻，从对工具理性神话、对“理性吊诡”、对“合理性模式”三个层次的现代性超越中，“交往式思想政治教育”被推崇并最终构建，成为实现思想政治教育理性超越的现代研究视角。

（一）对工具理性神话的现代性超越

理性是现代性的根本原则之一，并在现代认识论哲学中获得提升。启蒙理性开始了社会的祛魅，创造了现代性的社会，成为现代人最高的“精神权威”。在西方哲学史上“启蒙的时代”，思想家们高举“理性”的大旗，确立了具有客观性、普遍性、必然性和确定性的一套知识体系，对传统的知识观、价值观进行质疑与猛烈的批判。可以说在启蒙运动时期，“理性”原则迎来了在社会系统中的“高光时刻”，并以对人的自由与社会进步的巨大推动价值而创造出一个“理性的神话”。黑格尔提出：“凡是合乎理性的东西都是现实的；凡是现实的东西都是合乎理性的。”① 康德提出“理性为世界立法”。理性主义者们甚至认为“思想除了‘理性’的权威外不服从任何权威”②。理性成为人类认识自然、透视本质、建构个体、追求公正的普遍性“思想武器”。但是，盲目的乐观与对社会秩序的人为僭越使理性发展为“工具理性的膨胀”与“理性万能论”，最终将理性逼上了“悬崖”。

现代性的成就，在韦伯看来是合理化的成果。法兰克福学派的思想家集中批判了资本主义工具理性的巨大危害。马克思的现代性超越立足于对“资本逻辑”的深刻批判，是对资本主义现代性的超越。在马克思看来，“资本主义的历史是工具理性张扬和价值理性衰落并行的历史，是理性化导致非理性的历史。”③ 资本主义的这种异化、非理性现象是历史的必然。而正是在人的物化、异化、非理性化的现代性的病症不断累积中，我们看到了理性回归的“曙光”。马克思通过对异化的扬弃、非理性化的纠偏阐述了理性的现代性超越。这些思想对我们站在后现代性语境下分析思想政治教育发展中呈现出的工具理性与价值理性的现代性矛盾具有重大的思想启示意义和实践借鉴价值。

理性的光芒也一直闪耀在思想政治教育发展之中，理性的方法贯穿于思想政治教育理论、学科、实践之中。没有理性思维就无法形成自我意识，因此理性是人所特有的特征。正是因为理性才使人成其为具有自我意识接受思想政治教育的人。理性对于人的教化而言意义重大。在中国古代思想政治教育中，传统的儒家思想家们构建了一套“自然—心性”的“德性论”结构以实现对于理性的超越之路，并指出“修身齐家治国平天下”的具体结构路径，在长达两千多年的封建统治中发挥了维护社会稳定、引领思想价值的重要作用。然而，传统文化中丰富的思想政治教育资源固然要借鉴，但是绝不能抱残守缺，我们在继承过程中也要剔除等级森严、封建礼教色彩浓厚的糟粕，进行选择性吸收，创造性转化。此外，德性与理

① 陈嘉明：《现代性与后现代性十五讲》，北京大学出版社 2006 年版，第 315—318 页。
② ［德］康德：《纯粹理性批判》，邓晓芒译，人民出版社 2004 年版，第 570 页。
③ 陈志刚：《全球化与现代性的超越》，重庆出版社 2011 年版，第 75 页。

性也并非决然对立的价值体系。学界通行的看法是将1979年改革开放作为划分传统与现代思想政治教育的“分水岭”。在传统思想政治教育中因社会革命的需要，思想政治教育的理论内容、话语方式以“革命主题”为主导，以“阶级斗争为纲”，在一段时期成为主要的思想、行为指导。这导致了社会现实中出现“意识形态泛化”的状况，思想政治教育工具理性膨胀的问题凸显。然而，缺乏“价值理性”引导的思想政治教育是不完善的，在现代性发展中呈现出“合理性”危机。新时代思想政治教育应构建一种区别于传统古典的新型“适应性”、“动态性”、“综合性”的理性超越之路。

（二）对“理性吊诡”的现代性超越

所谓“理性吊诡”是指理性发展过程中出现的一系列悖论。最早提出这一概念的是德国社会学家马克斯·韦伯。韦伯通过研究现代性的“合理化”、“理性化”特征，直指现代性带来的“工具合理性”与“价值合理性”的对立冲突，导致的“诸神不和”与“意义与自由丧失”的现代性悲剧。从启蒙开始的现代性在发展过程中将理性推向“工具理性”这个单行道。工具理性主要包括知识理性和技术理性。单向度的工具理性带来一系列社会问题，并加剧了社会的现代性病症。由此可见，后现代性思想家们通过控诉理性与权力的共谋来批判现代理性所确立的，看似“合理化”的，具有普遍性、同一性和总体性的社会秩序，指出理性的诸种弊端，在反理性中探寻对理性的超越。因此，可以说“西方传统哲学的历史也就是理性自我建构、自我确证和自我反思的历史”①。正是建立在对“理性吊诡”的分析论证中，反思、批判、诊断与清算理性成为后现代性的哲学主题。

在现代思想政治教育发展过程中，思想政治教育“理性吊诡”也愈益显现，挑战巨大，成为现代思想政治教育“合理性危机”的重要表征。具体而言，后现代性语境下思想政治教育的“理性吊诡”体现为技术理性、

① 宋伟：《后现代转向与哲学思维方式变革》，吉林大学博士学位论文，2006年，第84页。

工具理性对价值理性时空的“侵占”、“挤压”，从而导致主流意识形态的传播力被弱化、分解。例如，因新媒体的过度使用容易导致极端的“科技理性”，出现工具理性泛化、价值理性缺失、人类理性失衡的风险状态，这些都对当前的思想政治教育形成了冲击。①一方面，伴随着经济全球化，西方的各种意识形态不断地渗透到中国来，各种思想多样杂陈、相互交织，人们的思想更加活跃，独立性、多变性、差异性显著。新自由主义、历史虚无主义等西方错误思潮伺机挑战马克思主义指导地位，争夺意识形态话语权，主流意识形态与多样化社会思潮相互激荡、交流交融交锋成为常态，面临被弱化的危险。这也间接导致思想政治教育进行社会核心价值观教育的正当“合法性”地位的衰微。另一方面，价值观的多元化也引致各种价值观之间的矛盾。这种局面不仅加剧了思想政治教育价值观教育的难度，也严重影响着思想政治教育的实效性。重建价值认同、坚持马克思主义主导思想，培育与践行社会主义核心价值观的任务刻不容缓。②因此，在现代性语境下，如何破解“理性吊诡”，走出思想政治教育发展中的“理性失衡”状况，是现代思想政治教育寻求超越之路的“必选项”，或许通过“记忆重拾”可以修复价值理性与工具理性的人为“鸿沟”，实现两者的依赖、平衡、互补。

（三）对“合理性模式”的现代性超越

“合理性范式的转换，则是使后现代主义获得一种新的‘游戏规则’的确证依据，因此它成为后现代话语的一个重要的思想基础。”③从历史上看，比较典型的“合理性”模式大致有如下四种：第一种是理性主义的，以黑格尔为代表；第二种是实用主义的；第三种是维特根斯坦的“语言游

① 邢晓红：《构建与超越：思想政治教育现代性研究》，中国社会科学出版社 2014 年版，第 92 页。

② 张静：《社会转型期一元与多元价值观的矛盾及其协调》，天津商业大学硕士学位论文，2010 年，第 13 页。

③ 陈嘉明：《现代性与后现代性十五讲》，北京大学出版社 2006 年版，第 315 页。

戏”模式；第四种是普特南的建立在“价值论”基础上的合理性。[①]合理性问题实质关涉的是思想政治教育正当性、实效性的问题。思想政治教育合理性首先在于其具有理性的特征，并且在不同的发展时期，表现出对理性不同的理解与不同理性类型的侧重。

“交往式思想政治教育”为现代性的“重建”奠定了理性根基，构建了一个应然性的合理性范式。在对工具理性的批判中涌现出很多后现代性主义的观点，其中就有哈贝马斯提出的“交往理性”。哈贝马斯认为“合理化”（rationality）的工具理性膨胀、泛滥是导致“生活世界殖民化”，主体行为被侵占、挤压的主要原因。他试图弥补理性理论的缺陷，用“交往理性”对抗“工具理性”以走出现代性“理性困境”。而生活世界就是交往理性培育的产物。当然哈贝马斯的交往理性也有局限性，这种交往模式过于理想化，犹如生活在社会真空中很难在现实的生活世界实现。

交往理性既然不是对现代性理性的唯一批判理论，那么何以成为“思想政治教育工具理性与价值理性”这一现代性矛盾的解困视角呢？这主要在于其提供了有益的视角和思维启示。具体而言，交往理性关注语言转向、主体间关系、生活世界，侧重互动性沟通、交往的合理性。一方面，交往理性揭示了理性的分裂，阐述了后现代性社会理性的统一性发展趋向；另一方面，将理性建立于主体间性基础之上来超越传统理性观。

马克思在《德意志意识形态》中使用了交往、交往关系此类概念达70多处，可见他对交往理论也进行了深入研究，他所强调的是基于关系范畴的实践交往。根据交往理论，在思想政治教育教学实践中，我们要以“人”的思维来认识主体、理解教育对象，正确处理教师与学生的关系，开展卓有成效的思想政治教育活动，促进思想政治教育模式的创新。“交往式思想政治教育”以交互、双向、平等、动态的主体间对话，运用生活化的媒介，开展知识、信息、精神等方面的双向交流，以彼此共存互生、相长补益的方式在相互理解中实现全面发展的价值目标。正是在“交往”

① 陈嘉明：《现代性与后现代性十五讲》，北京大学出版社2006年版，第315—318页。

中教育者与教育对象从传统的对立走向和谐之维，实现了思想政治教育模式的现代性超越。

四、生活原则：思想政治教育现代性模式的重建

后现代性语境下，思想政治教育不仅要克服工具理性与价值理性的现代性矛盾，寻找思想政治教育的“合理性范式”，而且要在合理化基础上重拾个体存在的本真意义，实现人的自由而全面的发展。这就需要超越现有低效已呈颓势的模式以重建思想政治教育现代性模式，即坚持生活原则，使“德性”之魂与“理性”之光在生活世界相遇、相交、互洽，实现动态的平衡之美。后现代性交往理性也启示我们，思想政治教育实践活动最终要借助生活世界来实现主体际间的对话、交流、沟通，从而实现主体需要与社会化需要的和谐一致。实质上，思想政治教育与生活世界具有同构性，都是从“人”出发，为“人”服务。这种同构性为弥合两者之间的疏离，使思想政治教育回归生活世界具备了现实可能。具体而言，坚持生活原则的思想政治教育模式体现在追求生命之真、关注生存之域、崇尚生活之美三个层次。

（一）生命之真：思想政治教育价值诉求的现代性超越

“人”是思想政治教育的前提，对于人的生命意义的探寻是思想政治教育的本体关照。强调人的生存价值关怀、关注人的道德个性提升、慰藉人的精神生产吁求是思想政治教育关于人的“生命之真”的价值诉求。人的生命意义、生存状态、属性本质与本体价值都是在丰富多彩的、多向度的、开放性的现实生活世界中产生形成与变化发展的。思想政治教育完善个体人格、推动道德进步、促进社会治理都是在“生活世界”得以实现并逐步提升以臻完善的。

马克思认为，实践是“人”存在的根本方式。科学的实践观点是马克

思主义哲学的核心观点。马克思正是运用实践观点对资本逻辑的现代性展开深刻地批判。马克思主义认为实践是主客体之间、人与整个世界之间，分化与统一的基础，人正是在实践的生活世界中展现出生命存在的本性的；实践也是价值关系形成的基础条件，人恰恰是在现实生活实践中确认自我价值，认识个人与他人、个人与社会之间的本质关系的。可以说“一切对人的本质的遮蔽和异化都能在实践中找到根源并得以祛魅”①。

思想政治教育是一种特殊的科学文化实践活动，教育者正是通过自己的思想教化活动促进受教者思想行为存在状态的改变，从而契合社会发展的思想政治素质要求。在这个活动过程中，教育主体在使教育对象获得有意识的生命活动意义的同时，自身也成为意义的建构者和生命价值的体认者。“人通过体验可以更好地在充满意义的生活世界中，在精神陶冶的环境中，寻求人与人、人与自然、人与社会的和谐发展，超越自身的狭隘和片面性发展，追求道德人格上的自我超越，以实现自我生命的价值追寻。”②

后现代主义者主张要真正解放人类，给予人更多地探寻生命意义的发展时空，这与马克思主义人性论、人的本质理论有异曲同工之妙。后现代性批判现代性以合理化、合法化的知识权威体系严格控制人的生命权，从而造成人的生命意义的失落。后现代思想家们主张将人性从工具理性压制下解放出来，实现真正的自由的生命涌动。后现代性语境下，思想政治教育面对主体迷失、信仰缺失、道德滑坡以及价值失落等一系列交错杂陈的现代性风险危机，追寻人的“生命之真”的价值诉求成为时代课题。新时代思想政治教育要培养什么样的人？培育什么样的人生观？正是对这个时代课题的现实关照。马克思主义指出要使人类回归人性和社会现实生活，真正实现人类的解放，要实现人的自由而全面的发展。这启示思想政治教

① 周琪：《思想政治教育视域下的“生活世界”话语回溯与规定》，《教学与研究》2009年第11期。

② 曹兰胜：《道德教育对生活世界的疏离与回归》，中央编译出版社2019年版，第186页。

育在现代转型中关注现实生活中有生命的个人，而不是仅仅将人视为被动接受的“道德篓子”；要以人为中心，注重人的思想道德需求和精神生活需求，使人成为不断自我建构、自我教育的发展型主体；要发挥思想政治教育促进人与生活世界同在的引领作用，而不是仅仅重视抽象理论教育。习近平总书记指出，要把论文写在祖国大地上。这其实也告诫我们学术研究要扎根广袤而生动的生活世界。现实的生活世界为思想政治教育培育全面发展的人，实现人的现代化目标提供了本体论的生命源泉和价值意义启示。为此，思想政治教育主体要回归生活、尊重生活、融入生活，才能避免走向疏离的“异化”人生，才能弥合理论与实践间的断裂、德育与生活世界的领域分离现象，从而真正为人服务，促进人的发展。

（二）生存之域：思想政治教育实践场域的现代性超越

“生活世界”为思想政治教育提供素材资源、支持手段、交往场域。确切地说，是根植、实现、发展思想政治教育实践活动的生存之域。因此，思想政治教育发展中生活化的现代转向实质上是主体生存的实践场域所决定的，具有客观必然性。所谓生活化，就是思想政治教育不做理论“悬置”的“空中楼阁”，要从云端回到现实生活世界，关注现实难题，解疑释惑。用生活化的理论、话语，走进生活化的人的思想中去。做到“云端”与“尘埃”的对接、互动，而不是隔绝、自舞。为此，国家提出要构建面向 21 世纪的哲学社会科学，促进马克思主义理论的时代化、大众化、通俗化。需要强调指出的是，主张在人的生存之域坚持“生活原则”，使思想政治教育回归生活世界，并不是主张简单化、片面化、不加区别地回归所谓的日常生活，从而造成思想政治教育全然“淹没”在杂乱、琐碎、无序的“生活碎片”之中无法自拔，无法施展思想引领、塑造现代人格的功能，而是重点指思想政治教育实践的主体是生活化的个人、实践的场域是现实的生活世界、实践的目标是改造现实的人的“主观世界”。因此，思想政治教育发展中必须正视和重视“生活化缺失”的现代性现象，但同时也要规避“完全日常生活化”的后现代性现象。

人的主观能动性也决定了人有自我超越的能力，因此思想政治教育不仅要回归现实生活世界，而且要克服现实生活中各式各样的弊端，在批判中实现超越，回归彼岸的“理想生活世界”之中。“理想生活世界”是能够实现人的生命意义、体现生存价值、完善理想人格的实践场域。理想生活世界源于现实生活，又高于现实生活，是经由思想政治教育而获得自由全面发展的德性基础，从而实现的一种人的创造性的具有幸福意味的超越性世界。事实上，思想政治教育回归生活世界体现了人的“现实之我”与“理想之我”的有机统一。第一，工作场域“生活化”。后现代性语境下，因互联网技术、通信技术、新媒体、大数据的发展而产生的“虚拟实践”构筑的“网络生活”以及消费文化逻辑产生的“拟象化世界”，这些都大大扩大了思想政治教育的实践场域。随着人的生存场域变化为现实生活与网络生活的交叉融合，无缝对接，以人为中心的思想政治教育也必须时刻在场，既有现实生活中的思想政治教育，也有互联网思想政治教育、新媒体思想政治教育。第二，目标“生活化”。思想政治教育目标设定要关注人的精神生活需求，将追求人的发展，人的幸福的生活化价值目标的实现作为重要指标。第三，工作方法“生活化”。善于运用鲜活、生动的素材进行思想政治教育。“活化”思想理论，提高实效性，富有生机和活力。

（三）生活之美：思想政治教育发展模式的现代性超越

“人生的境遇就是显隐结合的，诗性之思就是以显隐结合的方式去思考人生。提倡诗性之思是防止思想政治教育中只认理性为真，从而走向唯理性的道路。”[①] 马克思在《政治经济学批判导言》中指出“用艺术的方式掌握世界。”也即艺术地揭示生活之真。因此思想政治教育活动也应该是显性教育与隐性教育相统一的实践。思想政治教育既要在显性教育中发挥“理性之思”掌握理论之真，也要在隐性教育中运用“诗性之思”洞悉生活之美。毕竟，思想政治教育来源于生活世界，最终也要回归生活世界，

① 孙迎光：《思想政治教育新论》，上海三联书店2014年版，第245页。

服务于生活世界。因此，思想政治教育的理想世界应该是“真善美”的统一。从放逐到回归本身就是一条艰难曲折遍布荆棘却面向希望的超越之路。坚持德性与理性的双重回归：实现德性之光与理性之思在生活世界的“比翼齐飞”。

如果说反思中的转型是对思想政治教育现代性重建的合法性确认，那么，批判中的超越则是思想政治教育现代性重建的合理性证成。转型与超越共同构成实现思想政治教育现代化目标的“双维路径”。思想政治教育现代性的超越不仅仅是思维层面的精神超越，也是物质层面的实践超越。超越的目的不是时髦的概念、文字游戏，不是单纯为超越而超越，而是借由超越之路寻求现代思想政治教育发展的“合理化”道路，从而达成思想政治教育现代性模式重建的目标，进而为“正在进行时”的思想政治教育现代化过程提供理论指导，同时也为社会的现代化提供思想指引和精神动力。

思想政治教育现代性重建在“四重超越”中找到“合理性”的建构方案。其中，后现性语境下思想政治教育的人性化超越解决了思想政治教育个体化与社会化的现代性矛盾。人性化超越是思想政治教育现代性重建的关键要素和核心环节，可从马克思主义哲学“人性论”中得到确证。主要表征为人性思维的现代性超越、人的本质的现代性超越、人的需求以及人的活动之现代性超越。其中，主体性超越解决了思想政治教育形式与内容之间的现代性矛盾，为处理好个体需要与社会需要、个体价值与社会价值的关系提供了合理路径。主体性超越也表征为主体类型“三位一体”的现代性超越、主体主导性重构的现代性超越、主客体关系“主体间性”模式的现代性超越三个层次。思想政治教育“理性化超越”解决了思想政治教育工具理性与价值理性的现代性矛盾。回溯思想政治教育现代化发展历程中对理性的探寻，从对工具理性神话、对“理性吊诡”、对“合理性模式”

三个层次的超越中，“交往式思想政治教育”得以建构。“生活原则”则确立了现代思想政治教育的“合理性范式”。坚持生活原则，使“德性”之魂与“理性”之光在生活世界相遇、相交、互洽，实现动态的平衡之美。

按照马克思历史唯物主义社会存在与社会意识的关系原理，思想政治教育的系统现代性超越与现实物质社会的现代转型与跨越是一致的，体现出动态的“协调性”、“同构性”、“平衡性”。思想政治教育的理想世界应该是“真善美”的统一。从放逐本我到回归生活世界本身就是一条艰难曲折遍布荆棘却面向希望的超越之路。在思想政治教育现代性的重建中我们要坚持德性与理性的双重回归：实现德性之光与理性之思在生活世界的“比翼齐飞”。

结束语　转型与超越：思想政治教育的现代化之路

在著作的阐述即将结束的时候，本书的缘起问题再次涌上脑海：新时代思想政治教育的使命是什么？那就是发扬“生命线”的传统优势，承担起“举旗帜”、“育新人”的根本使命任务。这也是一条思想政治教育的现代化之路，是思想政治教育在发展中获得现代性得以可持续科学发展的终极旨归。新时代中国的思想政治教育现代化之路因社情、国情、党情而具有自己的特殊性。在现代性张力与后现代性语境的双向影响下生成了“转型”与“超越”的现代性之维。因此，新时代思想政治教育的现代化之路注定独特。

新时代的中国正处于全面实现社会主义现代化的物质环境中，市场化、新型工业化、信息化是其鲜明表征。当然还面临中华民族伟大复兴的战略全局与世界百年未有之大变局的“两个大局”交织，全球化、后转型时代、消费社会的交叠的混杂社会环境。与此相伴生的是现代性、后现代性的舆论环境、观念文化环境等软环境。习近平总书记指出：“宣传思想工作是做人的工作的，人在哪儿重点就应该在哪儿。”① 当前思想政治教育的主体大部分是网络新媒体的原住民。因此，从马克思主义哲学角度探索后现代性与思想政治教育现代转型的内在关联有着重大的意义。我们应辩证剖析后现代性的“双刃剑”效应，汲取其合理内核促进思想政治教育现

① 《习近平总书记系列重要讲话读本》，学习出版社、人民出版社2016年版，第204页。

代化目标的实现。

当前中国正处于传统性、现代性、后现代性“三性叠加”历时共生，高度“时空压缩”的“后转型”社会镜像。现代性张力突出，多元价值冲突，断裂、碎片化、无中心、差异、不确定的“后现代性”社会图景交错呈现亟须针对现实困境的顶层设计。一方面，后现代性语境下，思想政治教育出现了地位衰微、主体性危机、工具理性危机、泛化危机等一系列“合法性”与“合理性”危机；另一方面，思想政治教育学科可持续发展需要以前瞻性、开放性态度应对思想政治教育现代性矛盾。对现代性的反思和对现代性病症治愈之路的探寻与思想政治教育自身发展矛盾交织的复杂性构成本书研究的背景。借此“思想政治教育的现代转型与超越研究”，从反思、批判、转型、超越 4 个层面努力探寻思想政治教育现代化的实现路径。如果说反思中的转型是对思想政治教育现代性重建的合法性确认，那么，批判中的超越则是思想政治教育现代性重建的合理性证成。转型与超越共同构成实现思想政治教育现代化目标的“双维路径”。为思想政治教育现代化过程提供理论指导，也为社会的现代化提供思想指引和精神动力。

思想政治教育现代化是思想政治教育发展的必然逻辑和本质要求。“准确识变、科学应变、主动求变，善于在危机中育先机、于变局中开新局，抓住机遇，应对挑战，趋利避害，奋勇前进。”[①] 在反思中转型，在批判中超越，在转型与超越中走向现代化，是新时代思想政治教育的独特发展之路。当代中国走过了“传统—现代性—后现代性”的转型之路，探索中国特色社会主义现代化的历程艰辛且漫长。思想政治教育的现代化之路也同样曲折，先后历经两大转型，在实现超越的路途之中，体现为人性化超越、主体性超越、理性化超越以及生活化超越 4 个核心层面。

当然需要强调指出的是，不能因为后现代性的流行时尚，而全盘接

① 《中共中央关于制定国民经济和社会发展第十四个五年规划和二〇三五年远景目标的建议》，人民出版社 2020 年版，第 10 页。

受，而是在鉴别中吸取有益的精神启示。中国思想政治教育现代化之路有自己特殊的理论逻辑，始终坚守马克思主义指导思想，坚守党的意识形态理论是我们的政治底色，这个是绝对不能动摇的。后现代性理论纷繁复杂，大家辈出，在选择流派思想理论时，一定要坚持马克思主义辩证法，使超越的理论根基筑牢，逻辑周延自洽。马克思基于资本逻辑的现代性与后现代性理论对思想政治教育现代转型与超越提供了理论支撑与方法论的指导。

参考文献

一、著作

《马克思恩格斯文集》第 1 卷，人民出版社 2009 年版。

《马克思恩格斯文集》第 2 卷，人民出版社 2009 年版。

《马克思恩格斯文集》第 3 卷，人民出版社 2009 年版。

《马克思恩格斯文集》第 4 卷，人民出版社 2009 年版。

《马克思恩格斯文集》第 9 卷，人民出版社 2009 年版。

《马克思恩格斯选集》第 1 卷，人民出版社 2012 年版。

《列宁专题文集·论无产阶级政党》，人民出版社 2009 年版。

《邓小平文选》第二卷，人民出版社 1993 年版。

习近平：《习近平谈治国理政》第一卷，外文出版社 2018 年版。

习近平：《习近平谈治国理政》第二卷，外文出版社 2017 年版。

习近平：《习近平谈治国理政》第三卷，外文出版社 2020 年版。

习近平：《决胜全面建成小康社会　夺取新时代中国特色社会主义伟大胜利——在中国共产党第十九次全国代表大会上的报告》，人民出版社 2017 年版。

江泽民：《论“三个代表”》，中央文献出版社 2001 年版。

《中共中央关于制定国民经济和社会发展第十四个五年规划和二〇三五年远景目标的建议》，人民出版社 2020 年版。

［德］哈贝马斯：《现代性的哲学话语》，曹卫东译，译林出版社 2004 年版。

[德] 哈贝马斯:《合法化危机》，刘北成等译，上海人民出版社 2000 年版。

[德] 哈贝马斯 · 尼采:《后现代性的开端》，载汪民安等主编:《后现代性的哲学话语》，浙江人民出版社 2001 年版。

[德] 沃尔夫冈 · 韦尔施:《我们的后现代的现代》，洪天富译，商务印书馆 2004 年版。

[德] 乌尔里希 · 贝克:《风险社会: 新的现代性之路》，张文杰、何博闻译，译林出版社 2018 年版。

[德]马克斯 · 霍克海默、[德]特奥多 · 威 · 阿多尔诺:《启蒙辩证法》，洪佩郁、蔺月峰译，重庆出版社 1990 年版。

[德] 尼采:《尼采文集》，楚国南译，改革出版社 1995 年版。

[德] 尼采:《权力意志》，张念东等译，商务印书馆 1991 年版。

[德] 尼采:《上帝死了—尼采文选》，戚仁译，三联书店 1989 年版。

[德] 海德格尔:《关于人道主义的书信》，载《海德格尔选集》，三联书店 1996 年版。

[德] 乌尔里希 · 贝克、[德] 伊丽莎白 · 贝克-格恩斯海姆:《个体化》，李荣山、范譞、张惠强译，北京大学出版社 2011 年版。

[德] 雅斯贝尔斯:《什么是教育》，邹进译，三联书店 1991 年版。

[德] 黑格尔:《精神现象学（上)》，贺麟、王玖兴译，商务印书馆 1979 年版。

[德] 伊曼努尔 · 康德:《历史理性批判文集》，何兆武译，商务印书馆 1990 年版。

[德] 马克斯 · 韦伯:《学术与政治: 韦伯的两篇演说》，冯克利译，三联书店 2013 年版。

[德] 马克斯 · 韦伯:《经济与社会》第 1 卷，阎克文译，上海人民出版社 2019 年版。

[德] 马克斯 · 韦伯:《新教伦理与资本主义精神》，阎克文译，上海人民出版社 2017 年版。

[法] 让-弗朗索瓦·利奥塔尔:《后现代状态:关于知识的报告》,车槿山译,三联书店1997年版。

[法] 让-弗朗索瓦·利奥塔尔:《后现代性与公正游戏——利奥塔尔访谈、书信录》,谈瀛洲译,上海人民出版社1997年版。

[法] 埃米尔·涂尔干:《社会分工论》,渠敬东译,三联书店2017年版。

[法] 让·鲍德里亚:《消费社会》,刘成富等译,南京大学出版社2001年版。

[法] 让·鲍德里亚:《生产之境》,仰海峰译,中央编译出版社2005年版。

[法] 米歇尔·福柯:《疯癫与文明》,刘北成、杨远婴译,三联书店1999年版。

[法] 米歇尔·福柯:《福柯集》,杜小真编选,上海远东出版社2003年版。

[英] 齐格蒙特·鲍曼:《后现代伦理学》,张成岗译,江苏人民出版社2003年版。

[英] 齐格蒙特·鲍曼:《流动的现代性》,欧阳景根译,三联书店2002年版。

[英] 齐格蒙特·鲍曼:《现代性与矛盾性》,邵迎生译,商务印书馆2003年版。

[英] 安东尼·吉登斯:《现代性的后果》,田禾译,译林出版社2000年版。

[英] 安东尼·吉登斯:《现代性与自我认同》,赵旭东等译,三联书店1998年版。

[英] 培根:《谈读书》,储琢佳译,江苏凤凰文艺出版社2018年版。

[英] 怀特海:《教育的目的》,徐汝舟译,三联书店2002年版。

[美] 贝拉等:《心灵的习性:美国人生活中的个人主义和公共责任》,翟宏彪等译,三联书店1991年版。

［美］詹明信：《晚期资本主义的文化逻辑》，张旭东编，陈清侨等译，三联书店 1997 年版。

［美］毕夏普：《社会科学哲学：导论》，王亚男译，科学出版社 2018 年版。

［美］道格拉斯·凯尔纳、斯蒂文·贝斯特：《后现代性理论：批判性的质疑》，张志斌译，中央编译出版社 2004 年版。

［美］格里芬：《后现代精神》，王成兵译，中央编译出版社 1998 年版。

［美］杜威：《民主主义与教育》，王承绪译，人民教育出版社 1990 年版。

［美］斯蒂芬·贝斯特、道格拉斯·凯尔纳：《后现代转向》，陈刚等译，南京大学出版社 2002 年版。

［美］罗斯诺：《后现代主义与社会科学》，张国清译，上海译文出版社 1998 年版。

［美］多迈尔：《主体性的黄昏》，万俊人译，广西师范大学出版社 2013 年版。

［美］彼得·圣吉：《第五项修炼》，郭进隆译，上海三联书店 1998 年版。

［美］詹明信：《晚期资本主义的文化逻辑：詹明信批评理论文选》，陈清侨等译，三联书店 1997 年版。

［比］伊·普里戈金、［法］伊·斯唐热：《从混沌到有序——人与自然的新对话》，曾庆宏、沈小峰译，上海译文出版社 1987 年版。

［加］查尔斯·泰勒：《现代性之隐忧》，程炼译，中央编译出版社 2001 年版。

Taylor, Sources of the Self, Cambridge, Harvard University Press, 1989.

Higgins, D., A Dialectic of the a Centuries:Note toward a Theory of the New Art, New York:Printed Edtions, 1978.

刘建军、曹一建：《思想理论教育原理新探》，高等教育出版社 2006 年版。

张耀灿等:《现代思想政治教育学》，人民出版社 2006 年版。

张耀灿、徐志远:《现代思想政治教育学科论》，人民出版社 2003 年版。

张耀灿等:《现代思想政治教育学》，人民出版社 2001 年版。

童世俊:《意识形态新论》，上海人民出版社 2006 年版。

陈嘉明:《现代性与后现代性十五讲》，北京大学出版社 2006 年版。

孙其昂:《思想政治教育学前沿研究》，人民出版社 2013 年版。

孙其昂:《思想政治教育学基本原理》，河海大学出版社 2004 年版。

孙其昂、黄世虎主编:《思想政治教育学基本原理》，河海大学出版社 2015 年版。

孙其昂等:《思想政治教育现代转型研究》，学习出版社 2015 年版。

金林南:《思想政治教育学科范式的哲学沉思》，江苏人民出版社 2013 年版。

闵绪国:《思想政治教育价值研究》，人民出版社 2017 年版。

陈秉公:《思想政治教育学原理》，高等教育出版社 2006 年版。

汪行福:《走出时代的困境——哈贝马斯对现代性的反思》，上海社会科学院出版社 2000 年版。

教育部思政司:《大学生思想政治教育“十个如何”研究》，高等教育出版社 2007 年版。

盛跃明:《思想政治教育转型论: 现代性的观点》，人民出版社 2015 年版。

高宣扬:《后现代: 思想与艺术的悖论》，北京大学出版社 2013 年版。

赵光武主编:《后现代主义哲学述评》，西苑出版社 2000 年版。

王新举:《后现代背景下的高校思想政治教育》，知识产权出版社 2016 年版。

杜智芳:《詹姆逊批评理论中的形式问题研究》，人民出版社 2006 年版。

姜玲玲:《思想政治教育系统论》，合肥工业大学出版社 2012 年版。

侯勇：《社会视野中的思想政治教育系统研究》，人民出版社2016年版。

余乃忠：《后现代主义批判》，社会科学文献出版社2012年版。

孙周兴：《海德格尔选集》，三联书店1996年版。

瞿葆奎：《教育学文集》，人民教育出版社1989年版。

张澍军：《德育哲学引论》，人民出版社2002年版。

邢晓红：《构建与超越：思想政治教育现代性研究》，中国社会科学出版社2014年版。

邱仁富：《思想政治教育话语论》，上海交通大学出版社2013年版。

周海燕：《记忆的政治》，中国发展出版社2013年版。

宋锡辉：《思想政治教育学元理论研究》，中央编译出版社2012年版。

李培林等：《当代中国阶级阶层变动：1978—2018》，社会科学文献出版社2018年版。

张世欣：《思想教育规律论》，浙江大学出版社2008年版。

刘烨：《现代思想政治教育过程研究》，中国社会科学出版社2009年版。

王治河：《扑朔迷离的游戏》，社会科学文献出版社1998年版。

辛敬良：《马克思主义哲学导论》，复旦大学出版社1991年版。

陈万柏、万美容、李东升：《思想政治教育学原理新编》，华中师范大学出版社2000年版。

陈秉公：《思想政治教育学原理》，高等教育出版社2006年版。

项久雨：《思想政治教育价值论》，中国社会科学出版社2003年版。

杨桂华：《社会转型期精神迷失现象分析》，南开大学出版社2009年版。

董雅华：《思想政治教育哲学问题研究》，复旦大学出版社2019年版。

李合亮：《思想政治教育探本——关于其源起及本质的研究》，人民出版社2007年版。

闫艳：《交往视域中的思想政治教育》，人民出版社2011年版。

孙立平:《转型与断裂:改革以来中国社会结构的变迁》，清华大学出版社 2004 年版。

褚凤英:《思想政治教育活动研究》，人民出版社 2011 年版。

张康之:《为了人的共生共在》，人民出版社 2016 年版。

高清海:《马克思主义哲学基础（上册)》，北京师范大学出版社 2012 年版。

刘少杰:《后现代西方社会学理论（第二版)》，北京大学出版社 2014 年版。

蓝江:《思想政治教育社会化研究》，湖北人民出版社 2004 年版。

杨国荣:《成己与成物:意义世界的生成》，北京师范大学出版社 2018 年版。

徐志远:《现代思想政治教育学范畴研究》，人民出版社 2009 年版。

二、论文

张耀灿、刘伟:《思想政治教育主体间性涵义初探》，《学校党建与思想教育》2006 年第 12 期。

张耀灿:《试论思想政治教育学科的定位与建设》，《思想理论教育导刊》2006 年第 7 期。

石书臣:《论思想政治教育中意识形态性与非意识形态性的统一》，《探索》2003 年第 3 期。

孙迎光:《马克思的总体性思想:开启当代教育问题域的哲学视野》，《南京社会科学》2012 年第 2 期。

孙迎光:《马克思主义认识论与思想政治教育现代化建构》，《南京师大学报》（社会科学版）2019 年第 5 期。

戴锐:《思想政治教育现代化研究:现状与趋向》，《思想理论教育》2014 年第 12 期。

卢岚:《思想政治教育在社会转型时期的困境与出路》，《湖北社会科学》2017 年第 2 期。

孙其昂：《思想政治教育现代性及其转型》，《安徽师范大学学报》（人文社会科学版）2012年第3期。

孙其昂、张建晓：《基于新理论框架的思想政治教育系统建构》，《河海大学学报》（哲学社会科学版）2020年第1期。

沈壮海：《改革开放以来思想政治教育研究的学术版图》，《思想理论教育导刊》2008年第11期。

张建晓、孙其昂：《论思想政治教育内容结构的形态》，《思想教育研究》2019年第1期。

仝泽矿：《后现代性语境下思想政治教育的转型与超越》，《吉林广播电视大学学报》2016年第7期。

苏焕杰：《现代性和后现代性对增强思想政治教育实效性的有益启示》，《传承》2013年第2期。

朱怡、周小群：《后现代课程观与思想政治教育》，《南京师大学报》（社会科学版）2001年第6期。

蒋红群：《论现代性困境下思想政治教育叙事形式的转换》，《思想教育研究》2011年第9期。

沈东、刘一平：《基于生命历程的青年马克思主义者成长路径研究》，《中国青年研究》2020年第9期。

李文阁：《生成性思维：现代哲学的思维方式》，《中国社会科学》2000年第6期。

陈华洲、赵耀：《美好生活视域下思想政治教育的现代转型》，《思想教育研究》2018年第11期。

祖嘉合：《论自我教育》，《思想政治工作研究》2003年第9期。

田雪飞：《改革开放40年思想政治教育价值论研究》，《思想教育研究》2018年第10期。

黄小华：《思想政治教育价值实现的理路探究》，《学校党建与思想教育》2019年第12期。

闵绪国：《思想政治教育价值实现的内涵与实质》，《思想教育研究》

2012年第7期。

张苗:《工具理性视域下大学生思想政治教育现状分析》,《河北工业大学学报》(社会科学版)2011年第3期。

蔡如军、唐芳云:《思想政治教育学科知识研究及其发展》,《河海大学学报》(哲学社会科学版)2016年第3期。

成伯清、李林艳:《激情与社会——马克思情感社会学初探》,《社会学研究》2017年第4期。

林开云、徐云兰:《试论军队思想政治教育目标的科学定位及实现》,《南京政治学院学报》2013年第3期。

韩丽颖、李忠军:《新时期大学生思想政治教育目标调整的若干思考》,《思想理论教育》2013年第17期。

赵达远、臧宏:《思想政治教育目标体系研究》,《思想教育研究》2016年第11期。

韩华:《近十年来思想政治教育学科博士学位论文:回顾与反思》,《教学与研究》2010年第12期。

张建晓、孙其昂:《思想政治教育社会学研究方法论建构——兼论思想政治教育社会学研究方法的发展走向》,《探索》2017年第3期。

吴朝国、孙群:《论思想政治教育的泛化》,《思想教育研究》2013年第9期。

邓海龙、徐国亮:《国家治理现代化视域下思想政治教育效能的理论意涵与提升路径》,《思想教育研究》2020年第4期。

王俊斐:《融入·同构·互构:思想政治教育与社会治理融合的学理逻辑》,《湖北社会科学》2019年第1期。

李卓、王永友:《思想政治教育社会治理的三重价值》,《湖北社会科学》2019年第6期。

王莹、孙其昂:《近年来思想政治教育治理研究综述》,《教育评论》2018年第1期。

刘五景:《“泛政治化”“去政治化”抑或“中性化”——对政治与教

育关系的再思考》,《河南师范大学学报》(哲学社会科学版)2011 年第 1 期。

董世军、孙玉华、周立田:《现代思想政治教育话语及其困境分析》,《长春大学学报》2007 年第 1 期。

潘一坡、项久雨:《思想政治教育时空论》,《思想理论教育》2020 年第 11 期。

张毅翔:《信息时代、虚拟时空与思想政治教育》,《学校党建与思想教育》2012 年第 5 期。

单连春:《思想政治教育现代转型中环境因素的功能悖论》,《安徽理工大学学报》(社会科学版) 2011 年第 3 期。

罗洪铁、蔡小菊:《论思想政治教育精神环境的结构和功能》,《思想理论教育》2013 年第 10 期 (上)。

单玉:《人的主体性与思想政治教育的现代转型》,《学校党建与思想政治教育》2003 年第 4 期。

陈四海:《从理性主体到伦理主体——福柯的后现代主义主体思想研究》,《渤海大学学报》(哲学社会科学版) 2019 年第 4 期。

陈晓明:《重论德里达的后现代意义及其转向》,《学术月刊》2007 年第 12 期。

崔增宝:《从价值的外在性到内在性的后现代转向——以德勒兹的思想为例》,《学术研究》2016 年第 9 期。

李玲:《詹克斯后现代建筑理论中的生态美学意蕴探微》,《河北学刊》2020 年第 5 期。

周青、胡健:《论鲍德里亚的后现代美学思想》,《渤海大学学报》(哲学社会科学版) 2014 年第 1 期。

王鹏飞:《后现代伦理学及其启示》,《哈尔滨工业大学学报》(社会科学版) 2006 年第 4 期。

杜朝举、毕红梅:《后现代主义视域下思想政治教育主体困境及对策》,《山东青年政治学院学报》2016 年第 5 期。

王学俭、张哲:《“后现代阅读”背景下的大学生思想政治教育工作研究》，《高等教育研究》2011 年第 4 期。

邓春玉：《后现代主义视域下当前大学生思想政治教育工作反思》，《科学咨询》（科技 · 管理）2014 年第 1 期。

高小艳、张利花：《后现代主义视域下当前大学生思想政治教育工作反思》，《亚太教育》2016 年第 2 期。

洪雁、刘支皇：《后现代管理视域下的高校学生思想政治教育工作》，《吉林广播电视大学学报》2010 年第 8 期。

于世明、刘聪：《后现代语境下高校思想政治教育工作研究》，《辽宁教育行政学院学报》2010 年第 7 期。

郑方方：《后现代主义思潮对大学生思想政治教育的影响及对策》，《科教导刊》（下旬）2016 年第 4 期。

陶达、董晓欢：《后现代主义思潮对“90 后”大学生思想政治教育的影响及应对策略》，《教育现代化》2016 年第 4 期。

石杰、张德才：《后现代主义对大学生思想政治教育的不利影响及解决方案》，《牡丹江医学院学报》2015 年第 4 期。

张玲、杜朝举：《后现代主义思潮对大学生思想政治教育的影响及对策研究综述》，《江西教育学院学报》2013 年第 5 期。

马星：《后现代主义思潮对我军思想政治教育的影响及对策研究》，《海军工程大学学报》（综合版）2014 年第 4 期。

齐宪涛：《论主体间性理论视阈下的思想政治教育转向》，《天水行政学院学报》2010 年第 4 期。

张太权、胡艺凡：《主体间性思想政治教育转向的原则及路径探析》，《学理论》2018 年第 8 期。

郎娇：《主体间性思想政治教育转向的三维探析》，《山西青年职业学院学报》2018 年第 2 期。

胡晶晶：《思想政治教育目标转型研究：背景、现状与发展趋势》，《思想政治教育研究》2013 年第 5 期。

马超：《改革开放以来思想政治教育现代性建构论析》，《西北师大学报》(社会科学版)2019年第4期。

徐志萍:《思想政治教育现代性研究论析》,《教育导刊》2017年第5期。

罗红杰:《话语·图像·数据:思想政治教育现代化的着力点》,《湖北社会科学》2019年第10期。

张建晓:《认同与变革:思想政治教育现代化发展的分析框架》,《湖北社会科学》2019年第1期。

任丽涛:《新时期我国思想政治教育现代化研究综述》,《社会科学战线》2016年第12期。

王志远、黄小军:《思想政治教育现代化问题研究》,《学术探索》2014年第2期。

董杰:《论后现代主义教育思潮下思想政治教育者的主导性》,《探索》2010年第2期。

孙帅:《神圣社会下的现代人——论涂尔干思想中个体与社会的关系》,《社会学研究》2008年第4期。

孟宪平:《当下思想政治教育中的意义流失及聚合机制分析》,《学术界》2020年第4期。

李月玲、王秀阁:《科学实践观视角下思想政治教育研究范式探微》,《理论导刊》2012年第8期。

陶磊、黄明理:《人学范式,还是社会哲学范式?——思想政治教育现代转型的反思》,《探索》2011年第6期。

祖嘉合:《对思想政治教育主体及其特性的思考》,《教学与研究》2007年第3期。

王习胜:《思想政治教育如何应对"淡化意识形态"思潮》,《马克思主义研究》2012年第3期。

赵鼎新:《国家合法性和国家社会关系》,《社会科学文摘》2016年第10期。

迟帅:《诸神之争的再阐释:一个社会学的结构视角》,《社会》2017年第1期。

陈荣荣：《应慎重提倡思想政治教育人学范式转换》，《思想教育研究》2013 年第 9 期。

杨生平：《后现代主义：晚期资本主义的文化主导——佩里·安德森〈后现代性的起源〉评析》，《马克思主义研究》2009 年第 9 期。

谢立中：《“后现代性”及其相关概念辨析》，《社会科学研究》2001 年第 5 期。

张离海：《马克思主义与后现代性》，《江汉论坛》2002 年 8 月。

刘学坤：《论思想政治教育知识形态的现代转型》，《甘肃理论学刊》2016 年第 1 期。

邓纯余：《思想政治教育学科的知识论视角》，《内蒙古社会科学》（汉文版）2011 年第 4 期。

雷骥：《现代思想政治教育的人性化与现代性超越》，《济南大学学报》（社会科学版）2007 年第 11 期。

张晓坚：《后现代性对高校思想政治教育的双重影响》，《江苏高教》2013 年第 5 期。

季春红：《后现代语境下高校思想政治教育主体间性解读》，《南京政治学院学报》2016 年第 3 期。

邢晓红：《系统论视域下思想政治教育现代转型动因探析》，《思想教育研究》2016 年第 9 期。

李霞玲、李敏伦：《后现代主义视野中的思想政治教育主客体关系审视》，《学校党建与思想教育》2010 年第 2 期。

叶湘虹、李建华：《论思想政治教育中的平等与对话》，《湖南师范大学学报》（社会科学版）2007 年第 1 期。

陈建保、侯丹娟：《思想政治教育功能研究述评》，《理论月刊》2010 年第 6 期。

黄艺羨：《后现代主义思潮对思想政治教育有效性的影响及对策》，《思想教育研究》2011 年第 6 期。

后　记

现代思想政治教育发展研究，是一个富有鲜活时代特色、常议常新的重大命题。当前中国处于全面建设社会主义现代化国家的新征程，迫切需要思想政治教育落实立德树人的根本任务，为新时代开创现代化新局面提供坚强思想保证和强大精神力量。思想政治教育的现代转型正是社会现代化提出的时代要求。转型犹如断裂处的时代光缆，联通传统、现代、未来，回望传统，思想政治教育在继承中创新；立足现代性，思想政治教育在反思中发展；展望未来，思想政治教育在转型中超越。

本书以后现代性语境为分析视域，以处于现代性危机中的思想政治教育作为研究对象，遵循"剖析影响——反思危机——批判矛盾——探寻转型——实现超越"的逻辑理路和分析框架展开研究。从结合点上，本书立足系统思维，采用哲学思辨方法，从互相联系、互相进入、互相作用三个层面阐述后现代性与思想政治教育系统内各元素以及系统间的内化和互动，历史审视后现代性的"双刃剑"效应。在内容结构上，全书包括七个部分，重点从反思、批判、转型、超越四个层面，系统研究现代思想政治教育发展问题，力图揭示思想政治教育现代性矛盾与规律性问题、探寻现代思想政治教育发展的研究范式。针对思想政治教育现代性隐忧，提出在反思中转型，消解"合法性危机"的有效路径；针对思想政治教育现代性矛盾，提出在批判中超越，克服"合理性危机"的有效路径。借此转型与超越的"双维"路径拓宽与深化思想政治教育现代转型理论研究，为学科的现代转型提供新思维、体现新动力、增加新元素，从而最终达成人的全面发展与思想政治教育现代化的价值旨归；并为思想政治教育工作实践提供了体系指导和实现现代化的评估标准；为开展虚拟时空场域中的思想政治教育提供了有益的借鉴，增强了当代思想政治教育实效性。

本书是国家社科基金一般项目“后现代性语境下思想政治教育的转型与超越研究”（15BKS124）的最终成果，同时也是全国重点马克思主义学院建设项目、江苏省委宣传部与南京师范大学共建马克思主义学院建设项目、江苏省优势学科“马克思主义理论”四期建设项目、南京师范大学“马克思主义理论”一流学科建设项目的阶段性研究成果。本课题的研究得益于全国哲学社会科学规划办的立项支持、评审鉴定专家的建议启迪、南京师范大学马克思主义学院的平台资助。课题的研究过程凝结着全体课题组成员的智慧和汗水，前期阶段性成果为公开发表了 4 篇系列学术论文，CSSCI 期刊 3 篇，北大核心期刊 1 篇。其中，题名为《新媒体境遇下提升我国主流意识形态传播力的研究》的学术论文被 CSSCI 来源刊《学术界》（2017 年第 2 期）以论点摘编转载引用，引起国内同行关注，产生了一定学术影响。该论文还获得 2016 年度南京市思想政治工作课题研究优秀成果一等奖，收录进《2016 南京市思想政治工作优秀研究成果选编》，这也是令人欣喜并乐见其成的事情。

本书作为国家社科基金一般项目的最终研究成果，由课题负责人邢晓红拟定选题、确立研究目标、设计框架思路、协调调研访谈、拟定写作提纲，并负责全书的修改、统稿和定稿工作。全书各章节写作分工如下：前言、绪论、第一章、第二章第一节及本章小结、第五章、第六章、结束语、后记均由邢晓红（南京师范大学教授、博士后）撰写完成；第二章第二、三节、第三章由张建晓（苏州大学讲师、博士）撰写完成；第四章由王俊斐（贵阳学院副教授、博士）撰写完成。

本书的选题来自思想政治教育学科的前沿论域。因社会转型，思想政治教育也相应发生现代转型，在获取现代性的增长过程中实现现代化的目标，后现代性成为思想政治教育现代化过程中绕不开的语境。课题的前瞻性、交叉性与系统性，现代性的普遍张力，后现代性的复杂歧义，研究资料的有限性以及囿于本人的学科视野，都使“后现代性语境下思想政治教育转型与超越研究”成为一个颇具挑战，难度系数极高的工作。回顾著作写作的过程，可谓“看似寻常最奇崛，成如容易却艰辛”，在书稿写作三年的时光里，我经历了兴奋、焦虑、迷茫、自我怀疑、反思、推倒重来、毫无进展、归零、感恩等等心路历程，而最可怕的是无人交流讨论的心理体验。毫不夸张地说，我就像一个“孤勇者”，孤独地行走在荆棘遍布的后现代性学术丛林，凭着一腔热情鼓足勇气寻找思想政治教育转型研究的“出口”。引用李白的诗句“行路难！行路难！多歧路，今安在？长风破浪会有时，直挂云帆济沧海”，或可表达我在学术道路上的踟蹰独行和始终坚守的心境。本书的写作过程中，难产与顿悟总是相伴而生，灵感往往出现在重拾文献阅读与素材积累的无数个漫漫长夜之后，我立即将这灵光乍现记录在一个专门准备的小本子上，生怕转头就忘记了，每每在教学的瞬间、接娃的路上、家务劳动的间隙、正聊天的当口……只要有一个思想的火花，我就随时停下来、捕捉起来，小本子挤满了密密麻麻、形体各异的笔记时，顿时有柳暗花明，豁然开朗的喜悦袭上心头。

虽曾踟蹰独行，却幸吾道不孤。在课题研究和本书写作的过程中，我得到了很多学界翘楚、专家学者、学院领导和同行学人的无私教诲和悉心指导，在此表达崇高的敬意和诚挚的感谢！在著作定稿附梓之际，首先要特别感谢的是我的博士后导师王永贵教授，先生不仅学术渊博、造诣深厚、治学严谨，而且甘为人梯、奖掖后学，是我学术道路上的“领路人”。正是恩师“学术研究要顶天立地、多学科思维、大胆创新”的衷衷教导鼓励我申报了国家社科基金项目，奠定了今天书稿提纲的雏形。感谢中国人民大学刘建军教授充满辩证思维的话语“从开始处开始”，让我在书稿写作的艰辛过程中找到初心、看到希望。还要感谢河海大学思政学科的导师和博士组成的颇具特色的“思政学科在行动”学术共同体，深厚的学术氛围令我开阔了视野、锤炼了科研素质、开始自觉地走上学术之路。仍然记得博导郑大俊教授语重心长地告诫:“要有理论自信、学科共识、学术研究不是一片坦途，要有战略更要有胆略，有规划更要有计划，有知识更要有文化。”再次感谢孙其昂教授的“前沿”课，让我确定了思想政治教育现代性的研究方向，孙老师入选国家社科成果文库的著作《思想政治教育现代转型研究》给予书稿写作丰富的思想养料与精神力量，常读常新，现在已成为我推荐给硕士生的必读书目。戴锐教授、金林南教授、黄明理教授深邃的学术洞察力、独到的见解、务实的教风均使我受益匪浅，令我明白思辨性在学术研究中的重要性。2018 年，我受邀参加河海大学思政学科“博问学会”学术讲座，感谢郑黎明老师对报告的肯定并分享关于现代性的专著，对于当时还在书稿写作中“原点挣扎”的我来说真是“雪中送炭”；还要特别感谢江南大学的侯勇教授、复旦大学的叶方兴副教授在著作写作过程中给我的学术启迪。为课题研究和著作写作提供了智慧支持、咨询建议、思维拓展的还有刘希刚教授、洪光东教授、史献芝教授等学养深厚、专有所长的同门学者。本书的写作中还参考了文学、哲学、社会学、艺术学、教育学、政治学、心理学等多学科关于后现代性的研究，在此，对参考借鉴的论著作者表示真诚的感谢！

思想政治教育是一个开放的系统，既要向内自省、深耕学科基础理论研究，又要对外求索、在学科互鉴中获取新的理论增长点。本书的选题关涉学科交叉，基于哲学自明性的厘定与追问，打开了选题的创新视角，哲学与思想政治教育学科的交叉为我提供了一个可以长期探索的全新研究空间。在此，要特别感谢南京师范大学马克思主义学院的领导对我的信任，在给我安排的专业课《马克思主义哲学》的教学任务中，使我有机会重读马克思主义经典著作，再次领略哲学的魅力，并以哲学的思维方法，就思想政治教育面临的后现代性问题从不同层面进行了剖析，这对于探索和研究思想政治教育的现代转型都是极具启发意义的。

此外，感谢我的家人在我学术探索道路上的无条件支持、鼓励和包容。书稿写作的关键阶段，正值我工作调动、课题结项、教学任务剧增，诸事赶在一起的繁杂状态。当我认为自己完成不了书稿任务时，父母选择相信我、激励我，这份相信让我有了继续的动力。感谢我的爱人几乎承包了所有家务和辅导孩子学习的重任，让我可以后顾无忧地安心写作，他是本书的第一个读者，也是可以随时拉来交流讨论的学者，还是我书稿写作进度的“打卡”监督员，感谢你以管理学的研究视角提供借鉴，在生活中包容付出。还要感谢小女悄悄塞进书房门缝的“爱心卡”，让我瞬间电量满格，投入写作。

先哲亚里士多德曾说过，幸福在于实现活动本身，于我而言，经过8年的研究，著作能够印刷出版，就是“稳稳的幸福”。书稿的修改，充分吸收了多位鉴定专家的建议，相比较国家社科基金项目结项之时，完善了许多。同时，在课题研究过程中，作者参阅了学界同仁的前期研究成果，并在注释和参考文献中列出，谨致以真诚的谢意！

思想政治教育现代转型与超越的研究是一个复杂的系统工程，需要我们具有深厚的问题意识和深刻的学术自觉。一名合格的理论研究者必须善于在众声喧哗中听清楚时代的声音，发现问题的存在是勇气，承认问题的存在是责任，而解决问题却是使命。虽然距离作者初涉思想政治教育现代性这个前沿论域已经14年之久，但是想要全面准确阐释这个选题是比较困难的，一是思想政治教育现代转型是正在进行中的动态过程，二是在后现代性语境下诠释思想政治教育的现代化仍然是个前沿论域。希望本书的研究能为后学打下基础，有所启发，书中每一个层面的问题均可展开研究，对于书中的疏漏与错误之处，敬请各位专家学者批评指正，本人将十分感激。

马克思说：“在科学上没有平坦的大道，只有不畏劳苦沿着陡峭山路攀登的人，才有希望达到光辉的顶点。”我愿做那个不断跋涉和上下求索在思想政治教育学科学术道路上的攀登者，同学术共同体一道继续探索未知的领域。

邢晓红

2022年8月2日凌晨于南京

责任编辑：夏　青

图书在版编目（CIP）数据

思想政治教育现代转型与超越研究／邢晓红 等著．—北京：人民出版社，2023.11
ISBN 978－7－01－025750－1

I．①思…　II．①邢…　III．①思想政治教育－研究－中国　IV．① D64

中国国家版本馆 CIP 数据核字（2023）第 101447 号

思想政治教育现代转型与超越研究

SIXIANG ZHENGZHI JIAOYU XIANDAI ZHUANXING YU CHAOYUE YANJIU

邢晓红 等 著

人民出版社 出版发行
（100706　北京市东城区隆福寺街 99 号）

北京九州迅驰传媒文化有限公司印刷　新华书店经销

2023 年 11 月第 1 版　2023 年 11 月北京第 1 次印刷
开本：710 毫米 ×1000 毫米 1/16　印张：18
字数：260 千字

ISBN 978－7－01－025750－1　定价：75.00 元

邮购地址 100706　北京市东城区隆福寺街 99 号
人民东方图书销售中心　电话（010）65250042　65289539